W0345643

In philosophiegeschichtlichen Diskussionen ist in letzter Zeit ein neuer Trend zu erkennen: Standen seit Hegel vor allem Theorien, Begriffe und Systeme im Mittelpunkt, so geht es heute mehr und mehr auch darum, in einer ganzheitlichen Betrachtungsweise nach den lebensweltlichen Zusammenhängen zu fragen, aus denen philosophisches Denken überhaupt erst hervorging und für die es bestimmt war. Ziel ist also, der Philosophie ihren »Sitz im Leben« zurückzugeben.

Der neue Band der »Europäischen Geschichte« wendet sich unter dieser Fragestellung einer Epoche zu, die als Wiege der europäischen Geistesgeschichte gelten kann: der Antike.

Heinrich Niehues-Pröbsting stellt die antike Philosophie in ihren Formen vor. Dabei gelingt es ihm, die bislang übliche, an bloßen Begriffen und theoretischen Systemen orientierte Darstellungsweise zu überwinden und den ursprünglichen Formenreichtum antiker Philosophie in Schrift, Schulbildungen und Lebensformen wiedererstehen zu lassen.

Unsere Adressen im Internet: www.fischerverlage.de
www.hochschule.fischerverlage.de

Heinrich Niehues-Pröbsting, geboren 1946, studierte Germanistik und Philosophie in Münster; Dr. phil. 1977; Habilitation 1985 bei Hans Blumenberg; 1990–1992 Lehre in Rostock, seit 1992 Professor für Geschichte der Philosophie in Erfurt; Gastvorlesungen in Bombay.

Europäische Geschichte

Herausgegeben von Wolfgang Benz

Konzeption: Wolfgang Benz,
Rebekka Habermas und Walter H. Pehle

Wissenschaftlicher Beirat:

Natalie Zemon Davis, Princeton/Toronto
Richard van Dülmen, Saarbrücken (†)
Richard J. Evans, Cambridge
Bronisław Geremek, Warschau
Hermann Graml, München
Eric J. Hobsbawm, London
Lásló Kontler, Budapest
Arno J. Mayer, Princeton
Wilfried Nippel, Berlin
Jean-Claude Schmitt, Paris

Europäische Geschichte

Heinrich Niehues-Pröbsting

Die antike Philosophie

Schrift, Schule, Lebensform

Fischer Taschenbuch Verlag

Für Sabine, Caspar und Friedemann

Originalausgabe
Veröffentlicht im Fischer Taschenbuch Verlag,
einem Unternehmen der S. Fischer Verlag GmbH,
Frankfurt am Main, Dezember 2004

© 2004 Fischer Taschenbuch Verlag
in der S. Fischer Verlag GmbH, Frankfurt am Main
Alle Rechte vorbehalten
Redaktion: Walter H. Pehle
Satz: Fotosatz Otto Gutfreund GmbH, Darmstadt
Druck und Bindung: Clausen & Bosse, Leck
Printed in Germany
ISBN 3-596-60106-1

Inhalt

Einleitung: Was bedeutet der Philosophie ihre antike Geschichte?

Wie die Bewegung der allgemeinen Geschichte, so lässt sich die der Geschichte der Philosophie unterschiedlich, ja gegensätzlich deuten: als Aufstieg oder Abstieg, als Fortschritt oder Verfall; entsprechend wird man den Stellenwert beurteilen, den man dem Anfang beimisst. Hegel, von dem die einflussreichste philosophische Geschichtsdeutung stammt, hat die Bewegung als Fortschritt interpretiert. Der Hauptbegriff, mit dem er an die Geschichte der Philosophie herangeht, ist der der Entwicklung. Die Geschichte der Philosophie ist gesetzmäßige Entwicklung: Sie ist die vollständige Entwicklung derselben Idee, aus der in der Logik die Begriffe abgeleitet und zum System entfaltet werden, und wie hier die Begriffe, so folgen in der Geschichte die historischen Systeme der Philosophie aufeinander, sodass »das Ganze der Geschichte der Philosophie ein in sich notwendiger, konsequenter Fortgang ist; er ist in sich vernünftig, durch seine Idee bestimmt. Die Zufälligkeit muss man mit dem Eintritt in die Philosophie aufgeben. Wie die Entwicklung der Begriffe in der Philosophie notwendig ist, so ist es auch ihre Geschichte.«[1]

Der geschichtlichen Betrachtung den Aspekt der Entwicklung zugrunde zu legen bedeutet, dass nur berücksichtigt wird, was sich kontinuierlich entwickelt; das sind die Gedanken, Anschauungen, Lehren, kurz: die theoretischen Produkte der Philosophen, die allein als deren »Taten« fortwirken und um die sich die Philosophiegeschichtsschreibung ausschließlich zu kümmern hat. Was dagegen in keinem gesetzmäßigen Zusammenhang steht und sich nicht in fortlaufender Entwicklung befindet – die individuelle Lebenspraxis der einzelnen Philosophen – ist für die Hegel'sche Auffassung der Philosophiegeschichte äußerlich und unwesentlich, weil es zufällig und vergänglich ist. Die Geschichte der Philosophie wird auf die der Ideen, Theorien und Begriffe reduziert.

Unter dem Aspekt von Entwicklung und Fortschritt erscheint das Spätere stets reicher und vollkommener als das Frühere. Das Anfängliche ist das Unvollkommenste und Ärmste, das Letzte das Reichste und Vollkommenste. Bezogen auf die Geschichte der Philosophie heißt das, dass »die späteste, jüngste, neueste Philosophie die entwickeltste, reichste und tiefste ist. In ihr muß alles, was zunächst als ein Vergangenes erscheint, aufbewahrt und enthalten – sie muß selbst ein Spiegel der ganzen Geschichte sein.«[2] Das aber ist für Hegel die eigene. Sie ist, so suggeriert sie selber, so entwickelt, dass eine weitere Entwicklung nicht mehr möglich ist. Nun muss man aber beachten, dass es nach Hegel nicht das formale Kriterium des Neuesten und Aktuellsten ist, das die Philosophie zur entwickeltsten macht. Es muss damit vielmehr der Anspruch erfüllt sein, dass die späteste und neueste Philosophie »selbst ein Spiegel der ganzen Geschichte« ist; in ihr »muß alles, was zunächst als ein Vergangenes erscheint, aufbewahrt und enthalten« sein. Eine geschichtslose Philosophie, eine ohne Bezug zur ganzen Geschichte der Philosophie, wäre für Hegel nicht »die entwickeltste, reichste und tiefste«. Man muss Hegel zugestehen, dass bei aller Anmaßung, die aus seinem Selbstverständnis spricht und an der sein Zeitgenosse und Kollege Schopenhauer so sehr Ärgernis genommen hat, er selber die Geschichte der Philosophie wie keiner vor ihm philosophisch durchdrungen hat. Davon ist im 19. Jahrhundert ein starker Impuls zur Erforschung der Philosophiegeschichte ausgegangen, wobei freilich Hegels philosophisches Niveau nicht gewahrt werden konnte.

Wie die spätere Philosophie die vollkommenere, so ist die frühere die unvollkommenere. Die der Antike ist unvollkommener als die der Neuzeit, und innerhalb der antiken Philosophie ist wiederum die früheste die unvollkommenste. Das bedeutet, dass »die ersten Philosophien die ärmsten und abstraktesten sind; die Idee ist bei ihnen am wenigsten bestimmt, sie halten sich nur in Allgemeinheiten, sind nicht erfüllt. Dies muß man wissen, um nicht hinter den alten Philosophen mehr zu suchen, als man darin zu finden berechtigt ist.«[3]

Das liest sich wie ein vorweggenommener Einwand gegen Heideggers Umgang mit der frühen griechischen Philosophie – so wie

Heideggers Deutung dieser Philosophie als Widerspruch gegen Hegel. Heidegger hat über Hegels Konzeption der Geschichte der Philosophie geurteilt: Sie »war die *erste philosophische* Geschichte der Philosophie, die erste angemessene Geschichtsbefragung, aber auch die letzte und letztmögliche zugleich dieser Art«.[4] Hegels Auffassung der Philosophiegeschichte als Entwicklung und Fortschritt ist die »letzte und letztmögliche«, der Heidegger eine Neubegründung entgegenstellt, für die zwei Gedanken bestimmend sind; sie führen zu der Konzeption einer »Destruktion der Geschichte der Philosophie«, die die Hegel'sche Konstruktion umkehrt.

Erstens: Die Geschichte der Philosophie ist keine des Fortschritts, keine Entwicklung zu einem immer höheren Niveau, sondern im Gegenteil eine des Verfalls und des Vergessens. Die Tradition verdeckt ursprüngliche Einsichten. Was wir aus der alltäglichen Erfahrung kennen, das Nachreden von etwas, das man gehört hat, ohne sich des Sachgehalts und der Wahrheit erneut und eigens zu versichern, das gibt es auch in der Philosophie; auch in ihr gibt es »Gerede«, wie Heidegger das gedankenlose Nachreden bezeichnet, und der Philosophiebetrieb wird von solchem Gerede dominiert. Die die Einsichten verdeckende Tradition muss abgebaut, destruiert werden. Die Sicht der philosophischen Tradition als Geschichte der Verdeckungen, Überlagerungen und schließlich des Vergessens von etwas, das einmal ursprünglich und echt gesehen wurde, veranlasst Heidegger zu einer anderen, ja gegensätzlichen Bewertung des Anfangs: Der Anfang ist von einer nie wieder erreichten Fülle, er ist das Reichste, und zu ihm muss man daher zurückkehren, um das Wesentliche zu verstehen. Das gilt vor allem für jene Frage nach dem Sinn von Sein, in der Heidegger das zentrale Problem der Philosophie sah und die er deswegen zu seinem Lebensthema machte. »Wenn wir sie wieder stellen, dann verstehen wir zugleich, daß die Philosophie in ihrer Kardinalfrage nicht weiter gekommen ist, als sie bei Plato schon war, und daß es am Ende nicht so sehr ihre innerste Sehnsucht ist, weiter zu kommen, d. h. von sich weg, als vielmehr *zu sich selbst zu kommen.*«[5] Die Philosophie hat im Wesentlichen seit Platon – und Aristoteles – keinen Fortschritt gemacht, sie hat sich nicht weiterentwickelt, im Gegenteil. Ist dort das

Thes

Grundproblem, die Frage nach dem Sein, noch explizit gegenwärtig, so wird es danach mehr und mehr vergessen. Man muss da wieder anknüpfen, wo das Bewusstsein für das Problem noch hellwach war. »Wir wiederholen den Gang der Entdeckung des Seins aus dem Seienden: die radikalste und schwierigste Aufgabe, die menschlicher Erkenntnis gestellt ist und die längst noch nicht ins Reine gebracht ist, heute so unverstanden wie noch nie vielleicht. Daran können wir ermessen die geringfügigen Schritte, die seitdem wissenschaftliche Philosophie vorwärts getan hat.« Die »moderne Vielwisserei« sei »viel zu gescheit und blasiert, [...] um noch die Schwungkraft zu verstehen, die in der Entdeckung von *Plato* und *Aristoteles* lebendig ist.«[6] Später wird Heidegger – ähnlich wie Nietzsche – den Beginn des Verfalls schon bei Platon diagnostizieren und bei den Vorsokratikern jenen Anfang ausmachen, zu dem zurückgekehrt werden muss. So fragt er im Anschluss an einen Spruch Heraklits rhetorisch, ob sein Alter nicht beweise, »daß wir nicht allzu viel auf diese Weisheit geben dürfen«, um das übliche Fortschrittsdenken zu Wort kommen zu lassen, dem er eine Abfuhr erteilt. »Denn ›anfangs‹ ist doch alles noch ›primitiv‹, unbeholfen und unklar, halb oder sogar ganz ›Dichtung‹; seitdem ist die Philosophie doch weitergekommen, sogar Wissenschaft geworden. [...] Ist der Anfang das Primitive, Halbe, Tastende, Unklare, oder ist der Anfang das Größte? Nicht überall freilich. In allem Unwesentlichen und Belanglosen ist der Anfang das, was überwunden werden kann und überwunden wird; im Unwesentlichen gibt es daher Fortschritt. Im Wesentlichen aber, wozu die Philosophie gehört, kann der Anfang nie überwunden, – nicht nur nicht überwunden, sondern gar nie mehr erreicht werden. Im Wesentlichen ist der Anfang das Unerreichbare, Größte.«[7]

Die Rückkehr zu dem Anfang aber – und das ist der zweite Gedanke – soll nicht dazu führen, ihn lediglich zu wiederholen, sondern dazu, ihn zu revidieren und einen »anderen Anfang« zu machen. Zwar ist der Anfang gehaltvoller als alles, was danach kommt; er ist »das Größte«. Aber auch der Anfang der Philosophie bei den Griechen hat seine Beschränktheiten. Heidegger folgt Nietzsche, der bemerkt hat: »Es gibt noch sehr viele Möglichkeiten, die noch gar nicht entdeckt sind: weil die Griechen sie nicht entdeckt haben. Andere haben die Griechen *entdeckt* und später wieder *verdeckt.*«[8]

Wir leben – gerade in der Philosophie – in der Tradition der Griechen: Diese Überzeugung ist für Heidegger so gewiss wie für Nietzsche. Was wir besitzen, verdanken wir den Griechen. Die davon ausgehende Tradition ist aber in doppelter Hinsicht gefährlich: Zum einen, weil sie immer wieder verdeckt, was ursprünglich einmal aufgedeckt worden ist – die Geschichte der Philosophie als eine der Verdeckungen und des Vergessens. Und zum anderen, weil sie darüber hinwegtäuscht, dass auch der Anfang beschränkt ist. Auch er ist geschichtlich, und jede geschichtliche Position hat ihre eigene, begrenzte Perspektive, die andere Perspektiven und damit Möglichkeiten ausschließt. Um erstens die Verdeckungen abzubauen und zweitens die Beschränktheit des Anfangs zu erkennen, müssen wir die Geschichte der Philosophie »destruieren«. »Der Bestand von philosophischen Grundbegriffen aus der philosophischen Tradition ist heute noch so wirksam, daß diese Auswirkung der Tradition kaum überschätzt werden kann. Daher kommt es, daß alle philosophische Erörterung, auch die radikalste, neu anfangende, von überkommenen Begriffen und damit von überkommenen Horizonten und Hinsichten durchsetzt ist, von denen nicht ohne weiteres feststeht, daß sie dem Seinsgebiet und der Seinsverfassung ursprünglich und echt entsprungen sind, das zu begreifen sie beanspruchen.« So ist unverzichtbarer Bestandteil der Philosophie und ihrer Methode »eine Destruktion, d. h. ein kritischer Abbau der überkommenen und zunächst notwendig zu verwendenden Begriffe auf die Quellen, aus denen sie geschöpft sind«.[9]

Es ist ein Irrtum zu meinen, wir könnten uns den Sachen und Problemen der Philosophie völlig authentisch und eigenständig, ohne Rücksicht auf die Geschichte der Philosophie, ja in Abwendung von ihr zuwenden. Es gibt diese Sachen und Probleme nicht unvermittelt; wir gehen sie immer unter bestimmten, historisch bedingten Perspektiven an, und es ist nicht immer gesagt, dass unsere jeweilige Perspektive die der Sache angemessene ist. Daher müssen wir uns durch den Rückgang in die Geschichte der Perspektivität bewusst werden, und nur durch einen solchen Rückgang haben wir die Chance, den Sachen näher zu kommen. Wer meint, gegen ein vermeintlich obsoletes geschichtliches Studium der Philosophie das sach- und problemorientierte ausspielen zu müssen, der ist damit in einem Vorurteil befangen, das er noch bestärkt, dem Vorurteil nämlich, die Sachen ständen allzeit zur Besichtigung parat: als wenn die Gefangenen der platonischen Höhle sich den mühseligen Aufstieg – die Befreiung von den Vorurteilen und falschen Meinungen – ersparen und sich mit einem Schlage vor die Ideen außerhalb der Höhle als das Gelobte Land der Theorie versetzen könnten.

Hegel und Heidegger haben mit ihrer jeweiligen Deutung der Geschichte der Philosophie insgesamt wie mit konkreten Interpretationen dazu unser Verständnis auf diesem Gebiet unvergleichlich bereichert; jede Philosophiegeschichtsschreibung kann davon nur profitieren. Dennoch lässt sich die Philosophiegeschichte durchgängig weder als Entwicklung und Fortschritt noch als Vergessen und Verfall zwanglos begreifen. Das gilt auch für die antike Philosophie, und zwar sowohl für ihren inneren Verlauf wie für sie als ganze im Verhältnis zur gesamten Geschichte. Neben den von Hegel und Heidegger herausgestellten Aspekten ist ihr ein dritter angemessen, den man den der Klassizität nennen kann. Die antike Philosophie repräsentiert, außer dass sie Anfang und Grundlegung ist, eine bestimmte »klassische« – das heißt: in sich vollendete und vorbildliche – Ausprägung der Philosophie, die als eine eigene Gestalt neben der der Neuzeit steht. Sie ist das nicht nur mit ihrer »klassischen Periode« und den drei großen Figuren Sokrates, Platon und Aristoteles. Klassisch ist auch die vorsokratische Philosophie mit ihrer Frage nach der *arche* und dem wahrhaft Seienden; klassisch die hellenistische Philosophie mit ihren Antworten auf die Frage nach der Glückseligkeit und ihren Entwürfen individueller Ethik sowie entsprechender philosophischer Lebensformen; und klassisch ist schließlich die philosophische Spekulation des Neuplatonismus bei Plotin.

So bedeutet der Philosophie ihre Vergangenheit, und sogar die älteste, prinzipiell anderes und mehr als jenen positiven Wissenschaften die ihrige, deren Erkenntnisfortschritte frühere Standards hoffnungslos veralten lassen. Die medizinischen Forschungen eines

Hippokrates und Galenos beispielsweise, so lange sie auch gegolten haben, sind durch die moderne Medizin überholt und für diese nur noch Geschichte. Niemand käme heute auf den Gedanken, das *corpus hippocraticum* oder die Schriften des Galenos zur Grundlage der ärztlichen Ausbildung zu machen, wohingegen die platonischen Dialoge oder die Lehrschriften des Aristoteles innerhalb des Philosophiestudiums solche Funktion durchaus erfüllen. »Vom Platon gilt, was man nach Kants Vorgang fälschlich auf alle Philosophen überträgt, daß man von ihm nicht sowohl die Philosophie als das Philosophieren lernen kann. Er ist die wahre Schule des Philosophen, an ihm entwickeln sich philosophische Kräfte, wo sie vorhanden sind, am allerbesten: Daher hat jeder gewesene und wird jeder künftige Philosoph dem Platon unendlich viel zu danken haben: Seine Schriften sind die wahre Denkschule.«[10]

Wollte man die Wirkungs- und Rezeptionsgeschichte der antiken Philosophie verfolgen, müsste man die gesamte nachantike Geschichte der Philosophie abhandeln. Aber nicht nur in ihrer Wirkung und Rezeption, sondern in ihren Werken und Theorien selber ist die antike Philosophie bis heute gegenwärtig. Nun gibt es zahlreiche Darstellungen, die über ihre theoretischen Gehalte in unterschiedlichster Ausführlichkeit informieren; da ist für jedes Bedürfnis ausreichend gesorgt. Die Absicht des vorliegenden Bandes ist es nicht, den vorhandenen Doxographien eine weitere hinzuzufügen. Stattdessen widmet er sich, um die antike Philosophie dem modernen Verständnis näher zu bringen, vornehmlich solchen Aspekten, in denen sie sich von der neuzeitlichen Philosophie unterscheidet. Das aber sind ihre Formen. In der theoretischen Tätigkeit selber liegt die Kontinuität der Philosophie von ihrem Beginn an bis heute. Doch die Zusammenhänge, in denen in der Antike Theorie betrieben wurde, und die Formen ihrer Darstellung unterscheiden sich in vielerlei Hinsicht von denen der Neuzeit. Will man die antike Philosophie adäquat verstehen, so darf man sie nicht nur daraufhin befragen, was sie mit der Neuzeit verbindet, oder gar nur in dem zur Kenntnis nehmen, worin sie ›noch aktuell‹ ist, sondern man muss sie darüber hinaus in ihren Eigenheiten betrachten, und das heißt vor allem in den ihr eigenen Formen.

So bietet die folgende Darstellung statt des üblichen einen, vorwiegend doxographischen Durchgangs durch die antike Philosophie gleich drei, in denen ihre literarischen und schulischen Formen sowie sie selber als Lebensform thematisiert werden. Eingang und Schluss gehen zwei ebenfalls von der üblichen Philosophiegeschichtsschreibung zu selten aufgeworfenen Fragen nach, nämlich den nach den Bedingungen, die für die Entstehung und den Untergang der antiken Philosophie wesentlich sind.

Der Anfang und seine Bedingungen

Wo beginnt die Geschichte der Philosophie, und warum beginnt sie, wo sie beginnt? Das sind keine bloß historischen Fragen; sie betreffen vielmehr das Selbstverständnis der Philosophie. Deren Beginn ist kein Faktum, das sich schlicht historisch feststellen ließe. Er wird nachträglich gesetzt, indem jemand benannt wird, der zuerst eine philosophische Frage gestellt, eine philosophische Antwort erteilt, eine philosophische Erklärung gegeben, eine philosophische Lehre vertreten oder eine philosophische Einstellung gelebt hat. Dabei wird das Attribut »philosophisch« aus der späteren Zeit in die frühere übertragen. Geschichten vom Anfang der Philosophie enthalten das philosophische Selbstverständnis derer, die sie aufbringen. Damit muss sich auseinandersetzen, wer solche Geschichten nicht lediglich nacherzählen oder nachreden, sondern sie nachvollziehen und überprüfen will. Das schließt historische Kritik nicht aus; im Gegenteil. Aber der reflektierte Umgang mit den Berichten über den Anfang der Philosophie verlangt mehr als historische Kritik: Er verlangt die Reflexion auf das Philosophieverständnis der Berichterstatter. Es sind nicht nur und nicht einmal überwiegend neue historische Erkenntnisse, die Neu- und Umschreibungen der Geschichte der Philosophie veranlassen, sondern veränderte Auffassungen von Philosophie; das gilt auch für Neu- und Umbewertungen des Anfangs. Und es gilt vor allem für den Anspruch, die Philosophie neu zu beginnen oder einen »anderen Anfang der Philosophie« nach dem ersten zu initiieren.[11]

Kontroverse Thesen über den Beginn

In älteren Philosophiegeschichten findet sich häufig die – heute selten gewordene – Praxis, dem Kapitel über die früheste griechische eines über die orientalische Philosophie voranzuschicken. Die Auffassung, dass es Philosophie auch außerhalb Griechenlands und vor der griechischen gegeben habe, in Kulturen, die älter als die griechische sind, in Ägypten, Persien, Indien oder China, diese Auffassung lässt sich bis in die Anfänge der Philosophiegeschichtsschreibung zurückverfolgen; sie ist ebenso alt wie die vom rein griechischen Ursprung der Philosophie, mit der sie von Beginn an konkurriert. Mit der Gegenüberstellung beider Ansichten eröffnet Diogenes Laertius das einzige aus der Antike überlieferte und somit älteste uns erhaltene Werk der Philosophiegeschichtsschreibung: Die »Leben und Meinungen berühmter Philosophen« sind seit den Zeiten der historischen Kritik und mit zunehmendem kritischen Bewusstsein immer heftiger als naive, unkritische Kompilation geschmäht worden. Doch ohne Diogenes Laertius wüssten wir sehr viel weniger über die antike Philosophie. Er überliefert nicht nur eine Menge ansonsten unbekannter Informationen; darüber hinaus hat er der nachantiken Historiographie eine Reihe einflussreicher und nachhaltiger philosophiegeschichtlicher Muster vermittelt, die oft auch da noch wirksam sind, wo der spätantike Autor selbst längst als unkritisch abgetan ist.[12]

Obwohl er die Auffassung vertritt – und daran seine Darstellung ausrichtet –, dass die Philosophie, wie die Bildung überhaupt, eine ursprünglich griechische Errungenschaft sei, referiert er einleitend die kontroverse Ansicht vom Ursprung der Philosophie bei den »Barbaren«; dabei verfolgt er diese Sichtweise bis in die aristotelische Schule zurück, in der die Anfänge der Philosophiegeschichtsschreibung liegen. Da nach Aristoteles der Wissensdrang ein elementarer Bestandteil der menschlichen Natur ist, ist es nicht verwunderlich, sondern nur konsequent, dass die Aristoteliker mit dem ihnen eigenen Interesse an historischer Forschung nach Manifestationen dieses Dranges bei all den Völkern suchten, deren Kultur wenigstens einigen – zumeist den Priestern – die Muße verschaffte, dem Drang freien Lauf zu lassen.

Ein anderer Grund, den Anfang der Philosophie so weit wie möglich in frühe und früheste Zeiten zurückzuverlegen, liegt in der rhetorischen Praxis, eigene Lehren und Meinungen dadurch zu autorisieren, dass man sie als älteste Weisheit beziehungsweise als Weisheit der Alten und Ältesten ausgibt. Alter und Weisheit gehören zusammen: Das ist ein Topos, dessen sich selbst der platonische Sokrates – wenn auch mit einem Anflug von Ironie – gern bedient; so zum Beispiel, wenn er seine Ansichten über Nutzen und Nachteil der Schrift mit Geschichten ausdrückt, die er »von den Alten« gehört haben will.[13]

In ähnlicher und ebenso die Autorität verstärkender Funktion wird der Hinweis auf das hohe Alter einer Lehre eingesetzt in der Konkurrenz von Lehren und Schulen. So behaupteten die Juden, als sie mit der hellenistischen Kultur in Verbindung kamen, die göttliche Weisheit ihrer heiligen Schrift sei älter als die Philosophie, und Philon von Alexandrien machte Moses zum ersten Philosophen, von dem alle griechischen Philosophen das, was in ihren Lehren akzeptabel erschien, entlehnt hätten; dieser Topos ist von den christlichen Kirchenvätern, soweit sie die Philosophie gelten ließen und nicht gänzlich verwarfen, regelmäßig nachgeredet worden. Freilich musste der philosophisch gebildete Philon auf dem Wege der von den Stoikern übernommenen allegorischen Interpretation in die Bibel jene philosophischen Gedanken erst hineinlesen, mit denen er die Priorität und damit die Legitimität und Ursprünglichkeit der offenbarten göttlichen Weisheit glaubte belegen zu können. Zur selben Zeit blühte ein Pythagoreismus auf, der sich mit vermeintlich pythagoreischen Schriften und sogar orientalischen Urkunden wie chaldäischen Orakeln altertümliche Weisheitsquellen zulegte; davon wurde auch der kaiserzeitliche Platonismus infiziert.

Wenn Diogenes Laertius gegen die »Anwälte des barbarischen Ursprungs der Philosophie« den rein griechischen Ursprung behauptet, so kann das zweierlei bedeuten: zum einen, dass auch die Griechen eine der barbarischen vergleichbare Weisheitstradition besitzen, aus der Bildung und Philosophie hervorgegangen sind, und zum anderen, dass sich die Philosophie von Weisheit, wie sie allen einigermaßen kultivierten Völkern eigen ist, prinzipiell unterscheidet. Diogenes Laertius verfolgt beide Varianten, indem er zunächst im ersten seiner zehn Bücher nach einem schematischen Überblick über den Verlauf und die Einteilung der Philosophie die Sieben Weisen behandelt. Nun war aber deren Zugehörigkeit zur Philosophie nicht unumstritten; im Gegenteil. Die Literatur über sie, die Diogenes Laertius zitiert, spricht ihnen den Status der Philosophen ab; mal werden sie als Dichter, mal bloß als »kluge Männer« deklariert. Dass auch Diogenes Laertius sie nicht zu den Philosophen rechnet, wird am Ende des ersten Buches deutlich, wenn er im Anschluss an die Darstellung der Sieben Weisen erklärt, es sei nun »von den Philosophen zu handeln«. Und so beginnt er die eigentliche Geschichte der Philosophie mit der ionischen Linie und den Milesiern.[14]

Will man die Frage beantworten, warum gerade diese es sind, die den Anfang der Philosophie bilden, so muss man beachten, wer die Milesier zu den ersten Philosophen gemacht hat. Denn sie selber verstanden sich nicht als solche; sie konnten es gar nicht, weil es die Bezeichnungen »Philosoph« und »philosophisch« noch nicht gab. Es waren vielmehr Aristoteles und seine Schüler, die die Milesier und namentlich Thales von Milet an den Anfang und damit überhaupt erst den geschichtlichen Anfang der Philosophie gesetzt haben. Seitdem ist es die gängige – und heute nahezu einhellige – Meinung, dass mit ihnen die Philosophie beginne, und ebenso gängig ist durch Aristoteles die Auffassung darüber geworden, warum es ausgerechnet Thales ist, dem die Auszeichnung des ersten Philosophen gebührt: Weil er als Erster auf die Frage nach der ersten Ursache nicht mehr eine mythologisch-theologische Antwort, sondern eine sachliche Erklärung liefert. Der Anfang der Philosophie ist die Philosophie des Anfangs; sie ersetzt die ältere Mythologie des Anfangs. Die Philosophie beginnt mit dem Übergang »Vom Mythos zum Logos« – so der zur Formel gewordene Titel des Buches von Wilhelm Nestle über die frühe griechische Philosophie. Sie selber vollzieht diesen Übergang.

Anders als Aristoteles hätte Platon auf die Frage nach dem ersten Philosophen gewiss nicht mit Thales beantwortet. In ihm sieht er keineswegs den »Protophilosophen«, als den ihn Hans Blumenberg in seiner »Urgeschichte der Theorie« hinstellt. In der Thales-Anekdote des »Theaitetos», deren Rezeptions- und Wirkungsgeschichte Blumenberg verfolgt, konfrontiert Platon nicht, wie Blumenberg meint, »das Schicksal seines Lehrers Sokrates mit der Gestalt des Protophilosophen«[15], sondern er *vergleicht* das lebensweltliche Scheitern des exemplarischen Philosophen mit dem Missgeschick der notorischen Astronomengestalt: Dem Philosophen geht es wie Thales, der bei der Betrachtung des Sternenhimmels in einen Brunnen fällt und deswegen von einer vorbeigehenden thrakischen Magd verspottet wird, die ihm vorhält, er suche den Himmel zu erforschen, sehe aber nicht, was vor seinen Füßen liege. Der Brunnensturz des Sterneguckers wird zur Metapher für das lebenspraktische Versagen des Philosophen in einer von Rhetorik dominierten Gesellschaft. Daher bedeutet Platons Thales-Anekdote keinen »Rückgang oder wenigstens Rückblick auf die Ursprünge« der Philosophie. Das ist ein Anachronismus, der schon bei Platon voraussetzt, was erst von Aristoteles aufgebracht wird und danach zum philosophiegeschichtlichen Topos avanciert. Thales ist für Platon, wie aus dem »Protagoras« hervorgeht, einer der Sieben Weisen[16], und das ist er sogar noch für Diogenes Laertius, obwohl dieser ihn einmal auch den »Begründer der ionischen Philosophie« nennt[17] – das aber wohl nur deswegen, weil er Thales für den Lehrer des Anaximander hält. Faktisch stellt er Anaximander als den Ausgangspunkt der ionischen Philosophie dar; mit ihm beginnt er die Darstellung der Philosophen im zweiten Buch, Thales dagegen handelt er zuvor im ersten als den ersten der Sieben Weisen ab. So ist Thales für die Philosophiegeschichte eine doppeldeutige Figur, die sowohl den Zusammenhang mit älterer, vorphilosophischer Weisheit als auch den Bruch damit symbolisiert. Das meiste zu ihm Überlieferte stammt von Diogenes Laertius und charakterisiert ihn als Weisen. Vieles davon, um das die Philosophiegeschichtsschreibung sich nicht gekümmert hätte, wäre es unter anderem Namen überliefert, ist dennoch in sie eingegangen, weil sich an ihn der Ruf des ersten Philosophen geheftet hatte; nach Diogenes Laertius käme dieser Ruf mit größerem Recht dem Anaximander zu. Er sagt ausdrücklich an einer Stelle: »Die Philosophie aber hat zwei Ausgangspunkte, den einen von Anaximander, den andern von Pythagoras.«[18]

Es ist zwar möglich, aber nicht sehr wahrscheinlich, dass Aristoteles Genaueres als Platon über Thales wusste, als er ihn zum ersten Philosophen machte. Seine Berichte über ihn sind vage und vorsichtig formuliert und erwecken den Eindruck, dass er ihn auch nur aus indirekten Überlieferungen kennt; eine Schrift von ihm wird er nicht zur Verfügung gehabt haben. Thales ist, wie gesagt, innerhalb der Philosophiegeschichte mehr eine symbolische als eine historische Figur, auf die wohl Aristoteles, nicht aber Platon den Anfang der Philosophie projizieren konnte. Das ist bezeichnend für die Differenz im Philosophieverständnis der beiden. Zwar ist auch für Platon der *logos* die Bedingung der Möglichkeit der Philosophie. »Denn seiner beraubt, werden wir wohl, was das Größte ist, auch der Philosophie beraubt werden.«[19] Philosophie kann sich nicht im bloßen Geschichtenerzählen ergehen; es zeichnet den Philosophen aus, dass er Rede zu stehen (*logon didonai*) vermag – was nicht heißt, dass er nicht auch zum Mythos seine Zuflucht nehmen dürfte, wenn die Möglichkeiten des *logos* erschöpft sind. Doch hätte Platon jene Erklärung des Anfangs, aufgrund derer Aristoteles den Thales als »Urheber solcher Philosophie« bezeichnete,[20] noch zu den Geschichten gerechnet. Zur Philosophie kommt man nach Platon nicht dadurch, dass man von der sichtbaren Welt eine nicht-mythologische, »wissenschaftliche« Erklärung gibt; davon ist Wissenschaft im strikten Sinne gar nicht möglich, und daher bedient sich Platon in jenem Werk, in dem er inhaltlich der vorsokratischen Naturphilosophie am nächsten steht, ja deren Thema er dort – im »Timaios« – aufgreift, am meisten des Mythos. Zur Philosophie kommt man vielmehr dadurch, dass man sich von der sichtbaren Welt ab- und dorthin wendet, wo allein strenger *logos* möglich ist, zu den Ideen. Diese Wende vollzieht die sternenkundliche Einstellung des Thales in der Anekdote des »Theaitetos« keineswegs; sie bleibt im Bereich des Sichtbaren, und daher bedeutet sie nicht Philosophie, sondern nur deren metaphorische Veranschaulichung. Man kann nur vermuten, wem Platon jene Auszeichnung des Anfängertums zugestanden hätte, die in der späteren Geschichtsschreibung Thales zugefallen ist – wenn nicht Sokrates, dann vielleicht Parmenides, den er in dem nach ihm benannten Dialog dem jungen Sokrates eine Lektion in Dialektik erteilen lässt.

Hegel sagte in seinen »Vorlesungen über die Geschichte der Philosophie«: »Mit Platon fängt die philosophische Wissenschaft als Wissenschaft an«,[21] wobei er seinerseits an Platon die zu starke Verwendung mythologischer Formen auszusetzen hatte. Sattsam bekannt ist das Wort Alfred North Whiteheads, »die treffendste Charakterisierung der philosophischen Tradition Europas« sei es, »daß sie aus einer Reihe von Fußnoten zu Platon besteht«.[22] Heidegger schließlich sah in Platon den – fragwürdigen – Beginn der Metaphysik, die der Philosophie bis zu Nietzsche den Stempel aufgedrückt habe.[23] Da drängt sich die Frage auf – nicht: Wie sähe die Philosophie ohne Platon aus, sondern: Gäbe es ohne Platon überhaupt die Philosophie? Platon hat sich wie keiner vor ihm mit allen bedeutenden Leistungen griechischen Denkens auseinandergesetzt und daraus eine einzigartige Synthese geschaffen: mit Dichtung und Gesetzgebung, mit vorsokratischer Naturspekulation und hippokratischer Medizin, mit pythagoreischer Mathematik und Seelenlehre, mit eleatischer Seins- und heraklitischer Flusslehre, mit sokratischer Dialektik und Ethik, um nur das Wichtigste zu nennen. Ohne Platon hätten wir alle diese beeindruckenden Leistungen, aber als einzelne nebeneinander; wir hätten keine Philosophie, die mehr ist als ihre enzyklopädische Zusammenfassung oder äußere Klammer, nämlich die theoretische Durchdringung all dieser Gebiete mit einem einheitlichen Ideal von Erkenntnis und Wissenschaft. Für Platon und mit ihm bedeutet Philosophie nicht bloß die Ersetzung des Mythos durch einen sachlichen *logos*, sondern zusammen damit die Reflexion auf den *logos*, sein Wesen, seine Möglichkeiten und Grenzen und seine richtige Handhabung, wobei solche Reflexion durch die Eleaten und die Sophisten begonnen wird. Ohne Platon wäre der Anfang bei den milesischen Naturphilosophen nicht der Anfang der *Philosophie*. So hat die Philosophie bei den Griechen mehrere Anfänge, oder negativ mit Kant formuliert: »*Wann* aber und *wo* unter den Griechen der philosophische Geist zuerst entsprungen sei, das kann man eigentlich nicht bestimmen.«[24]

Anfangsbedingungen: Mentalität und historische Umstände

Warum beginnt bei den Griechen die Philosophie? Haben sie sich – um zwei prominente und kontroverse Antworten von Philosophen unseres Jahrhunderts anzuführen – dazu entschlossen, oder ist der griechische Beginn der Philosophie ein »seinsgeschichtliches Ereignis«? Husserl setzte an den Anfang die »Urstiftung«, mit der die Griechen Europa die Philosophie vermacht hätten, indem sie sich für die theoretische Einstellung entschieden.[25] Das ist freilich weniger eine historische Erklärung als mehr ein rhetorisches Element einer Paränese, mit der Husserl angesichts der von ihm diagnostizierten »Krisis der europäischen Wissenschaften« dazu auffordert, die theoretische Einstellung radikal zu erneuern und damit die von den Griechen gestiftete Intention zu erfüllen, von der die neuzeitlichen Wissenschaften abgewichen seien. Während also Husserl den Anfang der Philosophie in die bewusste Willensentscheidung des Menschen verlegt, entzieht Heideggers Rede vom seinsgeschichtlichen Ereignis ihn umgekehrt nicht nur ganz der menschlichen Verfügbarkeit, sondern auch jeder weiteren historischen Erklärung; das Ereignis ist das historisch Unerklärliche schlechthin. Es wäre interessant zu untersuchen, wie Husserl und Heidegger in ihren konträren Antworten auf die Frage nach dem Anfang der Philosophie jeweils von dem anderen beeinflusst sind: Wie weit der Voluntarismus von »Sein und Zeit« und dessen Kategorie der Entscheidung Husserl und wie weit umgekehrt Husserls Kritik am Anthropologismus von »Sein und Zeit« Heidegger bestimmt haben, die Seinsgeschichte gegenüber jedem humanen Mitwirken zu verselbständigen.

Heideggers Verweigerung will nichts, Husserls voluntaristisches Modell kann nichts beitragen zu einer historischen Erklärung des Problems, warum bei den Griechen die Philosophie beginnt. Man darf von einer solchen Erklärung allerdings auch nicht zu viel verlangen; man darf nicht erwarten, dass der Ursprung der Philosophie sich auf eine bestimmte, einzige Ursache zurückführen ließe, aus der er mit Notwendigkeit erfolgte. Man muss sich zufrieden geben mit der Angabe von Bedingungen, die die Entstehung begünstigt haben und deren Zusammenwirken sie plausibel macht. Die meisten dieser Bedingungen sind ihrerseits historisch voraussetzungsreich und daher erklärungsbedürftig. Ich werde im Folgenden eine Reihe von Faktoren anführen, die von der Historiographie als Voraussetzung oder als Ursache für den griechischen Ursprung der Philosophie genannt worden sind. Die Liste enthält keinen Anspruch auf Vollständigkeit, und die aufgeführten Faktoren sind von unterschiedlichem Gewicht. Dennoch glaube ich, dass sie zusammen ein Syndrom ergeben, das die Entstehung der Philosophie zwar nicht vollständig erklärt, aber besser verständlich macht.

Die Griechen, so lautet ein älterer Topos, der noch nicht ganz außer Gebrauch gekommen ist, waren in besonderer Weise zur Philosophie disponiert; sie lag ihnen gewissermaßen im Blut, sie entsprach ihrem Charakter. Die Griechen verfügten von Natur aus über jene Eigenschaften und Fähigkeiten, die zur Philosophie erforderlich sind: Neugierde, die Begabung zu dem, was nach Platon und Aristoteles den Impuls zur Philosophie gibt: das Staunen, sowie die Begabung zur theoretischen Betrachtung. »Dies Interesse am einfach Seienden, dies ruhige Betrachten ist schon ein Grundzug des Griechischen, der sonst, so weit ich sehe, nicht vorkommt, dieses gelassene Staunenkönnen über das Selbstverständliche.«[26]

Woher wissen wir von solchen Eigenschaften der Griechen? Aus ihren philosophischen und theoretischen Leistungen, so wie wir aus ihren rhetorischen Leistungen von ihrer außerordentlichen Befähigung zur Rede und aus ihren Kunstwerken von ihrem ästhetischen Vermögen und ihrem Sinn für Schönheit wissen. Jedes Mal schließen wir von den Produkten auf die Produzenten, und daher ist es zirkulär, aus den so erschlossenen Anlagen und Begabungen die Leistungen zu erklären.

Wie sind die Griechen zu den Talenten gekommen, die sie zu ihren besonderen kulturellen Leistungen befähigten, wie vor allem zu ihren theoretischen Potentialen? Waren die ihnen in die Wiege – oder in die Gene – gelegt, oder gab es äußere Faktoren dafür? Die Umwelt zum Beispiel, das heißt geographische und klimatische Bedingungen: »Die Westküste Kleinasiens ist die Wiege der griechischen Geistesbildung. Vor allem der Landstrich, welcher die Mitte des von Norden nach Süden sich erstreckenden Küstensaumes einnimmt, und die anliegenden Inseln. Hier hat die Natur ihre Gaben mit vollen Händen ausgestreut, und die sie empfingen, waren Angehörige des jonischen, das ist des allseitigst begabten hellenischen Stammes.«[27] Die Segnungen der Natur haben den Griechen jene Entlastung von den Nöten der Bedürfnisbefriedigung verschafft, durch die der Mensch allererst frei für die Theorie wird und die Muße gewinnt, sich der reinen Betrachtung hinzugeben. Deren früheste Ausbildung ist die Astronomie, für die der sprichwörtliche griechische Himmel prädestiniert war; nicht zufällig ist der Astronom Thales die symbolische Stifterfigur der Philosophie. – Aber: Ähnlich günstige, ja vielleicht sogar noch günstigere klimatische und natürliche Bedingungen gibt es auch anderswo. Und andererseits: Begünstigung durch die Natur kann ebenso verwöhnt und träge machen, Not dagegen erfinderisch. Es mussten weitere und bedeutendere Faktoren hinzutreten, damit es zur Philosophie kommen konnte: geschichtliche Faktoren.

Hegel hat in seinen »Vorlesungen über die Geschichte der Philosophie« die »Freiheit des Denkens als Bedingung des Anfangs« bezeichnet. Frei wird das Denken, wenn und indem es sich von der Beherrschung durch die Anschauung, von dem übermächtigen Eindruck der Natur emanzipiert und auch die religiöse Weise der Vorstellung hinter sich lässt; dann kehrt es in sich selbst ein, wird Denken des Denkens und wird sich dabei seiner Freiheit bewusst. Dieses »Bewusstsein der Freiheit«, mit dem die Philosophie beginnt, hat notwendig eine praktische Seite: die konkrete politische Freiheit. »In der Geschichte tritt daher die Philosophie nur da auf, wo und insofern freie Verfassungen sich bilden.«[28] Die praktische Freiheit entsteht, wenn der Mensch sich seiner Individualität und Persönlichkeit bewusst wird und beides realisiert. Das geschieht zuerst in Griechenland, und daher beginnt dort die Philosophie. Die despotischen Reiche und Kulturen des Orients haben die Voraussetzung dazu, die Freiheit und die freie Persönlichkeit, nicht. Zwar schickt Hegel der Darstellung der griechischen Philosophie einen Abschnitt über die orientalische voraus und folgt damit scheinbar jener oben erwähnten Tradition – aber nur, um sie als unberechtigt abzutun. Über die »so genannte orientalische Philosophie« will er nur sprechen, um zu begründen, warum er darüber nicht ausführlicher spricht, und um sie als ein »Vorläufiges« von der »wahrhaften Philosophie« abzugrenzen.[29]

Der Marxismus, der für sich in Anspruch nimmt, die spekulative Geschichtsphilosophie Hegels durch eine Theorie der realen historischen Bedingungen zu verwissenschaftlichen, hat die Freiheit, mit der die Philosophie beginnt, konkret als die von Sklavenhaltern ausgemacht. Die Philosophie entsteht in Griechenland zu jener Zeit, »da die Urgemeinschaft von der Sklavenhaltergesellschaft abgelöst wurde«, und ihre antike Geschichte ist durch den »Kampf« unterschiedlicher Konzepte von Sklavenhalterei geprägt. »Der Hauptinhalt der Entwicklung der Philosophie im alten Griechenland war der Kampf zwischen Materialismus und Idealismus, der letztlich den Kampf zwischen der unter den damaligen Bedingungen fortschrittlichen Sklavenhalterdemokratie und der reaktionären Sklavenhalteraristokratie widerspiegelte.«[30] Mit dieser Generalthese der marxistischen Sicht der griechischen Philosophie wird lediglich behauptet, *dass* sich darin solche Kämpfe widerspiegeln, nicht aber wird damit erklärt, *warum* die Philosophie als Spiegel der gesellschaftlichen Verhältnisse hervortritt. Ob in dieser Sicht die griechische Philosophie und ihre Entwicklung inhaltlich auch nur annähernd treffend charakterisiert sind, soll hier nicht erörtert werden.

Dabei kann die Berücksichtigung der konkreten historischen und ökonomischen Verhältnisse, unter denen die Philosophie beginnt, zum Verständnis ihrer Entstehung durchaus beitragen. Mit Recht ist immer wieder darauf hingewiesen worden, dass die ersten Anfänge nicht im griechischen Mutterland, sondern in den Kolonien liegen. Die Vorteile, die diese dazu boten, lassen sich am ionischen Milet exemplarisch aufzeigen: materieller Wohlstand, der vor allem auf Handel beruhte; die dazu nötige Seefahrt erfordert und bringt mit sich geographische Kenntnisse, die in die ersten Weltmodelle der Vorsokratiker eingehen; der Verkehr mit fremden Völkern und Kulturen, neben dem Handel durch eine rege Kolonisationstätigkeit hervorgerufen und durch die Lage begünstigt; er führt zur Übernahme von Wissenschaften und Künsten aus diesen

Kulturen wie zum Beispiel der Astronomie der Babylonier, der Rechen- und Feldmesskunst der Ägypter, der Konsonantenschrift der Phönizier.

Die Voraussetzungen in Sprache und Schrift

Wenn andere und ältere Kulturen, von denen die Griechen manches entlehnt haben, in der Entwicklung der Wissenschaften und Techniken vorausgegangen sind, warum ist dann nicht dort, sondern erst in Griechenland die Philosophie entstanden? Diese Frage führt uns auf spezifische Voraussetzungen innerhalb der griechischen Kultur, die die Entstehung der Philosophie begünstigt oder gar erst ermöglicht haben: die griechische Sprache, die griechische Schrift und die griechische Religion beziehungsweise der griechische Mythos.

»Ein gewaltiges Fördernis«, schrieb Jacob Burkhardt über die Griechen, »war ihnen für ihre wissenschaftliche Entwicklung so gut als für ihre Poesie von der Natur an ihrer Sprache mitgegeben. Es scheint, als ob das Griechische die künftige Philosophie schon virtuell in sich enthielte: so unendlich ist seine Schmiegsamkeit an den Gedanken, dessen durchsichtigste Hülle es ist, vollends aber an den philosophischen Gedanken. Wir haben es mit einer vollständig von den Einzeldingen abgelösten Sprachwelt zu tun; mit einer Sprache, die, wie man richtig sagt, an sich schon eine praktische Dialektik und schon darum in philosophischen Bezeichnungen überaus schöpferisch ist. Der Annahme gegenüber, daß die größten und entscheidenden Ideen aus Ägypten möchten gekommen sein, dürfte schon die Erwägung berechtigt sein, ob das Altägyptische überhaupt eines unbildlichen Ausdruckes fähig gewesen sei, ob es einen freien Fluß abstrakter Gedanken gehabt habe. Auch die semitischen Sprachen stehen hinter dem Griechischen weit zurück. Den Aristoteles ins Hebräische zu übersetzen, würde gewiß unmöglich sein, und sogar die Araber hätten ohne die griechischen Vorbilder keine Philosophie bekommen; nur die Inder und Germanen hatten wohl außer den Griechen eine Sprache, die von Hause aus zur Philosophie taugte.«[31]

Die »Schmiegsamkeit« der griechischen Sprache zeigt sich zum Beispiel in der außerordentlichen Fähigkeit, Komposita zu bilden beziehungsweise Nomina und Verben mit Präpositionen zu verbinden, wobei manchmal zwei Präpositionen hintereinander verwendet werden können; ferner in der Existenz des Mediums neben Aktiv und Passiv. Von besonderer Bedeutung für die günstige Disposition des Griechischen zu wissenschaftlichem und philosophischem Denken ist das Vorhandensein des Artikels. »In Griechenland beginnen die sprachlichen – und das heißt zugleich die geistigen – Voraussetzungen für eine wissenschaftliche Begriffsbildung sich schon in den ältesten Zeiten zu entwickeln. Es ist z. B. nicht abzusehen, wie in Griechenland Naturwissenschaft und Philosophie hätten entstehen können, wäre nicht im Griechischen der bestimmte Artikel vorhanden gewesen.«[32] Am Beispiel von Ciceros lateinischer Übersetzung macht Snell deutlich, wie mühevoll und umständlich dort ein philosophischer Begriff ohne bestimmten Artikel wiedergegeben werden muss. Sein Fazit lautet, dass das Lateinische als artikellose Sprache zu der ursprünglichen Begriffsbildung nicht in der Lage gewesen wäre; es ist darauf angewiesen, dass der Gedanke, zu dem der Begriff gesucht wird, zuvor in der anderen Sprache schon ausgedrückt ist; allein und von sich aus hätte es diesen Gedanken nicht formulieren können. »Solche philosophische Begriffsbildung ohne Artikel ist nur möglich bei einer Entlehnung des Gedankens; die Sprache rezipiert hier etwas, das über ihre eigenen unmittelbaren Ausdrucksmöglichkeiten hinausgeht, aber solche entwickelten Formen der Sprache müssen schon angelegt sein in der früheren.« Der Artikel ermöglicht es, nahezu alles zu substantivieren und damit zum Gegenstand von Aussagen und Untersuchungen zu machen, zum Beispiel Eigenschaften wie das Unbegrenzte, das Feuchte, das Trockene, das Warme, das Kalte; oder Fragepronomina: das Wo, Wie, Wann etc.; ja sogar ganze Phrasen wie der aristotelische Ausdruck für das Wesen, *to ti en einai*, werden so zum Begriff, was Heidegger in »Sein und Zeit« mit seinen Bindestrichwörtern nachgeahmt hat (zum Beispiel das »In-der-Welt-sein«).

Die Leichtigkeit der Abstraktion und der Substantivierung mit Hilfe des Artikels hat allerdings auch etwas Bedenkliches, nämlich die Gefahr der Hypostasierung; es werden Begriffe gebildet und diesen erst nachträglich Sachen und Sachverhalte unterstellt, statt dass umgekehrt erst die Sachen gesehen und danach die Begriffe geprägt werden. Die Philosophie geht gewissermaßen der Sprache auf den Leim; sie lässt sich von ihr zu der Annahme von Gegenständen verführen, die außerhalb der Sprache nicht nachweisbar sind. Auch darauf hat schon Burckhardt hingewiesen: »Freilich hat diese Leichtigkeit auch ihre Schattenseite, insofern die Philosophie sich gerne mit einem solchen Abstraktum oder Neutrum beruhigte und damit schon eine Sache, eine Kraft, ein Prinzip in Händen zu haben glaubte.«[33] Um wiederum ein Beispiel aus der Philosophie Heideggers zu geben: Auch »das Sein«, und erst recht »das Nichts« darin, stehen bei nicht wenigen in Verdacht, solche gegenstandslosen Begriffe und sprachliche Hypostasierungen zu sein.

Voraussetzung für die Entstehung, Ausbildung und Überlieferung der Philosophie ist die Schrift. Philosophie ist auch eine Form von Literatur, und sie ist mit dieser Form so sehr verbunden, dass sie in der Regel mit ihrer literarischen Fixierung gleichgesetzt wird. Die Philosophie – das sind die philosophischen Werke, zumal die frühere und ältere Philosophie für uns nur in dieser Form existent ist. Die Erscheinung als Literatur ist für uns so selbstverständlich, dass wir gar nicht mehr fragen, was die Schrift für die Philosophie bedeutet, was sie philosophisch leisten – oder auch nicht leisten – kann. Nach Platon sind darüber kaum noch grundsätzliche Überlegungen angestellt worden; das nicht zuletzt wohl auch deswegen, weil Platons Werk so glänzend wie kein anderes die Philosophie als Literatur gerechtfertigt hat, obwohl in diesem Werk fundamentale Bedenken gegen die schriftliche Fixierung geäußert werden. Das Wissen – so der platonische Vorbehalt – büßt darin seine Lebendigkeit und Authentizität, seinen Charakter als Einsicht ein; die Schrift verleihe daher auch kein Wissen und keine Einsicht, wohl aber den Schein davon; sie mache nicht wirklich, sondern nur scheinbar und dünkelhaft weise. Darin liegt für Platon das Bedenkliche und Gefährliche, das Sophistische der Schrift.[34]

Man muss die platonische Schriftkritik, die in einer Zeit, in der die schriftliche Form die Philosophie dominiert, aktueller und beherzigenswerter denn je ist, nicht in Frage stellen, um dennoch die Unentbehrlichkeit der Schrift für das Entstehen und die Entwicklung der Philosophie anzuerkennen. Die Philosophie entsteht nicht zufällig nach der Einführung der Schrift in Griechenland, in einer Zeit des Übergangs von der Mündlichkeit zur Schriftlichkeit, und ihre frühe Phase, ja noch Platons Schriftkritik selbst sind davon bestimmt. Pierre Hadot hat darauf hingewiesen, dass in der ganzen Antike und noch im Mittelalter »das literarisch-philosophische Werk immer in enger Verbindung mit der mündlichen Lehre« steht, der gegenüber sich erst das gedruckte Buch der Neuzeit verselbständigt.[35] All die vielen Bücher Platons seien »Protest gegen das Buch«, meinte Richard Harder.[36] Das ist überspitzt und einseitig formuliert. Wohl aber wollte Platon in einer Zeit, in der die Schrift sich endgültig etablierte und die Vorherrschaft der Mündlichkeit brach, deren Vorzüge in dem neuen Medium, das er so gut wie kein anderer zu handhaben wusste, fest- und in Erinnerung halten; darum *schrieb* er *Gespräche*.

Zur Übernahme der Schrift durch die Griechen hat Harder eine These vertreten, die, wenn sie zutrifft, für die Erklärung des griechischen Ursprungs der Philosophie von großer Bedeutung ist: Die Griechen hätten die Schrift in einzigartiger Weise gemeistert. Die griechische Schrift ist – im Unterschied zu einer Wort- oder Silbenschrift – eine Buchstabenschrift; eine solche lässt sich auf andere Sprachen übertragen, was bei jenen Schriften nahezu unüberwindliche Schwierigkeiten bereitet. Nun haben die Griechen für ihre Schrift tatsächlich das phönizische Alphabet übernommen, dem sie jedoch systematisch Zeichen für die Vokale hinzufügten, und erst dadurch führten sie ihre Schrift zu ihrer singulären Perfektion. »Maßgebend für den Erfolg ist nicht die gelegentliche Verwendung von Vokalzeichen, sondern die ausschließliche Wiedergabe aller Vokale durch diese Zeichen. Das Prinzip der Lautschrift ist erst dann gefunden, wenn man erstens *alle* Laute, die wesentliche Bedeutungsträger sind, wiedergibt, und zweitens *alle anderen* Ausdrucksformen unterdrückt. [...] Ein vereinbartes System von Zeichen ist sachgemäß, wenn es größte Eindeutigkeit mit größter Sparsamkeit erreicht. Dies Ziel ist durch den griechischen Schrifterfinder, und erst durch ihn erreicht.«[37]

Auf der These von der »überlegenen Effizienz« der griechischen Alphabetschrift baut Eric A. Havelock seine Theorie von der einzigartigen Ablösung der Mündlichkeit durch die Schriftlichkeit in der griechischen Kultur auf: Die »alphabetische Revolution« führt die Oralität, wie sie noch bei Homer existiert, in die Krise, an deren Ende im 4. Jahrhundert v. Chr. die Dominanz der Schrift steht; die große Tragödiendichtung, aber auch die philosophische Literatur bis zu Platon zeugen von dieser Krise und diesem Übergang. Ja, die Philosophie entsteht erst mit den neuen Möglichkeiten, die die Schrift bietet.

Einzig die griechische Alphabetschrift – so Havelock – ist in der Lage, den Fluss der mündlichen Rede adäquat wiederzugeben. Weil nun die Möglichkeit besteht, die orale Dichtung schriftlich zu fixieren, werden Techniken und formale Elemente dieser Dichtung überflüssig, die zuvor dem Memorieren dienten; so kann eine Literatur entstehen, die nicht mehr von der Notwendigkeit bestimmt ist, den Anforderungen des Gedächtnisses zu entsprechen. Die unter den Bedingungen der Oralität entstandene Dichtung ist episch, das heißt versgebunden und narrativ. Versgebundenheit und Narrativität gewährleisten die bessere Einprägung ins Gedächtnis; man kann einen gleichmäßig rhythmisierten Text besser behalten als einen rhythmisch völlig unregelmäßigen prosaischen und einen erzählenden besser als einen deskriptiven. Havelocks Beobachtungen dazu sind frappant und aufschlussreich: Nicht nur, dass mit der Schrift neben die epische Dichtung die Prosaliteratur – vor allem Geschichtsschreibung und Philosophie – tritt; diese prosaische Literatur unterscheidet sich auch in grammatischer und syntaktischer Hinsicht von der Sprache der Epik.

Hauptsächlich drei Möglichkeiten der neuen Prosaliteratur sind gegenüber der epischen Dichtung relevant. Erstens: Grammatisch gesehen sind die Subjekte episch-narrativer Rede zumeist handelnde Personen, selten konkrete Gegenstände, die beschrieben werden. An ihre Stelle treten in der Prosaliteratur immer häufiger abstrakte Gegenstände und in der Philosophie schließlich Begriffe, die definiert werden. Entsprechend verändern sich die Prädikate. In der Epik dominieren dynamische Prädikate; sie werden durch statische ersetzt. Das Verb »sein« gewinnt als Kopula Bedeutung, am meisten in der Definition.

Zweitens: Erst in der schriftlich fixierten Rede wird es in größerem Umfang möglich, auf die Rede und ihre Strukturen zu reflektieren – und damit die Rhetorik, Logik und Grammatik theoretisch darzustellen. Nicht zufällig wählt der platonische Sokrates, um die formale Struktur der Rede zu erläutern, gesprächsweise das simpelste Beispiel: »Theaitetos sitzt.«[38] Die Reflexion auf kompliziertere sprachliche Gebilde – bis hin zu den Formen des Syllogismus – dürften ohne schriftliche Vorlage kaum möglich sein. Es ist zweierlei: logisch zu argumentieren und die Struktur logischer Argumentation abstrakt zu erfassen. Jenes lässt sich unter den Bedingungen der Mündlichkeit selbstverständlich praktizieren, dieses ist erst unter denen der Schriftlichkeit umfassend möglich.

Drittens schließlich – und das ist die wohl gewagteste Spekulation Havelocks – führt erst die Vorherrschaft der Schrift zur Entdeckung des Selbst. Es scheiden sich das schriftlich fixierte Wissen und der Wissende, die schriftlich objektivierte Sprache und der Sprecher. »So wie sich die Sprache vom Sprecher visuell absetzte, so kam auch umgekehrt die Person, die Quelle der Sprache, ins Blickfeld: Es entstand der Begriff des Selbst. [...] Die sprechende, aber von der Sprache abgetrennte Person wurde zur ›Persönlichkeit‹, die nun sich selbst entdecken konnte.«[39]

Die Stellung zum Mythos

Mit dem griechischen Mythos schließlich verhält es sich anders als mit den bisher besprochenen Voraussetzungen für die Entstehung der Philosophie. Zwar bereitet der Mythos die Philosophie in mancherlei Hinsicht vor, und die Philosophie greift ihrerseits nicht selten auf mythologische Mittel und Elemente zurück. Im Wesentlichen aber ist das Verhältnis der beiden kein positives, sondern ein negatives. Es ist in erster Linie eine Schwäche, nicht eine Stärke, durch die der griechische Mythos die Entstehung der Philosophie begünstigt; diese geht aus dem Bruch mit dem Mythos und aus der

Kritik an ihm hervor. So ist das Verhältnis von Mythos und Philosophie unter dem doppelten Aspekt des Bruches wie der Kontinuität zu betrachten.

Wenn Nietzsches Wort zutrifft, Wissenschaft entstehe, »wenn die Götter nicht gut gedacht werden«, dann waren die Götter des griechischen Mythos schlecht gedacht, nicht gut genug jedenfalls, um die Philosophie zu verhindern. Der griechische Mythos ist zur Kunst, nicht zur Philosophie disponiert. Nietzsches pointierte Formulierung ist die Quintessenz dessen, was Jacob Burckhardt zu den Defiziten der griechischen Religion als Voraussetzung für die Entstehung der Philosophie ausgeführt hat. »Auch die große Schwäche der Religion war für die Philosophie sehr förderlich. Zwar kann diese auch neben einer starken Religion aufkommen, wie dies in Indien und im Islam der Fall gewesen ist, aber doch nur als Ketzerei und Sekte. Bei den Griechen erhob sie sich vielgestaltig und nach Belieben, weil keine Kraft und keine Einrichtung da war, welche ihr hätte das Kommen unmöglich machen können.«[40]

Die »Schwäche« der griechischen Religion hat zwei Seiten, die miteinander zusammenhängen: eine institutionelle und eine inhaltliche. Zum einen ist diese Religion keine Buchreligion. Es gibt keine heiligen Bücher, in denen bestimmte Glaubensinhalte verbindlich festgelegt wären; solche Bücher beantworten die Fragen, die sie stellen, definitiv, und sie lassen andere Fragen nicht zu. Es gibt auch keine sakrosankte Stifterfigur mit unantastbaren Lehren. Sie ist ferner keine Priesterreligion. Über die religiösen Inhalte wacht keine Priesterkaste, die in anderen Kulturen das Wissen und den Glauben verwaltet und den Zugang zum Wissen reglementiert. Philosophie und Bildung stehen in Griechenland allen offen; »und da die Beschäftigung mit dem Geistigen durch nichts beschränkt war, da jeder Freie und bald jeder Sklave, ja selbst der hellenisch gebildete Barbar zur Philosophie Zutritt hatte, so war die Auswahl viel größer; die für die Philosophie zugängliche Quote der Menschheit konnte sich wirklich beteiligen, die Berufenen fanden sich von überall zum Lehrer ein, und statt der Kaste hatte man konkurrierende Schulen«.

Weil über die Religion keine Priesterkaste wacht, gibt es keine Orthodoxie. Zwar ist die Religion Staatskult, und wer die Götter leugnet, kann wegen Asebie behelligt werden; aber die Vorstellungen von den Göttern sind durch keine Glaubensvorschriften festgelegt. Sie werden von den Dichtern gebildet. Von Homer jedoch hätten sich »Zeus und die übrigen Götter gar nicht mehr erholt«, meinte Burckhardt. Keine Priester- und Theologenzunft arbeitet an der Systematisierung der religiösen Inhalte. Die Schwächen und Inkonsequenzen der religiösen Vorstellungen werden nicht behoben; das ist die wesentliche Voraussetzung für den Bruch der Philosophie mit dem Mythos.

Was nun die Inhalte betrifft, so sind für Burckhardt der griechische Mythos und die Volksreligion, verglichen mit anderen Religionen, auf den beiden Hauptgebieten der Welterklärung und der ethischen Lebensanschauung defizitär: Sie erklären das Weltall ungenügend, und sie liefern keine verbindliche Ethik – was später das Christentum tat, das sogar die philosophische Ethik verdrängen konnte und fortan die Moral dominierte. Die »geringe metaphysische Haltbarkeit« und die ethische Unverbindlichkeit riefen gewissermaßen die Philosophie auf den Plan, die sich denn auch darin dem Mythos entgegenstellte. Die Philosophie entsteht aus dem Ungenügen am Mythos, an seinem mangelnden Ernst, an der Unglaubwürdigkeit seiner phantastischen Geschichten und deren mangelnder Beweisbarkeit und Überprüfbarkeit. Sie entsteht da, wo der Verdacht sich festsetzt, dass der Mythos nicht wahr ist; diesen Verdacht weckt und befördert der Mythos selber durch seine Unübersichtlichkeit und Widersprüchlichkeit. »Die Dichter« – das heißt die Erdichter der Mythen – »lügen zu viel«: Dieser Einwand, der zum geflügelten Wort wird, entzündet sich nicht daran, dass die Dichter faktisch Falsches, sondern dass sie Unstimmiges, Unmögliches, Unbegründetes und moralisch Verwerfliches darstellen und berichten. Dagegen tritt die Philosophie auf mit dem Anspruch, wahr und begründend zu reden *(logon didonai)* – über die Welt und über das richtige Leben. Nicht mehr an der Dichtung, sondern an der Philosophie sollen Erziehung und Bildung sich ausrichten.

Warum d. griech. Mythos d. Entstehen d. Philos. begünstigte

Nun darf man darüber, dass die Philosophie mit dem Mythos gebrochen hat, nicht übersehen, was sie andererseits positiv mit ihm verbindet, nämlich, dass im Mythos selber schon die Philosophie vorbereitet ist und in der Philosophie der Mythos weiterhin

Philosophie schon im Mythos vorbereitet!

verwendet wird. Schon Hesiods »Theogonie« stellt den Versuch dar, Ordnung, Übersichtlichkeit, System in die chaotische Götterwelt des Mythos zu bringen, und zwar in Form eines Götterstammbaums. Indem die »Theogonie« ferner mit dem beginnt, was zuerst entstanden ist – Chaos, Gaia, Eros, Tartaros –, ist sie auch eine Lehre vom Anfang, obwohl der Begriff *arche* noch nicht auftaucht; sie ist eine Lehre von der Entstehung des Kosmos, an die die vorsokratische Naturphilosophie anknüpft, die ebenfalls nach dem Anfang fragt, aus dem alles entstanden ist. Schließlich ist es Hesiod, der im Proömium der »Theogonie« den Gegensatz von Wahrheit und Lüge einführt, wenn er erzählt, wie ihm die Musen erschienen sind und zu ihm sagten, sie könnten sowohl Trügerisches als auch die lautere Wahrheit verkünden.[41] Der Mythos kann wahr und falsch sein, und offensichtlich wollte Hesiod seinen Mythos als wahren dem täuschenden – wohl dem Homers – entgegensetzen. Damit aber stellt sich der Mythos selber unter den Wahrheitsanspruch, an dem er zerbricht.

Dennoch lebt der Mythos in mehrfacher Weise in der Philosophie fort. Zunächst bedienen sich die vorsokratischen Philosophen nicht selten mythologischer Formen wie der Form des Epos, so Parmenides und Empedokles, und Parmenides lehnt sich in der Einleitung seines Lehrgedichtes ganz offensichtlich an das Proömium der »Theogonie« an. Ferner lebt der Mythos fort in dem Impuls einer philosophischen Götter- oder Gottlehre, einer philosophischen Theologie.[42] Schließlich kehren Mythen oder mythenähnliche Elemente in der Philosophie regelmäßig dort wieder, wo es darum geht, das Nichtanschauliche anschaulich zu machen oder Vorstellungen von dem zu gewinnen, das wir streng begrifflich nicht fassen können, bei dem wir aber nicht ganz auf Vorstellungen verzichten möchten. Platons Seelen-, Totengerichts- und Unsterblichkeitsmythen liefern dafür das prominenteste Beispiel. Und wo der Mythos in dieser großen und ausdrücklichen Form nicht mehr geduldet wird, da verzieht er sich in die kleine, unauffällige, aber ubiquitäre Form der Metapher.

Wenn hier die griechischen Voraussetzungen für den Ursprung der Philosophie beziehungsweise die Voraussetzungen für den Ursprung der griechischen Philosophie besprochen wurden, so sollte damit nicht ausgeschlossen werden, dass anderswo – in Indien zum Beispiel – unabhängig davon und eigenständig Philosophie entstanden ist. Nur müsste es dort dann im Wesentlichen ähnliche Voraussetzungen gegeben haben, aus denen sie hervorgehen konnte.

Mythos lebt in mehrfacher Weise in d. Philos. fort.

1. - Parmenides, Empedokles → Epos (mythol. Form)

2. - Fortleben in philos. Gotteslehre

3. - Nichtanschauliche - anschaulich machen

4. - ubiquitäre Form: Metapher
↓
nicht an einen Standort gebunden

Literarische Formen

Zum Verständnis der Philosophie gehört das ihrer Formen. Um die antike Philosophie zu verstehen, muss man sie in *ihren* Formen begreifen und würdigen, das heißt auch in denen, die die spätere Philosophie nicht mehr mit ihr teilt oder deren ursprünglicher Stellenwert sich darin verändert hat. Die alles dominierende Form neuzeitlicher Philosophie ist die des veröffentlichten Textes: das gedruckte Buch und der Zeitschriftenaufsatz. Die Philosophie der Neuzeit existiert wesentlich als Literatur. Und wenn, was selten geschieht, über die Formen der Philosophie nachgedacht wird, dann allenfalls über die literarischen, unter denen wiederum die der wissenschaftlichen Abhandlung dominiert.

Wie der Beginn der neuzeitlichen Philosophie der Erfindung des Buchdrucks, so folgt der der antiken der Etablierung der Schrift in Griechenland. Das Medium der Schrift ist, wie erwähnt, einer der entscheidenden Faktoren für die Herausbildung der griechischen und damit der ganzen abendländischen Philosophie; ohne die Schrift hätte die Philosophie nicht zu dem werden können, was sie war und ist – ganz davon zu schweigen, dass die Schrift das Medium ihrer Überlieferung ist. Nur dadurch kennen wir die frühere Philosophie. Doch erst mit dem gedruckten Buch erhält die literarische Form in der Philosophie ihre heute selbstverständlich gewordene Dominanz. Wir müssen uns davor hüten, die Stellung des Buches in der Neuzeit auf die Antike zu projizieren. Die früheste philosophische Literatur entsteht zu einer Zeit, in der das Buch selten und der übliche Weg, Wissen weiterzugeben, die mündliche Überlieferung ist; Formen ursprünglich mündlicher Überlieferung gehen in die anfängliche philosophische Literatur ein. Auch nachdem Schrift und Buch sich längst durchgesetzt hatten und allgemeiner Bestandteil der antiken Bildung geworden waren, blieb die enge Verbindung von literarischem Werk und mündlicher Lehre bestehen. Das bedeutet zweierlei: erstens, dass die literarischen

Formen der antiken Philosophie aus dem Zusammenhang mit der mündlichen Lehre verstanden werden müssen, und zweitens, dass nichtschriftliche Formen diese Philosophie viel stärker als die der Neuzeit bestimmen.

Der antike Philosoph musste nicht schreiben, nicht einmal, um prominent in die Philosophiegeschichte einzugehen. Ob der legendäre Thales seine Lehre schriftlich niedergelegt hat, ist zweifelhaft. Von späteren Philosophen wissen wir jedoch zuverlässig, dass sie auf die Abfassung von Schriften bewusst verzichtet haben. Dafür konnte der – philosophisch äußerliche – Grund der Geheimhaltung der Lehre ausschlaggebend sein wie bei Pythagoras und seinen Anhängern; dahinter konnten aber auch eine genuin philosophische Auffassung von der Natur des Wissens sowie Skepsis gegenüber der Möglichkeit stehen, Wissen schriftlich zu vermitteln, wie es bei Sokrates – zumindest in der Darstellung Platons – der Fall ist. Sowohl das pythagoreische als auch das sokratische Vorbild haben in der späteren Antike bedeutende Nachahmer gefunden. Die Neuzeit dagegen, sie mag bisweilen Sokrates noch so bewundert haben, hat keinem Philosophen ohne Schriften einen Rang in der Philosophiegeschichte zuerkannt; selbst ein neuzeitlicher Sokrates muss, wie der dänische – Kierkegaard –, schreiben.

Kaum etwas vermag die unterschiedliche Stellung der Schrift und ihre Bedeutung für die Philosophie in Antike und Neuzeit so zu erhellen wie der Vergleich der Schriftkritik des platonischen Sokrates mit Schopenhauers Kritik an Sokrates' Schreibverzicht. Die Schrift, heißt es einschlägig im »Phaidros«, fördere die Vergesslichkeit und leiste der Scheinweisheit Vorschub. Unfähig, das Wissen aufzunehmen, sei sie auch nicht in der Lage, es zu vermitteln. Das leiste allein das philosophische Gespräch. Die Schrift sei bloß das »Schattenbild« der »lebenden und beseelten Rede«, die »mit Einsicht geschrieben wird in des Lernenden Seele«.[43] Diese wisse, zu wem sie reden und wem gegenüber sie schweigen muss, und sie wisse sich gegen Einwände zu verteidigen; beides verstehe die Schrift nicht. Zum Wissen gehört jene situationsbezogene Fähigkeit der richtigen Anwendung, die praktische Urteilskraft, die nie vollständig durch Schrift repräsentiert wird. Für den Philosophen hat nach platonischem Verständnis das wohlverstandene Schreiben lediglich die Funktion einer Erinnerungshilfe oder eines Spiels im Unterschied zum Ernst der mündlichen Unterweisung.

Während also der platonische Sokrates das unbedingte Vertrauen in die weisheitfördernde Potenz der Schrift als eine Fehleinschätzung ansieht, die in dem Mythos von dem Ursprung dieses Mediums der höchste Gott und Herr des Wissens gegenüber dem untergebenen Erfindergott richtig stellt, ist für Schopenhauer der Verzicht auf »die wichtigste Erfindung des Menschengeschlechts« umgekehrt ein »wunderlicher Übermuth«, der zu keinem wirklich großen Geist passe und der ihn daher an den »hohen Geistesfähigkeiten« eines Pythagoras und selbst des Sokrates zweifeln lässt. Zwei Leistungen machen die Schrift dem Philosophen unentbehrlich. Zum einen fördere sie weitaus mehr als der mündliche Vortrag die Präzisierung des Gedankens, zu dessen »reinem Ektypos« sie gerate. An die Stelle des mündlichen Dialogs, der in der sokratisch-platonischen Philosophie das Medium der Begriffsklärung schlechthin ist, tritt in der Neuzeit der einsame Vorgang des Schreibens. Aus dem Dialog gehen in der Antike die Dialektik und schließlich die Logik hervor; die neuzeitliche Logik dagegen orientiert sich am Monolog.[44] – Zum anderen ermögliche die Schrift dem Philosophen, statt bloß zu einigen Individuen zur gesamten Menschheit zu reden und damit die ganze Quote der »Vorzüglichen, also Seltenen« zu erreichen; seine Wirkung bleibe nicht auf die wenigen beschränkt, die ihm der Zufall zuführt. Wer darauf verzichte, habe den Beruf und die Stellung des »großen Geistes« zur Menschheit nicht begriffen, seine Zugehörigkeit zu den »Erziehern des Menschengeschlechts«, und könne daher selber kein »großer Geist« sein.

Am deutlichsten kommt die Differenz in der kontroversen Verwendung derselben Metaphorik der Saat und des Säens zum Vorschein. Im »Phaidros« vergleicht Sokrates das Abfassen von Schriften mit dem Anlegen von »Adonisgärtchen«; das sind Beete, in die man während der Sommerhitze – zum Adonisfest – in wenigen Tagen eine Aussaat aufziehen kann, deren schnell geschossene Pflanzen aber nur der Zierde dienen, also keine Frucht und keine neue Saat hervorbringen. Dagegen ist das Einschreiben lebendiger Reden in geeignete Seelen – die mündliche Unterweisung – ein Säen in fruchtbaren Ackerboden, in dem das Wachstum zwar Monate braucht, dafür aber Früchte trägt. Nur durch die Erzeugung und Fortzeugung solcher lebendiger, von Einsicht beseelter Reden, wird man aus diesem Bild folgern dürfen, lebt auch die Philosophie fort. – Bei Schopenhauer kehrt sich die Bewertung um. Ihm sind die durch die mündliche Unterweisung erreichbaren Individuen »für die edle Saat meistens ein schlechter Boden, in welchem sie entweder gar nicht treibt, oder in ihren Erzeugnissen schnell degenerirt: die Saat selbst also muß bewahrt werden. Dies aber geschieht nicht durch Tradition, als welche bei jedem Schritte verfälscht wird, sondern allein durch die Schrift, dieser einzigen treuen Aufbewahrerin der Gedanken.«[45]

Nur das geschriebene Werk macht für die Neuzeit den großen, den klassischen Philosophen. Unter dieser Voraussetzung ist es lediglich konsequent, dass in einem heute weit verbreiteten zweibändigen Werk über die »Klassiker der Philosophie«[46] unter den etwa fünfzig in Einzelporträts vorgestellten Philosophen Sokrates nicht mehr berücksichtigt wird. Eine Darstellung der Philosophiegeschichte, und zumal der antiken, in der die »höchst wichtige Figur in der Geschichte der Philosophie – die interessanteste in der Philosophie des Altertums« und der »Hauptwendepunkt des Geistes in sich selbst«, wie Hegel Sokrates bezeichnete[47], nicht vorkommt: Will man diese befremdliche Konsequenz vermeiden, dann darf man die antike Philosophie nicht auf ihre literarischen Produkte und Erscheinungsformen reduzieren. Um sie aus ihrem und nicht aus einem neuzeitlich-modernen Begriff von Philosophie heraus zu begreifen, muss man sie auch in den nichtschriftlichen Formen, in denen sie sich realisierte, betrachten. Dazu gehören die philosophischen Schulen und vor allem die Philosophie als Lebensform; beider Darstellung wird sich daher an die der literarischen Formen anschließen.

Die Kategorien, mit denen in neuerer Zeit über die literarischen Formen der Philosophie reflektiert wird, sind gewöhnlich an der Alternative Wissenschaft oder Kunst orientiert. Entweder die Philosophie gilt als Wissenschaft; dann werden von ihr Sprache und Form der Wissenschaft erwartet, das heißt eine exakte Terminologie und systematische Darstellung. Das Ideal ist das in sich geschlossene und vollständige System. In ihm erfüllt sich jener Anspruch auf Wissenschaftlichkeit, mit dem die neuzeitliche Philosophie überwiegend auftritt, anfangs selbstbewusst in dem Ansinnen, Wissen und Wissenschaft allererst zu begründen, heute eher verlegen in dem Eifer, den selbständigen Wissenschaften und ihren Standards nicht nachzustehen.

Oder sie gilt und versteht sich selber als Kunst, der Philosoph als »Dichterphilosoph«, sein Werk als Dichtung. Transformierung in Poesie ist die erklärte Absicht der Philosophie im Umkreis der Romantik, und Nietzsche bedauerte in dem »Versuch einer Selbstkritik« zu seiner »Geburt der Tragödie«: »Wie schade, daß ich, was ich damals zu sagen hatte, es nicht als Dichter zu sagen wagte: ich hätte es vielleicht gekonnt!«[48] Doch besteht eine merkwürdige Diskrepanz zwischen dem Verständnis und Selbstverständnis der Philosophie als Kunst oder Dichtung und der Insuffizienz ästhetischer Kategorien zur Beschreibung und Erfassung philosophischer Texte. Dies erklärt sich zunächst aus dem rationalistischen Ursprung der philosophischen Ästhetik, wo der Begriff des Schönen in Opposition zur rationalen Wahrheit konzipiert wird. Dann verhindert die Konzeption autonomer, zweckfreier Kunst, die Texte aus ihrer Funktion heraus zu begreifen; zumal für das Verständnis der antiken philosophischen Literatur ist die Berücksichtigung ihrer Funktion aber unentbehrlich. Mit der philosophischen Ästhetik tut sich zwischen Wissenschaft und schöner Kunst in der Neuzeit eine Kluft auf, in der zu versinken droht, was weder eindeutig das eine noch das andere repräsentiert. Für jene vielfältige Literatur, die weder rein wissenschaftliche Abhandlung noch Dichtung, sondern auf der breiten Skala dazwischen einzuordnen ist, fehlen die formalen Kategorien, beziehungsweise sie gehen verloren; dazu gehört auch ein großer Teil der philosophischen Literatur. Nicht zufällig verbindet sich mit dem Aufstieg der Ästhetik der disziplinäre Niedergang der Rhetorik, die in sich logische und ästhetische Formen vereint und mit deren reichhaltigem und ausdifferenziertem Begriffsinstrumentarium sich die Eigenart philosophischer Texte zumeist besser erfassen lässt als mit rein ästhetischen Kategorien. Das gilt auch für die neuzeitliche und die moderne philosophische Literatur, besonders aber für die der Antike und ihren Formenreichtum, der sich unter den Bedingungen einer rhetorisch geprägten Kultur herausgebildet hat und in dem noch nicht wie in der Neuzeit die Form der wissenschaftlichen Abhandlung dominiert.

Formen der Vorsokratiker: Prosa, Epos, Spruch

Wir kennen die antike Philosophie nur zum Teil aus primärer Überlieferung, das heißt aus vollständig erhaltenen originalen Werken. Ganze Epochen sind uns fast ausschließlich aus sekundärer Überlieferung bekannt, aus Literatur über Philosophie, worin die Form der originalen Schriften gewöhnlich untergeht. So sind uns von einer stattlichen Anzahl antiker Philosophen zwar die Lehren überliefert, aber nicht die Formen, in denen sie diese schriftlich vertreten haben. Was dabei verloren gehen kann, mag man sich klar machen, indem man sich vorstellt, wir hätten zu platon zwar Doxographien wie die des Diogenes Laertius, nicht aber seine Dialoge selbst. Wir hätten dann weniger, ja sehr wenig an platonischer Philosophie. Mag sein, dass bei keinem Philosophen die Form so sehr Gedanke ist wie bei Platon; aber bei keinem ist sie ohne Gedanken.

Der Bestand der original überlieferten philosophischen Werke repräsentiert eine erstaunliche literarische Mannigfaltigkeit. Es gibt nicht die eine verbindliche, nicht einmal eine dominante Form. Das lässt sich angesichts der spärlichen Reste originaler Überlieferung sogar von der anfänglichen, vorsokratischen Philosophie sagen, die in der doxographischen Philosophiegeschichtsschreibung, aus der wir sie überwiegend kennen, leicht zu einer »bilderbuchartigen Darstellung«[49] unterschiedlicher Antworten auf die Frage nach dem Anfang, dem Urelement oder den Urelementen, aus dem beziehungsweise aus denen alles geworden ist, zusammenschrumpft.

Die literarische Tätigkeit der frühen Philosophen ist gering. Sie beschränkt sich zumeist auf ein Buch, das, ursprünglich wohl titellos, später »Über die Natur« betitelt wurde. Solange ein Autor nur ein Buch schreibt, ist es durch seinen Namen hinreichend gekennzeichnet. Die Notwendigkeit von Titeln entsteht da, wo derselbe mehrere Bücher, zum Beispiel eine Reihe von Tragödien, verfasst und wo im Buchhandel und in Bibliotheken Bücher in größerer Anzahl sortiert werden. Wir dürfen uns also die ersten Philosophen nicht primär als Literaten vorstellen. »In der ältesten Zeit der griechischen Prosa entschloss man sich nicht so leicht zum Schreiben und Veröffentlichen eines Buches wie heutzutage; wenn man überhaupt dazu kam, so war es in der Regel wohl erst in späten Jahren und hatte dann bei einem einzigen Werke sein Bewenden.«[50] Ein umfang- und titelreiches Werk, dessen thematische Vielfalt ebenso groß ist und ganz unterschiedliche Sachgebiete umfasst, stammt erst von Demokrit, der kein Vorsokratiker im wörtlichen Sinne, sondern ein Zeitgenosse des Sokrates ist. Mit ihm beginnt in der Philosophie eine literarische Produktion, die nach Umfang und Vielseitigkeit der Platons und Aristoteles' vergleichbar ist. Da dieses Werk nicht nur von großem philosophisch-wissenschaftlichem Gewicht war, was durch den Respekt des Aristoteles bezeugt wird, sondern auch von hervorragender stilistischer Qualität, die sich nach Ciceros Urteil mit der der platonischen Schriften messen konnte,[51] ist sein Verlust doppelt bedauerlich.

Die Bücher der Vorsokratiker waren in erster Linie nicht dazu bestimmt, von anderen gelesen zu werden; vielmehr diente das Buch dem Autor zunächst als Grundlage seines Vortrags. Es wurde von ihm vorgelesen und anschließend mit den Hörern besprochen, wie es der Beginn des platonischen »Parmenides» schildert, wo der Eleate Zenon seine Schrift, in der er die Lehre seines Meisters Parmenides *e contrario* zu beweisen suchte, vorträgt und dann den Nachfragen des Sokrates Rede und Antwort steht. Dieser primär mündlichen Präsentation entsprechend wird die Form der Bücher gewesen sein. Vor allem waren sie wohl recht kurz; dass noch das Buch des Anaxagoras nicht sehr umfangreich gewesen sein kann, geht aus dem geringen Preis hervor, für den es laut Platons »Apologie« auf dem Markt zu haben war. Das bedeutet, dass die ersten Philosophen ihre Lehre in ihren Schriften nicht ausführlich belegt und weitläufig erklärt und begründet haben können, was uns als Erfordernis wissenschaftlicher Darstellung gilt. Sie haben »schwerlich entwickelnde Abhandlungen geschrieben, wie sie im Zeitalter der Sophistik aufkommen«.[52] Die Sprache war bilderreich; Erklärungen bestanden zumeist in Analogien. Dabei ist jedoch bemerkenswert und für die wissenschaftlich-rationale Entwicklung zur und der Philosophie von entscheidender Bedeutung, dass die personalen Analogien, mit denen bei Hesiod der Mythos die Welt und ihre Entstehung erklärt, bei den Naturphilosophen mehr und mehr durch Sachanalogien ersetzt werden.[53]

Die Vorsokratiker verfassten ihre Werke teils in Versen, teils in Prosa. Mit dieser beginnt die philosophische Literatur; es ist die Form, in der Anaximander das erste Buch über die Natur und in der noch Anaxagoras, der letzte der vorsokratischen Naturphilosophen, schrieben. Der Umstand ist merkwürdiger, als die Selbstverständlichkeit suggeriert, mit der für uns Wissenschaft und Prosa zusammengehören. Es wird in der antiken Philosophie noch eine Weile dauern, bis sich dort die unpoetische Form der Prosaabhandlung wieder etabliert, und selbst dann bleibt sie dort nur eine unter mehreren literarischen Möglichkeiten. Leider können wir uns über die anfängliche philosophische Prosaliteratur am wenigsten ein Bild machen; und so sind wir auf bloße Vermutungen darüber angewiesen, wie diese Form bei den milesischen Naturphilosophen konkret ausgesehen haben mag und wie sie überhaupt zu ihr gekommen sind. Bücher wurden zuerst in Versen verfasst: die schriftliche Fixierung der Epen Homers und Hesiods. Die frühesten Zeugnisse für die nichtpoetische Verwendung der Schrift sind private und archivalische Aufzeichnungen, Inschriften und Gesetzestexte. Entschieden sich die Milesier bewusst gegen die epische Form, um so den Bruch mit dem Mythos zu unterstreichen, und deutet Anaximanders Wahl an, »daß sich seiner Meinung nach gerade über die höchsten Dinge in nicht-poetischer Form etwas sagen ließ«?[54] Oder ist die Form dadurch bestimmt, dass die milesische Naturphilosophie etwas ganz anderes will als der Mythos, nämlich »der praktischen Belehrung und dem praktischen Gebrauch des Alltags dienen, so wie es die Gesetzbücher des Staates oder die Rezeptsammlungen des Arztes tun«?[55]

Vielleicht liegt der treffendste Hinweis zum Verständnis der Form in der Bezeichnung *historie*, die Platon zufolge für die »Weisheit« der Naturphilosophen üblich war.[56] Es ist dasselbe Wort, mit dem im 5. Jahrhundert v. Chr. Herodot seine Niederschriften benennt; es meint »Erkundung« und ist nicht auf Geschichte im engeren Sinne beschränkt. Diese Einengung ist eine späte, ja neuzeitlich-moderne – noch im 19. Jahrhundert ist der Ausdruck »Naturhistorie« üblich; und selbst das deutsche Wort »Geschichte« konnte die Verbindung mit »Natur« zur »Naturgeschichte« eingehen. Wenn die frühen Philosophen ihre Tätigkeit *historie* nannten, so ist damit gesagt, dass sie auf andere Weise als die Erzähler von Mythen zu ihren Ergebnissen gelangten, nämlich nicht durch die Eingebung von Musen oder durch namenlose Überlieferung, sondern durch eigenes Nachforschen und Befragen von Zeugen. Die Differenz zum Mythos ist nicht bloß die inhaltlich anderer Erklärungen über den Ursprung und die Gestalt der Welt; sie ist auch eine des Weges dahin, und das kommt in der Prosaform zum Ausdruck.

Angesichts des Wenigen, das zu den Vorsokratikern überliefert ist, müssen wir es als glücklichen Umstand ansehen, dass wir von zwei der bedeutendsten unter ihnen, Parmenides und Heraklit, immerhin genug besitzen, um ihre literarische Eigenart einschätzen zu können. Die Form beider weicht von der Entwicklung der Prosa bei den Milesiern und ihren Nachfolgern ab. Das verweist auf andere Ansätze und Intentionen; sie fügen sich nicht in den Rahmen der milesischen Naturphilosophie, sondern setzen sich davon ab. Beide bedienen sich jeweils einer Form, deren Prägung in mündlicher Überlieferung liegt und die gegenüber der neuen Prosa der Milesier archaischer und konservativer erscheint. Der Fortschritt der Philosophie vollzieht sich hier im Medium älterer Formen.[57]

Die des Parmenides ist die epische. Sowohl die Philosophie- als auch die Literaturgeschichtsschreibung haben sich darum lange wenig gekümmert. Der Historismus habe, konstatiert Hans-Georg Gadamer, »den dichterischen Wert des Parmenideischen Textes ganz außer acht gelassen«.[58] Fast könnte es scheinen, als sei diese Form, die für die neuzeitliche Philosophie überhaupt nicht mehr in Betracht kommt, den Philosophiehistorikern etwas peinlich, ein Relikt des Mythos und Rückfall hinter die Prosaerrungenschaft der Milesier, was man dem Autor als Äußerlichkeit nachsehen muss, zumal er in der Abstraktheit seiner neuen Lehre sich in seiner Zeit am weitesten vom Mythos entfernt. Andererseits hat die Literaturgeschichtsschreibung den Parmenides wenig geschätzt. Er gilt nicht als großer Sprachkünstler, im Gegenteil: »Der Worte sind teils zu viel teils zu wenig, und härtere und ungelenkere Verse hat kein griechischer Dichter gebaut.«[59] In dem Lehrgedicht, von dem nur die erste Hälfte in längeren Abschnitten und vermutlich zum größten Teil erhalten ist, kontrastiert die philosophische Theorie mit einer mythologischen Einleitung; anschauliche, detailbesessene Beschreibung am Beginn und abstrakte Lehre danach stoßen hart aufeinander. Solcher Mangel an ästhetischer Geschlossenheit und Harmonie von Form und Inhalt bestärkt die Tendenz, einseitig den Gedanken des Parmenides zu favorisieren und gegen die unbefriedigende Gestalt, in der er sich präsentiert, auszuspielen.

Um die epische Form bei Parmenides zu verstehen, empfiehlt es sich, der Verbindung mit anderen Vertretern dieser Form nachzugehen; dazu sind vor allem zwei von Belang, nämlich Hesiod und Xenophanes. Letzterer gilt in der antiken Doxographie und zuerst bei Platon als der Anführer der eleatischen Philosophie und Lehrer des Parmenides. Er ist in erster Linie bekannt und bemerkenswert durch seine Kritik an den anthropomorphen Götterbildern des Mythos, die später von Platon fortgeführt wird. Er lehrt einen höchsten, den Menschen weder an Gestalt noch an Einsicht ähnlichen Gott, der unbewegt am selben Ort verharrt und alles ohne Mühe des Verstandes mit seinem Geiste lenkt; dieser eine Gott erscheint bei Platon als Vorläufer des einen Seienden des Parmenides. Da Xenophanes trotz der vehementen Kritik am tradierten Mythos Theologe bleibt, den Mythos also nur reinigen, nicht aber gänzlich verwerfen will, hält er an der poetischen Form fest, und so könnte Parmenides die Form zusammen mit der entscheidenden Anregung für seine Konzeption des Seins von dem Lehrer übernommen haben.

Diese Vermutung wird durch philosophiehistorische Annahmen erschüttert, die die antike doxographische Überlieferung infrage stellen, indem sie die Verbindung des Xenophanes mit der eleatischen Philosophie bestreiten. Danach lässt der rein rationale Charakter der parmenideischen Seinslehre die Herleitung aus der mythologisch-theologischen Gedankenwelt des Xenophanes nicht zu. Dieser wird dadurch, dass er als Dichter, Rhapsode und Theologe herausgestellt wird, in seiner philosophischen Bedeutung relativiert, und im Gegenzug tritt Parmenides als ganz und gar untheologischer Denker hervor; für einen solchen kann aber die mythologisch-epische Form nur äußere Einkleidung des rationalen Gedankens sein.

Dagegen hat Werner Jaeger, der der Abtrennung des Parmenides von Xenophanes folgt, dieser Form ein vertieftes Verständnis dadurch zu geben versucht, dass er sie auf das Vorbild Hesiods zurückführte. Wie der Eingang der »Theogonie«, so schildert das Proömium des philosophischen Lehrgedichts ein Erleuchtungs- und Inspirationserlebnis, auf das die anschließende Lehre zurückgeführt wird. Und wie die Musen dem Hesiod verkünden, sie könnten »täuschende Lügen« und Wahres gleicherweise eingeben, so verheißt die Göttin dem Parmenides sowohl die Wahrheit wie auch die der Wahrheit baren Meinungen der Menschen samt ihrem Grund und ihrer Veranlassung. Hinter der mythologischen Darstellung des Proömiums steht, so Jaegers Überzeugung, ein persönliches religiöses Erlebnis des Autors, von dem die Lehre des Parmenides in ganz anderer Weise getragen werde als die der Milesier.[60]

Nun stehen wir der Rückführung literarischer Motive auf biographische Umstände inzwischen reservierter gegenüber als jenem Interpretationsansatz, der alles aus dem Erlebnis herzuleiten bestrebt war. Es genügt festzustellen, dass bei Hesiod jene fundamentale Dichotomie von Wahrheit und Trug ausgesprochen ist, die für die Lehre des Parmenides grundlegend wird und ihren Gestus bestimmt, das Bewusstsein eines exzeptionellen Wissens, das den Wissenden über die menschlichen Meinungen erhebt. Damit verbunden ist ein quasi-religiöses Sendungsbewusstsein, von dem die Philosophie immer wieder durchdrungen sein wird, auch da, wo es nicht mehr in der ursprünglich mythologischen Form des Epos auftritt. Bei Hesiod beginnt innerhalb des Mythos eine Linie fortschreitender Kritik, die über Xenophanes zu Parmenides führt: Hesiod kritisiert mit seiner »Theogonie« die mythologischen Vorstellungen Homers; Xenophanes verwirft mit der Konzeption eines höchsten Gottes die Götter Homers *und* Hesiods; und Parmenides schließlich verweist mit seiner Lehre vom einen Seienden jegliche Kosmogonie in das Reich trügerischer Meinungen. – An die epische Form des Parmenides knüpft wiederum Empedokles an, und noch im 1. Jahrhundert v. Chr. stellt der Römer Lukrez die Philosophie Epikurs in epischer Form dar. In diesem größten und literarisch bedeutendsten philosophischen Lehrgedicht, das zugleich die ausführlichste Darstellung der antiken Theorie der Atome enthält, hat die epische Form freilich gar keine substantielle Verbindung mehr mit dem Mythos; sie hat, wie der Dichter selber sagt, die didaktische Funktion, den spröden Stoff durch die ästhetische Gestaltung attraktiver und eingängiger zu machen, ihn gewissermaßen zu versüßen, so wie ein Arzt den Rand des Bechers mit Honig bestreicht, in dem er Kindern die bittere Medizin verabreicht.[61]

Anders als Parmenides ist Heraklit in antiker wie in neuerer Zeit für die Eigenwilligkeit und Originalität seines sprachlichen Ausdrucks bekannt und berühmt. Gilt jener als mäßiger Epiker, so dieser als außergewöhnlicher Prosastilist. Seine Sprache »ist schlechterdings mit nichts anderem vergleichbar, weder mit der Lehrrede der philosophischen Prosa des Anaximander und Anaximenes, soweit wir uns von ihr eine Vorstellung machen können, noch mit den Sillen des Xenophanes oder dem Lehrepos des Parmenides. Heraklit ist der Schöpfer eines neuen philosophischen Stils von ungeheuer eindrucksvoller Schärfe und lapidarer Wucht der Formulierung.«[62] Seine Prosa ist nicht die der ionischen Naturphilosophie; sie ist davon kaum weniger abgesetzt als die epische Form des Parmenides. Die Schreibweise des Anaximenes, aus dessen Buch nichts wörtlich erhalten ist, war nach antikem Urteil »einfach und ungekünstelt«, die des Anaxagoras »anmutig und geistvoll«.[63] Wenn diese Urteile repräsentativ sind, dann befleißigten sich die Naturphilosophen der sachlichen, schlichten, verständlichen und eingängigen Darstellung ihrer Lehren. Heraklit dagegen ist der notorisch »Dunkle«, und es wurde gemutmaßt, er habe absichtlich in »dunkler Sprache« geschrieben, um die Menge fernzuhalten und nur die Berufenen zuzulassen. Selbst Sokrates soll bekannt haben, er habe ihn nur zum Teil verstanden, und es bedürfe, um ihn zu verstehen, eines »delischen Tauchers«, das heißt eines solchen, der besonders tief tauchen kann.[64]

Die Prosa des Heraklit ist nicht die einer zusammenhängenden, die Sachen entwickelnden und erörternden Darlegung. Theophrast empfand sie als unfertig, und er machte das melancholische Temperament des Ephesiers dafür verantwortlich, »daß seine Ausführungen teils nur halbfertig seien, teils bald dieses bald jenes Gesicht zeigten«.[65] Die erhaltenen Fragmente sind zum großen Teil in sich geschlossene spruchartige Gebilde, die schon im Originalzustand eigenständige Sentenzen gewesen sein dürften. Diese Vermutung wird durch Platons Charakterisierung der Herakliteer gestützt. Auch wenn sie nicht dem Heraklit selber, sondern einem Typus gilt, den sie karikiert, so ist doch kaum anzunehmen, dass sie nicht in den Grundzügen auch auf den Hauptrepräsentanten und Namengeber der ganzen Richtung gepasst hätte. Die Beschreibung bestätigt in humoristischer Weise, was Heidegger über die »Gestalt, in der das Wort Heraklits überliefert ist«, gesagt hat: »Je anfänglicher das Denken ist, je inniger ist sein Gedachtes einig mit dem Wort.«[66] Der Gedanke des Heraklitismus und die Form, in der er sich äußert, werden von Platon in ein Bild umgesetzt, in dem beide sich völlig entsprechen. Die dem Heraklitismus adäquate Form, die einzige, in der sein Gedanke, wenn überhaupt, fixiert werden kann, ist der Spruch. Der heraklitische Grundgedanke ist der der Bewegung, und ihm entsprechend benehmen sich die Herakliteer wie solche, »die, von bösartigen Tieren zerstochen, nicht einen Augenblick stillstehen können; denn ordentlich wie es in ihren Schriften heißt, fließen auch sie, festen Fuß aber zu fassen bei einem Satz und einer Frage und gelassen jeder nach seiner Ordnung zu fragen und zu antworten, davon ist ihnen weniger verliehen als nichts. Ja, ›nicht einmal nichts‹ ist schon zu viel gesagt, so wenig Ruhe ist in diesen Leuten. Sondern wenn du einen etwas fragst, so ziehen sie wie aus einem Köcher rätselhafte kleine Sprüchlein hervor und schießen diese ab; und willst du dann darüber wieder eine Erklärung, wie es gemeint gewesen, so wirst du von einem andern ähnlichen getroffen mit ganz neuer Wortverfertigung.«[67] Mit den Herakliteern in ein »ernsthaftes Gespräch« zu kommen ist unmöglich, weil sie die diskursive Darstellung ihrer Gedanken verweigern. Sie vermeiden die Form zusammenhängender Rede; sie erklären und begründen nicht, und deswegen kann man gegen sie auch nicht argumentieren. Ihre Form ist der »rätselhafte kleine Spruch«. Gadamer nennt das die »gnomische«, spruchartige Prosa Heraklits, »deren größtes Geheimnis ihre Wortknappheit« sei; »wo Heraklit plan und verständlich spricht – und das wird ihm gelegentlich auch attestiert, daß er das kann –, wird kaum sein Eigenstes zur Sprache kommen oder mindestens nicht mehr erkennbar sein.«[68] Nach dieser Faustregel hätte sich, so Gadamers Ansicht, die Heraklit-Philologie zu richten.

Man tut der Originalität des Ephesiers keinen Abbruch, wenn man darauf aufmerksam macht, dass er mit seiner Ausdrucksweise – wie Parmenides mit der des Epos – in der Tradition einer ursprünglich mündlichen Form steht. Diese Form erhält bei ihm eine ganz eigene, unverkennbare Prägung, durch die sie sich dem in ihr geäußerten Gedanken vollkommen anpassen kann, wenn zum Beispiel eine gedankliche Antithese sich in einer antithetischen Sprachfigur spiegelt. Und wie bei Parmenides die epische Form Gedanken aufnimmt, die in ihrer Abstraktheit zu fixieren und nachzuvollziehen die Möglichkeit des rein mündlichen Mediums übersteigt und das schriftliche voraussetzt, so gibt es bei Heraklit Passagen wie etwa den Eingangssatz seines Buches, die in ihrer komplexen gedanklichen und sprachlichen Struktur auf die Schrift angewiesen sind. Seine Sprachkunst und Originalität erweisen sich nicht in der Erfindung einer neuen, sondern in der individuellen Gestaltung einer gegebenen Form.

Der Spruch ist ein typisches Medium der Weisheit, menschlicher Lebensweisheit wie göttlichen Wissens. Was von den Sieben Weisen überliefert ist, sind vornehmlich Sprüche, und im Spruch, zumal im rätselhaften, äußert sich das Orakel. Wenn Heraklit die Redeweise der Sibylle oder des delphischen Orakels kommentiert und erläutert, so wird man darin Hindeutungen auch auf die eigene Art und Weise, sich in Sprüchen vernehmen zu lassen, sehen dürfen. Wie Parmenides mit dem Epos, so greift Heraklit mit dem Spruch auf eine gegenüber der Prosa milesischer Naturhistorie archaische Form zurück und unterstreicht damit den Anspruch eines singulären Wissens, mit dem er sich über bloße »Vielwisserei« erhebt wie der Eleate über die menschlichen Meinungen. Was immer es bedeutet haben mag, dass Heraklit sein Buch im Tempel hinterlegt hat, wie die Überlieferung berichtet[69]– er hat ihm damit eine religiöse Sanktionierung verliehen vergleichbar derjenigen, die Parmenides seiner Lehre durch die Berufung auf göttliche Offenbarung gibt. Die eigentümliche gnomische Form der heraklitischen Philosophie kann die Vermutung bekräftigen, die Gadamer im Anschluss an antike Kommentatoren aufwirft, nämlich dass diese sich auch in ihrem Gehalt von den kosmologischen Theorien der Milesier und ihrer Nachfolger viel stärker unterschieden hat, als es die Doxographie gewöhnlich suggeriert, ja dass ihr eigentliches Thema nicht die Natur, sondern »das Ganze des menschlichen Lebens« und Heraklit somit eher ein Moralist als ein Kosmologe gewesen sei.[70]

Rhetorik

Das leitende Interesse, das die vielfältigen Erscheinungen der Sophistik verbindet, ist das an der Rhetorik. Die Sophisten sind in erster Linie Rhetoren und Lehrer der Rhetorik, die ihre Erfindung und ihre zentrale Disziplin ist. Sie haben die natürliche menschliche Fähigkeit des Redens und Überredens zur Kunst ausgebildet, zur Kunst im Sinne antiker *techne*, einer lehr- und erlernbaren Fähigkeit in der Beherrschung bestimmter Formen des Redens. Das Reden zu optimieren, es mächtig und wirkungsvoll zu machen, ist die Verheißung des sophistischen Unterrichts. Dazu tritt die Philosophie in Konkurrenz. Auch sie erhebt den Anspruch, den *logos* zu beherrschen, und auch ihr geht es um die Macht, ja um den Zwang der Rede, den sie aber nicht in der äußeren Wirkung, sondern in der immanenten Stimmigkeit findet. Das Reden muss in erster Linie mit sich selbst in Übereinstimmung, muss »logisch« sein; denn ein widersprüchliches Reden zerstört mit seiner Glaubwürdigkeit seine Macht. Dass es der sophistischen Rhetorik an solcher Übereinstimmung mangelt, weil sie sich über die wesentlichen Begriffe und Begriffsverhältnisse nicht im Klaren ist, erweist sich dem platonischen Sokrates regelmäßig im Gespräch, wenn nämlich der Sophist sich bei dem Versuch, einen Begriff zu definieren, in Widersprüche verwickelt. Die sophistische Rhetorik ist nur so »logisch«, wie es im Hinblick auf das jeweilige Publikum und nicht im Hinblick auf die Sache notwendig ist; sie lässt sich von der Erfahrung leiten, dass in den meisten Fällen – vor allem vor Massenpublikum – nur wenig Logik ausreicht und andere rhetorische Mittel fehlende Logik mehr als kompensieren.

Es gibt in der Philosophie eine lange und hartnäckige Tradition expliziter Rhetorikverachtung, die letztlich auf die sokratisch-platonische Gegnerschaft zur Sophistik zurückgeht und die in rhetorischen Formen philosophisch illegitime oder allenfalls subalterne Mittel sieht. Rhetorik gilt danach als Kunst der Täuschung und Überlistung, die der philosophischen Bemühung um Wahrheit strikt entgegensteht. »Wollen wir indessen von den Dingen reden, wie sie sind, so müssen wir zugeben, daß alle Kunst der Rhetorik, soweit sie nicht durch Ordnung und Klarheit gefordert ist, und alle gesuchten und bildlichen Redewendungen, die die Beredsamkeit ersonnen hat, keinem anderen Zweck dienen, als falsche Ideen unbemerkt einzuführen, die Leidenschaft zu erregen und dadurch das Urteil irrezuleiten«, heißt es beispielsweise bei John Locke, der aber seine Suada gegen »dieses mächtige Werkzeug des Irrtums und Betrugs« dadurch unglaubwürdig macht, dass er sich selber des eben geschmähten rhetorischen Mittels des Bildes bedient, um die Macht der Rhetorik recht eindringlich zu illustrieren: »Die Beredsamkeit besitzt wie das schöne Geschlecht zu starke Reize, als daß sie irgendeinen Tadel gestatten könnte. So ist es vergeblich, gegen diejenigen Künste der Täuschung Einspruch erheben zu wollen, durch die sich die Menschen nur allzu gern täuschen lassen.«[71] Von Anfang an ist die erotische Metaphorik einschlägig für das Verständnis der Rhetorik und ihrer Wirkung, und ihr ist auch Locke verfallen. Sein Beispiel demonstriert, wie in der Philosophie explizite Rhetorikverachtung und -feindschaft mit impliziter Rhetorik einhergehen.

Das alte Vorurteil der Unvereinbarkeit von Philosophie und Rhetorik beruht auf einem Missverständnis der Rhetorikkritik Platons. Sein Kampf gegen die Sophistik ist nicht einer *gegen*, sondern einer *um* die Rhetorik; sie den Sophisten zu entreißen und in die Philosophie zu integrieren ist Platons Absicht. Er will die Philosophie zur besseren Kunst der Rhetorik machen. Wer das verkennt, muss in der Rhetorik der platonischen Dialoge einen pragmatischen Selbstwiderspruch sehen, wie es schon Cicero getan hat, als er bemerkte, »der Erfinder und Urheber dieser Auseinandersetzungen«, nämlich der zwischen Philosophie und Rhetorik, sei der »wirkungsvollste und gewandteste von allen Rednern« und erweise sich »mit seinem Spott über die Redner selbst als ein Meister der Beredsamkeit«.[72]

Die rhetorische Form schlechthin ist die Rede. Zwar richtet sich die Kunst der Rhetorik zunächst auf die mündliche Rede; da aber in der Antike das Schreiben dem Reden folgt, formt sie auch die Literatur, vor allem die Prosa. Die Griechen, konstatiert Nietzsche, hätten mit der Rhetorik die »Form an sich« erfunden, das heißt die Form um der Form willen, das formale Virtuosentum.[73] Der erste rhetorische Virtuose ist Gorgias. Die Beschäftigung mit seiner sophistischen Rhetorik ist im Hinblick auf die Geschichte der literarischen Formen der Philosophie aus zweifachem Grunde geboten und aufschlussreich: einerseits, weil ihre formalen Mittel sich zum guten Teil der Philosophie selber verdanken, andererseits, weil sie auf die Philosophie dadurch zurückwirkt, dass sie der Ausgangspunkt für Platons kritische Auseinandersetzung mit der Rhetorik und deren philosophische Umformung wird; so geht sie teils aus der Philosophie hervor und teils wieder in sie ein.

Die wesentlichen Bestandteile der gorgianischen Rhetorik sind Logik und Poesie; aus der Neuartigkeit dieser Verbindung erklärt sich der überwältigende Eindruck, den die Reden des Gorgias seinerzeit gemacht haben sollen. In seinen logischen Mitteln ist er von den Eleaten abhängig, wie sich außer an den beiden erhaltenen Reden an dem überlieferten Gedankengang der Schrift »Über das Nichtseiende« zeigt; vor allem hierin ist der Bezug auf die eleatische Lehre offensichtlich. Deren Ontologie überbietet der Rhetor mit ihren eigenen logischen Mitteln, indem er in derselben Weise, wie diese das Seiende und seine Eigenschaften, das Nichtsein beweist. Das Verfahren der Eleaten ist ein indirektes: Die Seinsqualitäten werden aus der Unmöglichkeit bewiesen, das jeweilige Gegenteil zu denken, da dessen Annahme in Widersprüche verwickelt. Zu dem Zweck hatte Parmenides' Schüler Zenon seine berühmten Paradoxien, wie zum Beispiel die von Achill und der

Schildkröte, ersonnen, die die Unmöglichkeit der Bewegung und damit die Notwendigkeit, das Sein ruhend zu denken, erweisen sollte. Nach diesem Schema verfährt auch Gorgias. Der zu beweisende Satz ist eine negative Behauptung, deren entgegengesetzte positive widerlegt wird. Dabei wird diese in Teilbehauptungen untergliedert, für die jeweils die Widerlegung einzeln geführt wird; beziehungsweise können auch diese Teilbehauptungen wieder zerlegt und separat behandelt werden, so dass die Beweise ineinander geschachtelt sind. Ganz ähnlich ist die Argumentationsstruktur – Beweis durch Widerlegung des Gegenteils und Zerlegung der Behauptung in Teilsätze – in den beiden erhaltenen Reden, der »Apologie des Palamedes« und dem »Lob der Helena«. Nur dass hier das Beweisthema nicht wie in der Schrift über das Nichtseiende eine allgemeine negative Behauptung ist – die denkbar allgemeinste überhaupt –, sondern jeweils eine konkrete, die Verneinung eines bestimmten Sachverhalts, nämlich die Bestreitung einer inkriminierten Tat beziehungsweise einer Schuld. Vor allem für die zur gerichtlichen Gattung gehörende Verteidigungsrede ist die indirekte Beweismethode nützlich, ja unentbehrlich, da in ihr gewöhnlich das Nichtbestehen eines Sachverhalts zu beweisen ist. Die sophistische Rhetorik hat, zunächst im Hinblick auf die rhetorische Praxis vor Gericht und in der Politik, Argumentationstechniken ausgebaut und trainiert wie das Widerlegen, das Sprechen für und gegen dieselbe Sache oder das »Die schwächere Position zur stärkeren machen«, die auch die Möglichkeiten, abstrakte Sachverhalte zu erörtern, zu entwickeln und zu durchdringen, erheblich erweitert haben – bis hin zur reflexiven Erfassung der logischen Gesetzmäßigkeiten des Argumentierens und Beweisens; ohne die sophistische Rhetorik gäbe es die Logik nicht.

Zum Auftreten des Sophisten gehören die Demonstration der Kunst mit rhetorischen Mustern sowie die werbende Selbstanpreisung in effektvollen Schaureden. Solcher Art sind die erhaltenen Reden des Gorgias, die anhand fiktiver Themen die beiden Sparten der Verteidigungs- und der Lobrede exemplifizieren. Letztere zählt zur Gattung der epideiktischen Rede, die, wie ihr Name besagt, in besonderer Weise dazu bestimmt ist, die rhetorische Kunst zu präsentieren und neben den logisch-sachlichen auch die sprachlichpoetischen Mittel zu entfalten. Die üppige Verwendung poetischer Formen von der bildlichen Redeweise über Gedanken- und Sprachfiguren hin zu rhythmisierter Rede und zum Spiel mit dem Klang der Laute ist ein besonderes Kennzeichen der gorgianischen Rhetorik. Dabei ist die Helena-Rede mehr als ein bloßes Muster der Gattung; sie ist eine rhetorische Programmschrift, die das wirkungsmächtige Reden nicht nur exemplarisch vorführt, sondern die Rede und ihre Macht explizit thematisiert. In geschickter Verknüpfung leitet Gorgias vom Lob der Helena über zum Preis der Rede und ihrer mächtigen Wirkung, und das ist das eigentliche Thema der Rede.

Das Verhältnis der Philosophie zur Sophistik ist sehr viel komplexer, als das Klischee der Unverträglichkeit, ja der Feindschaft besagt, das sich der Polemik der Sokratiker und vor allem Platons verdankt. Das gilt besonders für den Umgang mit der rhetorischen Form, die von der Philosophie in unterschiedlichen Graden kritischer Reflexion aufgegriffen und integriert wird, am virtuosesten von Platon. So versteht man seine »Apologie des Sokrates« nur unvollständig, wenn man sie nicht auch als philosophische Auseinandersetzung mit der Form der Gerichtsrede liest; zwischen ihr und Gorgias' »Apologie des Palamedes« gibt es bemerkenswerte Parallelen. Das »Symposion«, das fast ganz aus Reden besteht, parodiert in der des Agathon die gorgianische Rhetorik, und von Gorgias' »Lob der Helena« führt über die gleichnamige Rede des Isokrates die Linie zu Platons »Phaidros«, der als philosophische Programmschrift den rhetorischen Programmreden konkurrierend entgegentritt; in ihm gelangt die bei Gorgias angelegte Korrespondenz von Form und Gehalt zu höchster Vollendung.

Sokratischer Dialog

Die philosophische Okkupation der Rhetorik geschieht durch die Einbindung in den Dialog, der unter den literarischen Formen der antiken Philosophie aus mehreren Gründen einen besonderen Rang einnimmt. Er ist eine genuin philosophische Form, ein »Sohn der Philosophie«, wie Lukian den personifizierten Dialog in einer selbst dialogischen humoristischen Darstellung dieser literarischen Gattung und ihrer Geschichte sich ausgeben lässt.[74] Die ersten uns vollständig überlieferten Werke der Philosophie sind Dialoge. In dieser Form tritt die klassische antike Philosophie literarisch an die Öffentlichkeit. Vor allem aber ist der Dialog die Form der platonischen Werke, in denen er philosophisch und literarisch seine frühe Vollendung erreicht. Auch wenn er die Perfektion Platons später nie wiedererlangt und in der nachklassischen Philosophie andere literarische Formen, von denen manche wie der Brief oder die Diatribe ihm verwandt sind, in den Vordergrund treten, bleibt er für die antike Philosophie eine bevorzugte Möglichkeit literarischer Darstellung. Den Rang, den er darin besitzt, hat er freilich in der neuzeitlichen Philosophie nicht behalten; er ist eine charakteristische und repräsentative Form der antiken Philosophie.

Dass der Philosophie die Form nicht äußerlich ist, zeigt sich zumal an deren Wechsel; ein solcher hat gewöhnlich programmatische Bedeutung. In der Abkehr von der einen und der Hinwendung zu einer anderen oder gar der Schaffung einer neuen Form äußert sich zumeist ein neues Selbstverständnis. Die Sokratiker, die den Dialog erfinden und zu ihrer Form machen, treten damit zunächst den Sophisten und der sophistischen Rhetorik entgegen; aber sie setzen sich ebenso von der Prosa der Naturhistorie sowie von der epischen Darstellung des Parmenides und Empedokles und der Spruchweise des Heraklit ab. In der neuen Form artikuliert sich ein neues Selbstverständnis: Die Philosophie, die im Dialog die ihr gemäße Form entdeckt, ist die erste, die *Philosophie* sein will und die sich bewusst ist, dies und nicht die Weisheit selber zu sein. Die Prätention darauf, mit der noch die Sophisten auftreten, hat sie aufgegeben, und sie verkündet auch nicht mit dem Gestus singulärer Einsicht ein Wissen, das sich allen menschlichen Meinungen überlegen gibt, wie das jeweils in ihrer Art Parmenides und Heraklit tun. Von der Naturhistorie, ihren Kenntnissen und Spekulationen schließlich unterscheidet sie ein ganz anders gerichtetes Interesse. Hinter der Bescheidung, die in dem Titel »Philosophie« liegt, steht freilich ein verschärfter Anspruch an die Form, in der das Wissen, das Weisheit sein will, sich ausweisen muss; an dem neuen Maßstab gemessen erscheinen die früheren Formen noch als mythologisch und als logisch defizitär.

Die Entstehung des sokratischen Dialogs geht mit der Etablierung der Philosophie in Athen einher. Er ist die Form autochthoner Athener Philosophie, hier geprägt und nicht von außen importiert – wie sein Protagonist Sokrates ein Spross dieser Stadt, deren Urbanität er in der Darstellung von Charakteren und Situationen spiegelt. Damit ist er eine Art literarischer Mimesis und also Dichtung; Aristoteles stellt ihn den Mimen des Sophron an die Seite, die in Prosa Szenen des Alltags auf die Bühne bringen. Andererseits ist er mit den Themen und der Art der Unterredungen, die er darstellt, nicht bloß Dichtung, sondern Philosophie. »Es ist aber der Dialog eine sich in Frage und Antwort abspielende Ausführung eines philosophischen oder politischen Themas unter angemessener Charakteristik der auftretenden Personen und gehöriger Rücksicht auf die sprachlichen Anforderungen«, so die Definition bei Diogenes Laertius, die die wesentlichen Elemente dieser literarischen Gattung benennt.[75]

Im sokratischen Dialog werden Personen und ihre Unterredungen dargestellt, und zwar Unterredungen, die Sokrates mit wechselnden Gesprächspartnern führt. Obwohl er sich auf historische Vorbilder bezieht, allen voran auf das des Sokrates, will und muss der sokratische Dialog keineswegs streng historisch sein. Die Lizenz zur Fiktionalität ist von den verschiedenen Sokratikern im Maße ihrer dichterischen Einbildungskraft unterschiedlich genutzt worden, am meisten von Platon, dem größten Dichter dieser Form, der die realen Vorbilder lebendig charakterisiert, sie darüber hinaus zu Typen beziehungsweise zum Ideal stilisiert und sie schließlich als Masken benutzt, um sowohl eigene Anschauungen – zumeist als die des Sokrates – wie auch solche von Konkurrenten und Opponenten als die der Gegenspieler des Sokrates zu präsentieren.

Von der reinen Dichtung unterscheidet sich der sokratische Dialog durch die Unterredungen, die er darstellt. Im Drama ist das Gespräch Teil der Handlung, die es begleitet, erläutert und befördert; im Mimus und in verwandten komischen Formen charakterisiert es die an ihm beteiligten Personen, die sich in ihrer Konversation gleichsam spiegeln. In beiden Fällen steht die Unterredung im

Zusammenhang eines übergeordneten Zwecks, dort der Darstellung von Handlungen, hier der von Charakteren. Anders im sokratischen Dialog, in dem die Unterredung ihren Zweck in der Erörterung des thematischen Gegenstandes hat. Das dem Wort »Dialog« zugrunde liegende Verb (*dialegein, dialegesthai*) bedeutet in seiner aktiven und medialen Form zunächst »etwas auseinander lesen«, »sondern«, »zergliedern« beziehungsweise »sich etwas im Nachdenken auseinanderlegen«, »überdenken«, »erwägen«. Nicht jede beliebige Unterhaltung ist also ein Dialog im eigentlichen Sinne des Wortes, sondern nur dasjenige Gespräch, in dem eine Sache erörtert wird.[76] Es ist dieses leitende sachliche Interesse, das den Dialog zur Philosophie qualifiziert.

Von der wissenschaftlichen Abhandlung unterscheidet sich der sokratische Dialog dadurch, dass in ihm die Erörterung der Sache mit der Darstellung von Charakteren verknüpft ist. Die Sache wird auseinandergelegt, indem konkrete, in ihrer Eigenart charakterisierte Personen sich darüber auseinandersetzen. Die für den sokratischen Dialog wesentliche Verbindung von *logos* und *ethos* verlangt eine bestimmte Art von Themen. Mathematische Vorträge, konstatiert Aristoteles, besitzen kein *ethos*, wohl aber die »sokratischen Dialoge«.[77] Ein mathematischer Vortrag hat kein *ethos*, weil die Klärung der darin behandelten Gegenstände vom Charakter des Referenten unabhängig ist; der Sachverhalt wird allein aus seinen mathematischen Prämissen heraus bewiesen. Die Themen des sokratischen Dialogs dagegen sind, im weitesten Sinne, politisch-ethischer Natur, und solche lassen die Trennung von *logos* und *ethos* nicht zu. Im sokratischen Dialog stehen mit den Sachen, die in Frage und Antwort erörtert werden, die Personen, die die Sachen vertreten, auf dem Prüfstand. »Ich will«, sagt Sokrates in Platons »Protagoras«, »eigentlich nur den Satz prüfen, aber es ereignet sich dann wohl, daß dabei auch ich, der Fragende, und der Antwortende geprüft werden.«[78] Dass dies sich nur beiläufig ergeben soll, ist natürlich sokratische Ironie. In der »Apologie« erklärt Sokrates die Menschenprüfung als sein Hauptgeschäft; dieses wiederum vollzieht sich stets sachlich, in der Prüfung von Sätzen und ihrer Wahrheit. Beides ist im sokratischen Dialog gar nicht voneinander zu trennen.[79]

Soll die Prüfung von Sätzen zur Menschenprüfung werden, so dürfen die Sätze keine beliebigen Annahmen sein, um deren Für und Wider man streitet; damit kann man allenfalls dialektische Übungen anstellen. Logischen Scharfsinn und dialektische Geschicklichkeit kann man durch Widerlegen und Verteidigen von Sätzen schulen, zu deren Inhalten man keinerlei Beziehung hat, die einem inhaltlich gleichgültig sind. Man kann in dialektischen Übungen alle möglichen Positionen probeweise vertreten, auch solche, die man im Leben niemals einnehmen oder die man sogar rundweg ablehnen würde. Von dieser Art sind die sokratischen Gespräche, wie sie die Literatur der Sokratiker darstellt, nicht. Sie sind aber auch keine bloß akademischen Disputationen über Gegenstände, denen zwar ein theoretisches, aber kein praktisches Interesse entgegengebracht wird. Das sokratische Gespräch ist keine bloß dialektische Übung und kein akademischer Disput. Sein Ort ist das wirkliche Leben selbst, kein künstlich geschaffener Raum, kein bloßes Gedankenlabor. Die Sätze, die darin untersucht und geprüft werden, enthalten die persönlichen Überzeugungen der am Gespräch Beteiligten, wobei stets der Antwortende Stellung beziehen und die Verantwortung für den Satz übernehmen muss, während der Fragende sich nicht festlegt; dem Antwortenden gehört der Satz, auch wenn er ihn nicht formuliert hat – er hat ihn durch sein Votum adoptiert, und er muss ihn daher verteidigen.[80]

Die literarische Form des Dialogs verlangt schließlich »gehörige Rücksicht auf die sprachlichen Anforderungen«. Obwohl Prosa, ist der Dialog keine Gebrauchsliteratur im praktischen oder theoretischen Sinne; sein Zweck ist weder, praktische Anweisungen zu geben, noch, wissenschaftliche Ergebnisse mitzuteilen. Er richtet sich nicht an einen begrenzten Kreis von Fachleuten, sondern an ein breites Publikum; das schließt die Verwendung von Fachterminologien beruflich-praktischer oder theoretischer Provenienz aus. Die Sprache des Dialogs muss allgemein verständlich sein.

Der Dialog ist Kunstprosa; deren Entstehung und Entwicklung sind in der Antike maßgeblich von der Rhetorik bestimmt, die die ästhetische Qualität der Sprache für die Rede entdeckt, ihre Möglichkeiten praktisch erprobt, epideiktisch vorführt und schließlich theoretisch reflektiert. Davon bleibt die Philosophie der Sokratiker, die in Konkurrenz zu und in kritische Auseinandersetzung mit der sophistischen Rhetorik tritt, nicht unberührt. Einer ihrer führenden Repräsentanten war Antisthenes, ein fruchtbarer und vielseitiger Autor, dessen literarischer Erfolg später von Platon in den Schatten gestellt wurde. Von ihm heißt es, er sei »zuerst ein Schüler des Rhetors Gorgias« gewesen, und Diogenes Laertius führt darauf »das rednerische Gepräge seiner Dialoge« zurück.[81] Platon verfügt über die rhetorisch-ästhetischen Sprachmittel so souverän, dass er die verschiedenen Stile etwa eines Gorgias oder Lysias parodiert.

Wir müssen uns vor Augen halten, dass zu der Zeit, in der der sokratische Dialog entsteht, ein literarisches Werk primär noch auf die Rezeption durch ein hörendes Publikum hin konzipiert ist; wie bei der Rede muss die sprachliche Qualität vor allem den Hörer beeindrucken. Der Dialog wird publiziert, indem der Autor ihn vor geladenen Gästen vorträgt.[82] Und selbst der Leser ist in der Antike, da das laute Lesen die Regel ist, weitaus mehr als ein Leser der Neuzeit auch ein Hörer. Auf diesen Aspekt legt Nietzsche in seinen Vorlesungen über die »Geschichte der griechischen Litteratur« großen Nachdruck und betont den Unterschied, der in dieser Hinsicht zwischen der antiken und der modernen Haltung zum Lesen und damit auch zum Schreiben besteht: Als »bei den Griechen eine Kunstprosa für *Leser* entsteht (seit Isokrates), ist gerade der Leser nur der *sublimirte Hörer*, der besonders scharf hörende, nichts überhörende, der langsam prüfende: vor seinen Ohren *erklingt* die Rede wirklich, es sind nicht bloss Zeichen für Begriffe und Belehrung; also so wie jetzt ein Musiker eine Partitur liest: ihm schwebt der ganze modifizirte Klang vor, er beurtheilt mitunter ein Werk beim Lesen feiner als beim wirklichen Hören. Wenn die Griechen später eine massenhafte *Litteratur für Leser* hatten, so wurden Autoren und Leser doch immer durch die ungeheure *rhetorische* Schulung und Geübtheit disciplinirt. Weshalb der antike Schreibstil nie in dem Maasse in der Luft schwebte wie der unsrige; auch selbst bei verschrobenen Maniren war der Schreibstil doch nur die *Abspiegelung des Sprechstils*. Wegen dieses natürlichen Verhältnisses von Rede zu Schrift bleiben sie vorbildlich.«[83]

Platons Dialoge

Unser Bild des sokratischen Dialogs ist im Wesentlichen durch Platon geprägt. Außer den sokratischen Schriften Xenophons sind nur seine Dialoge vollständig überliefert; von den übrigen Sokratikern sind lediglich viele Titel, manche Bruchstücke und schließlich hin und wieder Bemerkungen über sie bei späteren Autoren erhalten. Wie kein anderer hat Platon diese Form gemeistert und ihre Möglichkeiten ausgeschöpft. Der platonische Dialog ist die literarische und philosophische Vollendung des sokratischen; mit ihm beginnen aber auch schon die Überschreitung und Auflösung des Genres.

Wie man also auf Platon schauen muss, um zu sehen, was der sokratische Dialog sein kann und zu leisten vermag, so muss man umgekehrt, um Platons Philosophie zu verstehen, sich mit der Frage auseinander setzen, warum er ausschließlich Dialoge geschrieben hat. Und diese Frage lässt sich wiederum nur aus den Dialogen selbst und aus dem, was Platon daraus gemacht hat, beantworten.

»Aristoteles sagt, seine Schreibart halte die Mitte zwischen Poesie und Prosa.«[84] Platons Philosophie ist, wie in ihren Inhalten, so auch in ihrer Form die Summe und die Integration des Vorangegangenen. »Wenn die Tragödie«, schreibt Nietzsche, »alle früheren Kunstgattungen in sich aufgesaugt hatte, so darf dasselbe wiederum in einem exzentrischen Sinne vom platonischen Dialoge gelten, der, durch Mischung aller vorhandenen Stile und Formen erzeugt, zwischen Erzählung, Lyrik, Drama, zwischen Prosa und Poesie in der Mitte schwebt und damit auch das strenge ältere Gesetz der einheitlichen sprachlichen Form durchbrochen hat.« Mit einem Bild, das die Metapher »Schiffbruch mit Zuschauer« literaturhistorisch und -kritisch variiert, charakterisiert Nietzsche dann den platonischen Dialog und sein Verhältnis zur früheren Dichtung. Das Bild ist so merkwürdig und gewagt, dass man sich wünscht, der Historiograph der Metapher[85] wäre daran nicht vorbeigegangen, sondern hätte es uns mit seinen Kenntnissen aufgeschlüsselt: »Der platonische Dialog war gleichsam der Kahn, auf dem sich die schiffbrüchige ältere Poesie samt allen ihren Kindern rettete: auf einem engen Raum zusammengedrängt und dem einen Steuermann Sokrates ängstlich untertänig, fuhren sie jetzt in eine neue Welt hinein, die an dem phantastischen Bilde dieses Aufzugs sich nie satt sehen konnte.«[86] Die Dichtung und die Gestalt des Sokrates machen den platonischen Dialog aus. Der Clou des Bildes liegt darin, dass es die beschädigte, mit knapper Not dem Untergang entkommene Dichtung ist, die schiffbrüchig geworden ist an Sokrates. Ebenderjenige, an dessen unpoetischem dialektischen Wesen die ältere Poesie zugrunde geht, wird der Steuermann im Kahn der neuen! Das ist in der Tat eine treffende Charakteristik des platonischen Dialogs und seines Verhältnisses zur Dichtung.

Dieses Verhältnis ist im Grunde von derselben Art wie das zur Rhetorik, nämlich Kritik und Okkupation zugleich. Wie die platonische Philosophie gegenüber der Sophistik die bessere und einzig legitime Rhetorik, so will sie gegenüber der bestehenden die bessere und einzig wahre Dichtung sein. Und wie es in der Konkurrenz mit Isokrates, dem Erben der sophistischen Rhetorik und Gründer der ersten Rhetorenschule, konkret um den Vorrang in der Bildung geht, so auch prinzipiell in der Auseinandersetzung mit der Dichtung und ihrem Anführer Homer. Daher bildet die Kritik der Dichtung – die grundsätzlichste, die die Geschichte der Philosophie kennt – den Rahmen der philosophischen Bildungskonzeption, für die Platon die »Politeia« schrieb.[87]

Um Homer zu verdrängen und an seine Stelle zu treten, musste Platon selber der »Homer der Philosophie« werden, als der er in der Antike bezeichnet wurde. Es gibt verschiedene Überlieferungen, die uns von literarischen Bemühungen Platons berichten: Er soll in seinen frühen Jahren Tragödien geschrieben haben, und er habe an den Mimen des Sophron Charakterstudien betrieben. Er ist ein Virtuose des Tragischen wie des Komischen, zu dem in der Antike auch das Erotische gehört; er versteht sich meisterhaft darauf, pathetische Stimmung, dramatische Spannung, komische Charaktere und Situationen sowie erotische Atmosphäre zu erzeugen. Man denke beispielsweise an die Rührung, die vom »Phaidon« ausgeht, der das letzte Gespräch des Sokrates und seinen Tod im Gefängnis darstellt, an die Dramatik der Auseinandersetzung zwischen Philosophie und sophistischer Rhetorik im »Gorgias«, an die

Komik der Sophistendialoge wie des »Protagoras« oder »Euthydemos« und an die Erotik des »Symposion«.

Aus der Kritik an der traditionellen Dichtung, für die Homer gewissermaßen als Gattungsname steht, ergibt sich der Anspruch an die neue philosophische Dichtung des platonischen Dialogs. Jene weiß nicht, wovon sie redet. Homer ist, was Stesichoros wird, als er die Helena-Geschichte nach Homer dichtet, blind: ideenblind. Dennoch ist er der Lehrer Griechenlands, und das nicht deswegen, weil die Kinder an ihm Lesen und Schreiben lernen, sondern weil er den Griechen das maßgebliche Bild vom Menschen und von den Göttern vermittelt, »alles Menschliche, was sich auf Tugend und Schlechtigkeit bezieht, und das Göttliche dazu«.[88] Platons berühmt-berüchtigte Kritik der Kunst als Mimesis impliziert das Postulat einer mimetischen Kunst, die sich an dem vorbildhaften Wesen, der Idee, statt an der zufälligen konkreten Wirklichkeit orientiert; im Sinne dieses Postulats sind seine Darstellungen zu verstehen. Wenn am Ende des »Symposion« Sokrates den beiden Repräsentanten des tragischen und komischen Genres, Agathon und Aristophanes, das Zugeständnis abnötigt, es sei Aufgabe ein und desselben Autors, Tragödien und Komödien zu dichten, so liegt die Vermutung nahe, dass damit der philosophische Dichter, ja wohl Platon selbst gemeint ist, der – anders als Homer – aus der Orientierung an dem, was der Mensch seinem Wesen nach ist und sein soll, weiß, welche Mängel und Fehler ihn zu Tragik und Komik disponieren.

Ferner richtet sich die platonische Kritik der Dichtung gegen deren emotionale Wirkung. Tragödie und Komödie wenden sich mit der Darstellung von Leid und Jammer sowie von Lächerlichem und Sexuellem, das die alte Komödie in einer – für uns – derb obszönen Weise auf die Bühne bringt, an den unvernünftigen Seelenteil, den sie auf Kosten des vernünftigen bestärken; Aristoteles wird dieser Auffassung mit seiner berühmten Katharsis-Lehre widersprechen: Die Tragödie *reinigt* von den Affekten. Platon zufolge müsste philosophische Dichtung umgekehrt den vernünftigen Seelenteil so bekräftigen, dass er den unvernünftigen beherrscht und formt. Sie müsste Mimesis des Vernünftigen und seiner Macht über die unvernünftigen Affekte und Triebe sein. Darzustellen, wie die Furcht vor dem Tod durch vernünftige Überlegungen und Reden überwunden wird, wäre die Aufgabe einer philosophischen Tragödie; oder es wäre vielmehr die Umwandlung der Tragödie in Philosophie. Das geschieht in und mit dem »Phaidon«, in dem vorgeführt wird, wie der tragische Jammer angesichts des bevorstehenden Todes durch das Zusammenwirken von philosophischem *ethos* und *logos* in der Gestalt des Sokrates bewältigt wird. Die eigentümliche Stimmung des Dialogs resultiert aus der Melange von Verzweiflung und Trauer der Schüler und Freunde sowie der frohen Zuversicht und Gelassenheit des sich zum Sterben bereitenden Lehrers. Platons große Kunst besteht darin, dass und wie das philosophische Ideal nicht abstrakt behauptet, sondern aus einer genauen Darstellung von *pathos* und *ethos* heraus entwickelt wird.

Platon habe, so lautet eine Überlieferung, seine frühen Tragödien auf Sokrates' Rat hin vor dem Theater des Dionysos verbrannt.[89] Ein Tragödienautor war nicht dazu geeignet, die philosophische Existenz des Sokrates zum Gegenstand philosophischer Dichtung zu machen. Der ideale Philosoph ist keine tragische Gestalt; für ihn gibt es kein tragisches Schicksal und Scheitern.

Ebenso wichtig wie die Auseinandersetzung mit der Tragödie ist für Platon in literarischer Hinsicht die mit der Komödie. Seine sokratischen Dialoge sind auch die Antwort auf die früheste Sokratesdichtung, die »Wolken« des Aristophanes, eine Komödie. Darin ist der Philosoph Gegenstand der Verspottung, eine lächerliche Figur. In der »Apologie« macht Platon die Komödie mitverantwortlich für jenes negative Vorurteil, das zu Sokrates' Verurteilung vor Gericht geführt habe. Lächerlichkeit ist auch für Platon ein unvermeidbarer Aspekt der philosophischen Existenz, den er mit der schon erwähnten Thales-Anekdote veranschaulicht, in der der Sternenbetrachter in einen Brunnen fällt und deswegen von einer vorbeikommenden thrakischen Magd verlacht wird. Man muss diese Anekdote wie das in den platonischen Dialogen häufig berührte Thema der Lächerlichkeit von jener Theorie her verstehen, die sich dazu im »Philebos« findet und wonach das Lächerliche aus fehlender Selbsterkenntnis resultiert. Aus der Beziehung auf das zentrale sokratische Motiv der Selbsterkenntnis erhält das Thema des Lächerlichen bei Platon allererst sein philosophisches Gewicht. Der Fehler der Selbstverkennung kann die verschiedenen Bereiche des Selbst betreffen, und je nachdem, wie wesentlich der betreffende Bereich für das Selbst ist, bemessen sich die Schwere des Fehlers und der Grad der Lächerlichkeit.[90] Der Philosoph macht sich lächerlich, weil ihm im alltäglichen Leben Missgeschicke unterlaufen, die ihre Ursache in der Vernachlässigung der Sorge um Besitz, Leib und Leben haben. Solche Nachlässigkeit ist aber die unvermeidliche Begleiterscheinung der philosophischen Theorie und der wesentlichen Sorge um das Heil der Seele, um das eigentliche Selbst des Menschen. Lächerlicher ist der, der in dieser Hinsicht sich selbst verkennt. Die Lächerlichkeit der Philosophie gerät zur Kontrastfolie, auf der die größere Lächerlichkeit grundlos und fälschlich angemaßten Wissens hervortritt. Solche Anmaßung bloßzustellen ist Funktion der sokratischen Ironie, und mit dem ironischen Sokrates verwandelt Platon die komische und lächerliche Gestalt in eine lächerlich machende; im platonischen Dialog hat Sokrates die Seite vom Objekt zum Subjekt des Spotts gewechselt.

Nichts charakterisiert den platonischen Philosophen und die platonische Philosophie so sehr wie das erotische Wesen. Durch die Sublimierung des literarisch mit dem Komischen eng verbundenen Sexuellen gewinnt Platon jenen Begriff des Erotischen, durch den bei ihm die Philosophie, die »Liebe zur Weisheit«, bestimmt wird. Sein Sokrates ist der Erotiker, der sich durch die Schönen und das Schöne verführen lässt und der seinerseits durch die Schönheit seiner Reden verführt. Die Vergeistigung des Sexuellen ist aber nur die eine Seite, deren andere in der Erotisierung des Geistigen besteht, wodurch die platonische Philosophie ihre unvergleichliche sinnliche Qualität und Ausstrahlung erhält.

Platon habe, schrieb Nietzsche, »den ganzen Sokrates nur wie ein populäres Thema und Volkslied von der Gasse« genommen, »um es ins Unendliche und Unmögliche zu variieren«.[91] Dass der platonische Sokrates eine im hohen Grade literarische Figur ist, mit der ihr Autor das historische Vorbild freier als die anderen Sokratiker behandelt, geht aus einer antiken Anekdote hervor, nach der Sokrates selber im Anschluss an die Verlesung des platonischen »Lysis« gesagt habe: »Beim Herakles, was der junge Mensch doch alles über mich zusammenlügt«; und der Überlieferer kommentiert den Ausspruch: »Der Verfasser hat nämlich mancherlei zu Papier gebracht, was Sokrates nie gesagt hat.«[92] Man wird den Ursprung der – historisch unmöglichen – Anekdote in einem Dialog eines anderen Sokratikers, vielleicht des Antisthenes, vermuten dürfen, der damit den literarischen Rivalen beschuldigt, das Bild des gemeinsamen Lehrers zu verfälschen. Schließlich hat Platon fast seine gesamte Philosophie dem Sokrates in den Mund gelegt, so dass es unmöglich ist, zwischen dem, was davon historisch auf diesen und was auf ihn selbst zurückgeht, zu unterscheiden. Doch besteht kein Grund, daran zu zweifeln, dass Platon dem historischen Vorbild das Ethos seines Protagonisten verdankt; darüber hinaus bleibt er dem sokratischen Philosophieren in seiner undogmatischen Intention treu. Zwar gibt er den Schreibverzicht des historischen Sokrates auf – wenn es denn ein Verzicht war; Nietzsche argwöhnt einmal, Sokrates habe nichts geschrieben, »offenbar weil er es nicht gelernt hatte«.[93] Doch schreibt er in einer Form, die das mündliche Philosophieren des Sokrates als Ideal nachahmt und die es ihm ermöglicht, mit der eigenen Person völlig hinter dem Geschriebenen zu verschwinden, so dass kein Leser der Dialoge, nimmt er die Form ernst, die darin gemachten Behauptungen mit der Einstellung *autos ephe* – er selbst, Platon, hat es gesagt – übernehmen und es dabei bewenden lassen kann. Wie die Gespräche des Sokrates tragen sie der Grundauffassung Rechnung, dass die philosophische Erkenntnis nicht als fertige Lehre von einem Wissenden übernommen werden kann, sondern in eigener Einsicht gewonnen werden muss, als Selbsterkenntnis in jenem doppelten Sinn des Wortes, der sich ergibt, wenn man das »Selbst« darin als *genetivus obiectivus* wie als *subiectivus* versteht. Es ist das Festhalten an dieser sokratischen Konzeption von philosophischem Lehren, was es unvorstellbar macht, Platon könne mündlich dogmatisch Lehren vertreten haben, die er dem geschriebenen Werk nicht anvertrauen wollte.

Die sokratischen Dialoge Platons unterscheiden sich von dem uns geläufigen, heute vorherrschenden Typus wissenschaftlicher Literatur dadurch, dass sie in erster Linie nicht wissenschaftliche Ergebnisse darstellen und mitteilen, sondern Personen vorführen, die sich in ganz unterschiedlicher Weise um Erkenntnisse und um die Begründung von Überzeugungen bemühen. Wäre die Mitteilung gewonnener Erkenntnisse Zweck, so wären *die* Dialoge wertlos, die erklärtermaßen ohne Ergebnis enden. Der sokratische Dialog will mehr als nur die Inhalte der Theorie, er will darüber hinaus diejenigen Einstellungen paradigmatisch darstellen, die Theorie ermöglichen beziehungsweise verhindern; und er tut dies in der durchaus rhetorischen Absicht, zur Nachahmung des in Sokrates verkörperten Ideals der theoretischen Einstellung zu bewegen – zur Einsicht zu überreden.

Platons Dialoge, gut zwei Dutzend an der Zahl, weisen erhebliche formale Unterschiede auf; nicht alle entsprechen dem Typus des sokratischen Dialogs in gleicher Weise. Manche lassen sich kaum noch als Dialoge ansehen, und in einigen ist Sokrates wenig oder gar nicht mehr am Gespräch beteiligt, so dass schon aus diesem äußeren Grund die Bezeichnung »sokratischer Dialog« fragwürdig wird. Die moderne Platonforschung hat dafür gewöhnlich eine entwicklungsgeschichtliche Erklärung, wonach die sokratischen Dialoge die frühen sind, während für den älteren Platon die Dialogform zunehmend äußerlich wird, als sei sie ein Relikt, das noch mitgeschleppt wird, von dem der Autor sich innerlich jedoch längst verabschiedet hat. Auch wenn diese entwicklungsgeschichtliche Sicht nicht von der Hand zu weisen ist, sollte man sich mit ihr nicht zufrieden geben, sondern nach weiteren Möglichkeiten des Verständnisses für die »erstaunliche Typenvielfalt«[94] des platonischen Dialogwerks Ausschau halten. Darum hat sich, wie es scheint, die antike Platoninterpretation, der der Entwicklungsgedanke fremd ist, intensiver als die neuzeitliche bemüht. Diogenes Laertius zum Beispiel erwähnt zwei Klassifikationsansätze, von denen einer die Dialoge zunächst in »zwei Hauptformen«, nämlich »die unterweisende und die untersuchende« unterscheidet; beide werden dann wiederum mehrfach unterteilt.[95] Während die untersuchenden überwiegend jene frühen Dialoge sind, die besonders stark vom sokratischen Charakter geprägt sind, gehören die unterweisenden dem mittleren und späten Werk an.

Entscheidend für die Form des Gesprächs ist die Stellung der Teilnehmenden zueinander; vor allem, ob sie befreundet sind oder

Gegner, dann aber auch, in welchem Grade sie philosophisch geübt und fortgeschritten sind, ob sie im Verhältnis von Lehrer und Schüler stehen oder ob sie sich auf mehr oder weniger gleichem Niveau begegnen. Einem Gegner zum Beispiel muss argumentativ abgerungen werden, was ein Freund und Gleichgesinnter ohne weiteres zugesteht, einem Anfänger muss umständlich demonstriert werden, was Fortgeschrittene unter sich beweislos voraussetzen können etc.

Die Sprache des platonischen Dialogs vermeidet terminologische Fixierungen; sie erzielt Verständnis durch Anschaulichkeit. Dazu gehört eine reichhaltige bildliche Redeweise, angefangen bei Metaphern und Vergleichen über Gleichnisse, exemplarische Anekdoten und Geschichten bis zu Mythen. Platon ist der unübertroffene Meister des philosophischen Bildes; das nicht nur in der Kunst der Erfindung und im Tiefsinn der Gedanken, sondern auch im reflektierten Umgang damit. Er weiß um die Leistung von Bildern, die selbst da den Gedanken noch weitertragen können, wo die eigentliche, streng »logische« Redeweise versagt, ebenso wie um die Gefahr, die in den Bildern liegt, nämlich dadurch verführt zu werden, die Sache aus den Augen zu verlieren und schließlich das Bild für die Sache zu halten. Daher wird immer wieder durch Reflexion die Aufmerksamkeit auf Bilder geschärft und der Umgang damit eingeübt. Das führt – nicht zufällig im »Sophistes« – zur Theorie des Bildes, denn der Sophist bedient sich seiner verführerischen, täuschenden Macht; der philosophische Gebrauch dagegen gibt immer das Bild als solches zu erkennen. Viele Missverständnisse in Bezug auf die platonische Philosophie resultieren daraus, dass ihre Bilder nicht als solche erkannt werden und bildliche Redeweise wörtlich genommen wird; vor allem Platons »Staat« wird in dieser Weise immer wieder missverstanden. Mit Bildern und Mythen beschreibt Platon vornehmlich die Seele und ihr Schicksal wie im Seelenmythos des »Phaidros« und in den Jenseitsmythen im »Gorgias«, »Phaidon« oder in der »Politeia«; ja der ganze Staat ist ein bildhaftes Modell der Seele. Und schließlich trägt der »Timaios«, der thematisch an die Naturhistorie der Milesier und ihrer Nachfolger anschließt, die Kosmologie mythologisch vor, weil von der sichtbaren Natur *logoi*, Wissenschaft im strikten Sinne, nicht möglich ist. Alle Erklärungen der Welt einschließlich des Himmels, der zu ihr gehört und in dem die Seelen zu Hause sind, sind auf Bilder angewiesen.

Gegensätzliche Entwicklungen des Dialogs: Kyniker und Aristoteles

Nachdem der Dialog bei Platon philosophisch und literarisch den Gipfel erreicht hat, verläuft seine Entwicklung in zwei Richtungen. Die eine wird vom Kynismus vertreten, der einerseits eine praktische Haltung, die Radikalisierung der sokratischen Lebensform, ist, andererseits aber auch eine literarische Bewegung; dafür hatte wiederum Nietzsche einen erhellenden Blick. Er bemerkt, dass auf dem von Platon beschrittenen Wege der Stilmischung »die *zynischen* Schriftsteller noch weiter gegangen sind, die in der größten Buntscheckigkeit des Stils, im Hin- und Herschwanken zwischen prosaischen und metrischen Formen, auch das literarische Bild des ›rasenden Sokrates‹, den sie im Leben darzustellen pflegten, erreicht haben«.[96] Wie der sokratische Dialog einschließlich des platonischen das literarische Bild des Sokrates, so ist die Schriftstellerei der Kyniker das des »rasenden Sokrates«, das heißt des Diogenes, den Platon einem berühmten Diktum zufolge als *Sokrates mainomenos*, als »verrückten Sokrates« bezeichnet haben soll. Diogenes – historisch noch weit weniger greifbar als Sokrates – ist eine literarische Konkurrenzfigur, die die Gestalt des Sokrates überbietet und ihre Idealisierung durch Platon parodiert.

Im Kynismus kehrt der Dialog zu einem seiner Ausgangspunkte, zur Komödie, zurück und wird zur Satire, deren Erfinder die Kyniker, allen voran Menipp von Gadara, sind. Lukian, der große Spötter, der Voltaire der Antike, der im 2. Jahrhundert n. Chr. die menippeische Satire erneuert und uns damit ein Bild des verlorenen Musters vermittelt hat, hat diese Entwicklung in seiner schon erwähnten komischen Geschichte des Dialogs skizziert. Dort verklagt ihn, den Syrer, der personifizierte Dialog, der aufgrund einer Reihe von markanten Anspielungen auf »Phaidros«, »Gorgias«,

»Theaitetos« und »Timaios« als der platonische zu erkennen ist, wegen der Misshandlung durch Verkehrung ins Komische. »Ehe ich mit ihm bekannt wurde«, klagt der Dialog, »stellte ich immer eine sehr ernsthafte und feierliche Person vor; ich gab mich mit tiefsinnigen Untersuchungen über die Götter, die Natur und das Universum ab und schritt hoch über den Wolken in den Himmelslüften einher, da, wo der große Zeus auf seinem ›geflügelten Wagen‹ daherfährt. Ich hatte bereits den ›Gipfel des Himmels‹ erflogen und war im Begriff, noch ›über den Himmel‹ hinaufzusteigen, als dieser Mensch mich zu packen kriegte, mir die Flügel zerbrach und mich in einen Zustand versetzte, wo ich mit allen andern gemeinen Leuten in einer Linie stehe.«

Bis hierher ist es das Bild vom Aufstieg der Seele zur Schau der Ideen am »überhimmlischen Ort« sowie ihrem Fall aus dem Himmel auf die Erde im großen Phaidrosmythos, womit der Dialog sein Schicksal beklagt. »Kurz, er zog mir die stattliche tragische Maske, in der ich meine Rolle bisher gespielt hatte, ab, steckte mich in eine andere komische und satyrische, um nicht gar bürleske zu sagen, und sperrte mich zum Spott, zum Jambus, zum Kynismus und zum Eupolis und Aristophanes ein, zu ganz entsetzlichen Leuten, sobald es darauf ankommt, die ehrwürdigsten Dinge lächerlich zu machen und über alles, was schön und gut ist, Grimassen zu schneiden. Zuletzt trieb er es gar so weit, daß er einen von den alten Kynikern, einen gewissen Menippus, einen von den bissigsten Belferern des ganzen Ordens, aus dem Grabe hervorrief und zu mir ins Haus brachte, einen bitterbösen Hund, von dem man gebissen wird, ehe man sich's versehen kann, weil er sogar lachend beißt.« Er verstehe nicht, antwortet darauf der Beklagte zu seiner Verteidigung, warum sich der Dialog beschwere, denn schließlich habe er ihn bei einem großen Publikum beliebt gemacht; »wie ich mich mit ihm einließ, fanden die meisten, daß er ein trauriges Personage sei und von dem ewigen Fragen sich eine gewisse Trockenheit zugezogen habe, die ihn, bei allem Respekt, den er sich zu verschaffen gewußt hatte, zu keinem sehr angenehmen und unterhaltenden Gesellschafter für das größere Publikum machten«.

Lukian hält sich zugute, dass er den Dialog von seinen theoretischen Spekulationen und Subtilitäten entrümpelt, ihn vom Himmel auf die Erde geholt, ihn auf die Füße gestellt und so allererst gesellschaftsfähig gemacht habe. Und er beschließt seine kynisch-komische Invektive auf den platonischen Dialog mit dem Spott, den Platon im »Theaitetos« dem Philosophen widerfahren lässt, wodurch die berühmte Thales-Anekdote eine literaturkritische Anwendung erfährt, an der der Historiograph dieser Anekdote[97] seine helle Freude gehabt hätte. Der platonische Dialog selber gerät in die Rolle des Astronomen, des Symbols für den Philosophen bei Platon, wobei Lukian sein Verständnis für den Zusammenhang der platonischen Bilderwelt dadurch beweist, dass er in seiner Anspielung das Bild der Thales-Anekdote mit dem des Seelenmythos aus dem »Phaidros» zusammenbringt. Der Dialog brüste sich, verteidigt sich der von ihm Beklagte gegen den Vorwurf der Misshandlung, »es sei nicht einem jeden gegeben, die Dinge mit ihm zu sehen, die er vermöge der übernatürlichen Schärfe seiner Augen an den Ideen gesehen haben will. Das verlangt er nun auch von mir und hätte gerne seine Flügel wieder und schaut immer in die Höhe, während er nicht sieht, was ihm vor den Füßen liegt.«[98]

Das literarische Grundprinzip des Kynismus ist das *spoudogeloion*, die Vermischung von Ernst und Scherz, das sich in unterschiedlichen Formen und Mischungsverhältnissen realisiert. Die menippeische Satire, die aus der Travestie des ernsten philosophischen Dialogs hervorgeht, ist nur eines der Genres, in denen die Komik überwiegt. Dabei darf über dem Spott, mit dem der Kynismus die erhabenen Idealisierungen Platons gern überzieht, nicht vergessen werden, dass schon die platonischen Dialoge in ihrer doppelten Affinität zu Tragödie und Komödie Ernst und Scherz miteinander verbinden; der Sarkasmus des kynischen Witzes ist die Überbietung und Vergröberung der sokratischen Ironie, die ihrerseits in der Verhöhnung der Sophisten durchaus bissig sein kann. Den Grad des Zynismus erreichte die kynische Komik in einer Reihe von Tragödienparodien, die in der späten Antike unter dem Namen des Diogenes in Umlauf waren und in denen das tragische Leid in kruder Weise auf Mangel an Vorurteilslosigkeit und philosophischer Aufklärung, die kein Tabu gelten lässt, zurückgeführt wurde.

Auch in seiner anderen, ernsten Seite ist der Kynismus die Übersteigerung des Sokratismus, nämlich der sokratischen Moral, freilich einer solchen ohne die platonischen Voraussetzungen der Ideen und einer unsterblichen Seele. Doch lehrten die Kyniker ihre Moral nicht als Theorie; denn eine Schule wie die großen Richtungen der Platoniker, Peripatetiker, Epikureer und Stoiker bildeten sie nicht. Vielmehr predigten sie die Moral in der Öffentlichkeit und lebten sie exemplarisch vor. Die Form der kynischen Moralpredigt ist die Diatribe, die der Unterhaltung wie der Belehrung dienend, stilistisch zwischen Vortrag und Erzählung, zwischen direkter Ansprache und fingiertem Gespräch wechselt und dadurch, dass sie so Merkmale des Dialogs aufnimmt, dazu beiträgt, diesen in seiner reinen Form zu verdrängen; sie ist ein Derivat des Dialogs. Später bedienen sich Stoiker wie Epiktet der Diatribe, die sie allerdings von den kynischen Zutaten des Witzes und der notorischen Schamlosigkeiten reinigen; und an dieser gereinigten Form kann sich dann auch die christliche Predigt orientieren.

Die dem Kynismus am meisten adäquate Darstellungsweise ist freilich die Kurzform der Chrie, eine Art sentenziöser Anekdote beziehungsweise anekdotenhafter Sentenz, die in der Sokratik aufkommt und dann von den Kynikern favorisiert wird.[99] Später werden die Stoiker auch sie in dem Maße übernehmen, in dem sie den Kynismus beerben. Es ist die Form, in der der Protokyniker Diogenes, die kynische Idealgestalt, am häufigsten dargestellt und überliefert ist, und nicht zufällig ist Diogenes die anekdotenreichste Gestalt der antiken Philosophie. Wesentliche Merkmale des Kynismus wie seine witzige Schlagfertigkeit, die Reduktion theoretischer Reflexion und Begründung auf ein logisches Minimum und ihre Substitution durch Gebärde, die Verbindung von Moral und Lachen haben in der Anekdote ihren passenden Ausdruck; oder umgekehrt: Weil der Kynismus sich vornehmlich in dieser Form ausdrückt, erscheinen uns jene Charakteristika als für ihn wesentlich. Wesen und Form sind bei ihm gar nicht voneinander zu trennen.

Man kann die Chrie als einen aufs Äußerste verkürzten Dialog beziehungsweise als einen Dialog *in nuce* betrachten. In beiden Formen geht die Rede gewöhnlich aus einer Situation hervor und bezieht sich darauf. Viele Sentenzen sind schlagfertige Antworten auf Fragen nach dem Muster: »Als jemand ihn fragte…, sagte er…« Eine beträchtliche Anzahl antiker Philosophenanekdoten dürfte durch Isolierung aus größeren Dialogen hervorgegangen oder als deren Quintessenz formuliert worden sein. Wie der Dialog stellt die Chrie eine historische Gestalt dar, ohne jedoch historisch unbedingt getreu sein zu wollen; sie berichtet weniger, als dass sie typisiert. In Handlung und Rede drückt sich ein bestimmtes Ethos aus; auf die moralische Lehre, nicht die historische Wahrheit kommt es in erster Linie an. Die anekdotische Form entspricht einem Philosophieverständnis, das vom Philosophen nicht bloß die Theorie, sondern damit im Einklang stehende Handlungen und eine exemplarische Lebensweise verlangt und nach dem wohl die Theorie zugunsten der Lebensweise wie im Kynismus, nicht aber umgekehrt diese für jene preisgegeben werden darf. Weil das das Philosophieverständnis der Antike war und nicht so sehr weil die antiken Historiographen so klatschsüchtig waren, besteht die antike Philosophiegeschichte in einem Ausmaß aus Anekdoten, für das der Neuzeit der Sinn abhanden gekommen ist, zunächst durch die historische Kritik und dann durch eine Philosophiegeschichtsschreibung, die ihren Inhalt allein in der Entwicklung der Theorien, Systeme und Begriffe sieht.[100]

Die andere Richtung, in der die Entwicklung des Dialogs nach Platon verläuft, wird durch Aristoteles repräsentiert – einen Aristoteles freilich, der der Geschichte der Philosophie schon in der späten Antike fast gänzlich abhanden gekommen ist. Wir kennen den größten Schüler und einzig ebenbürtigen Nachfolger Platons als den Verfasser von Schriften, deren literarischer Charakter von denen seines Lehrers so völlig verschieden ist, dass dadurch der Eindruck des Gegensatzes zwischen den beiden, der sich in der Philosophiegeschichtsschreibung zu einem weit verbreiteten Vorurteil verfestigt hat, nur bestätigt werden konnte. In diesen Schriften begegnen wir in der Antike zum ersten Mal jener wissenschaftlichen Form, die die philosophische Literatur der Neuzeit dominieren und für sie zur Norm werden wird. Dass Aristoteles deren Begründer wurde, verdankt sich allerdings überlieferungsgeschichtlichen Zufällen, die ihn auf diese Rolle fixiert und dadurch das Bild seines literarischen Charakters beschnitten haben.

»Kein Schriftsteller, von dem Werke großen Umfangs vorliegen, ist uns so einseitig bekannt wie Aristoteles«, so begann im 19. Jahrhundert eine Schrift, die wesentlich dazu beigetragen hat, Licht auf den ursprünglichen und ganzen literarischen Charakter des Aristoteles zu werfen.[101] Die Verhältnisse liegen bei Aristoteles gerade umgekehrt als bei Platon. Bei beiden ist uns von den zwei Seiten ihrer philosophischen Tätigkeit und Wirkung nur eine, aber die jeweils andere bekannt. Von Platon haben wir alle seine literarischen Werke, diejenigen, die durch Herausgabe für die Öffentlichkeit bestimmt waren; dagegen besitzen wir keine Unterlagen über seine Lehrtätigkeit, so dass wir uns darüber kein Bild mehr machen können. Von Aristoteles dagegen sind die literarischen Werke, die er selber veröffentlicht hat, untergegangen; erhalten sind in großem Ausmaß die schriftlichen Ausarbeitungen seiner Vorlesungen, die nur für den Schulgebrauch und nicht für die Veröffentlichung vorgesehen waren. Doch reichen die Spuren seiner literarischen Werke dazu aus, dass wir darüber sehr viel umfassendere und konkretere Vorstellungen als über Platons »ungeschriebene Lehre« gewinnen können.

Aristoteles hat zwar vermutlich nicht ganz so viele und umfangreiche literarische Werke wie Platon verfasst, aber doch immerhin knapp zwanzig, die der Katalog der Schriften bei Diogenes Laertius verzeichnet.[102] Das ergibt zusammen mit den Lehrschriften eine immense Produktion. Vor ihm war freilich schon Demokrit ähnlich produktiv; gleichzeitig ist es etwa Xenokrates, der dritte Leiter der Akademie, und später werden Epikur und der Stoiker Chrysipp ebenso viel oder noch mehr schreiben.

Aristoteles' literarische Werke waren zumeist Dialoge, was die Frage nach dem Verhältnis zu den platonischen geradezu aufdrängt. An sie schlossen, wie oft schon die Titel vermuten lassen, viele der aristotelischen Dialoge inhaltlich an; in der Form dagegen unterschieden sie sich: Sie waren weniger dramatisch und mehr rhetorisch.[103] Aristoteles hat nicht dieselben Ambitionen in Bezug auf die Dichtung wie sein Lehrer. Er will sie nicht durch Philosophie, die dazu selber Dichtung wird, verdrängen. Das ermöglicht ihm, die Dichtung objektiver als Platon zu begreifen und die einflussreichste Poetik der europäischen Tradition zu verfassen. An die poetische Qualität der darin einzigartigen platonischen Dialoge reichten die aristotelischen freilich nach allem, was wir vermuten können, nicht heran, und das wird auch ein Grund für ihren Untergang gewesen sei; sie wurden nicht in demselben Maße literarisch geschätzt und entsprechend gehütet.

Ferner sind sie nicht, was schon manche der späteren platonischen kaum noch oder gar nicht mehr sind, sokratische Dialoge. Das nicht nur deswegen, weil ihr Personal ein anderes und Sokrates nicht mehr der Gesprächsführer ist, dagegen Aristoteles selber – und sogar in führender Rolle – auftritt; er hat seine philosophische Position nicht wie Platon hinter einer Maske verborgen, sondern direkt ausgesprochen. Vor allem ist in ihnen das sokratische Gespräch, das sich in Frage und Antwort entwickelt, und dessen Lebendigkeit schon bei Platon in den späten Werken nicht selten schematisch erstarrt, durch zusammenhängende Darlegungen und Vorträge der Teilnehmer, durch die rhetorische Form der Rede also, ersetzt. Da Cicero sie sich zum Muster seiner Dialoge gewählt hat – von den drei Büchern »Über den Redner« sagt er ausdrücklich, er habe sie »nach Art des Aristoteles« verfasst[104] – können wir von da aus Rückschlüsse auf die Form der verlorenen Dialoge des Aristoteles ziehen.

Auch ihr sprachlicher Stil war vermutlich rhetorischer als der platonische. Er war sorgfältig ausgearbeitet, wobei die Konkurrenz zu Isokrates motivierend gewesen sein dürfte; Cicero spricht von dem »goldenen Fluss« der aristotelischen Rede.[105] Aristoteles war ein Leser, und er wird mehr als frühere Dialogautoren für Leser geschrieben haben; erst in seiner Zeit entsteht ein breiteres Lesepublikum. Anekdotischer Überlieferung zufolge soll Platon seinen größten Schüler sogar den »Leser« genannt haben; die Bezeichnung deutet an, dass das Ausmaß, in dem Aristoteles seine philosophische Arbeit und Forschungstätigkeit auf das Studium von Texten stützte, neu und ungewöhnlich war; es steht in auffälligem Kontrast zum sokratischen Philosophieren. Die Spuren der großen Belesenheit durchziehen das ganze Werk, das bei jedem Problem und Sachverhalt historische Ansichten und frühere Theorien berücksichtigt.

Die von Aristoteles veröffentlichten literarischen Werke wenden sich an ein gebildetes Publikum auch außerhalb der Schule, nicht zuletzt, um für die Philosophie zu werben; dass schon die sokratischen Dialoge diese Funktion erfüllten, besagen Erzählungen darüber, wie jemand durch ihre Lektüre oder durch zufälliges Mithören zur Philosophie bekehrt wird. Aristoteles selber ließ in einem Dialog einen Bauern aus Korinth auftreten, der, durch die Lektüre des platonischen Gorgias bewegt, seine Felder verließ, sich nach Athen aufmachte und Schüler Platons wurde.[106] Der Stoa-Gründer Zenon hörte einen Buchhändler Xenophons »Memorabilien« lesen und verlangte danach, solche Männer wie dort dargestellt kennen zu lernen, worauf ihn der Buchhändler auf den zufällig vorbeigehenden Kyniker Krates verwies.[107] Außer den Dialogen hat Aristoteles noch eigens eine »Ermahnung« zur Philosophie, einen *protreptikos,* verfasst; diese nichtdialogische Form geht auf die Reden und Schriften zurück, mit denen die Sophisten für ihren Unterricht warben. Die Konkurrenz, in die die Philosophen zur Sophistik traten, erforderte eine philosophische Protreptik, für die sich Beispiele schon in der Sokratik, etwa in Platons »Euthydemos«, finden. Der »Protreptikos« des Aristoteles dürfte nicht zuletzt die philosophische Antwort auf entsprechende Schriften des Isokrates gewesen sein. Erhalten ist davon relativ viel – am meisten von allen verlorenen Schriften des Aristoteles –, weil ein spätantiker Autor, der Neuplatoniker Iamblichos, ihn für einen eigenen »Protreptikos« benutzt und ausgeschrieben hat, aus dem die Aristotelesphilologie in neuerer Zeit die originalen Partien wiederherzustellen unternommen hat.

Die rhetorisch-literarische Form des Protreptikos gehört zu dem Verständnis von Philosophie als einer eigenen Lebensform, die in einer bewussten Wahl und Entscheidung ergriffen wird. Daher sind protreptische Formen den Epikureern und Stoikern unverzichtbar; sie finden sich zum Beispiel bei Epikur und Seneca. Ein Protreptikos Ciceros, der »Hortensius», ist zwar verloren gegangen, aber wir wissen von seiner Wirkung auf den Kirchenvater Augustinus, der in den »Bekenntnissen« seine Bekehrung durch die Lektüre des »Hortensius« beschreibt.[108] Schließlich hat das Christentum sich die in der Philosophie entwickelten protreptischen Formen vielfältig zu eigen gemacht und damit für sich und seine Lebensweise geworben.

Aristoteles' Lehrschriften

Aristoteles ist der einzige Philosoph der Antike, bei dem der Unterschied zwischen einer exoterischen Art der Darstellung und schriftlichen Fixierung der Philosophie sowie einer für den eigentlichen Schulbetrieb gedachten esoterischen greifbar ist. Zu der exoterischen, auf die in den erhaltenen Werken hin und wieder verwiesen wird, zählen die veröffentlichten Schriften und vielleicht Vorträge vor einem größeren Publikum. Ob die Differenz die Substanz und inhaltliche Ausrichtung der Lehre betraf, ist unter Fachleuten umstritten; es ist aber eher unwahrscheinlich.[109] Es war ein Unterschied in der Verständlichkeit, in dem, was für das Verständnis an philosophischer Schulung und Anstrengung vorausgesetzt wurde. Zwei Äußerungen Ciceros können das belegen: Die eine vom »goldenen Fluß« der aristotelischen Rede meinte die populären veröffentlichten Schriften, zu denen außer den erwähnten auch noch die verlorenen Briefe zu zählen sind, deren Stil gerühmt wurde. In seinem »Hortensius« dagegen schrieb Cicero: »Man muß den Geist hart anspannen, wenn man Aristoteles liest und interpretiert«, was Düring ebenso lapidar wie treffend kommentiert: »Jetzt hatte er die Lehrschriften kennengelernt.«[110]

Man ist versucht, in der literarischen Wirkungsgeschichte des Aristoteles eine potenzierte Ironie zu sehen, nämlich zunächst, dass die Aufzeichnungen, die er selber nicht publizierte und die lange unveröffentlicht blieben, zum großen Teil erhalten, die veröffentlichten dagegen untergegangen sind; und dann, dass es die Form jener Aufzeichnungen ist, die für die nachantike Philosophie immer mehr zum Muster des philosophischen Werkes wurde, während die eigentlich literarische Form der klassischen antiken Philosophie, die des Dialogs, im gleichen Zuge ihre Bedeutung verloren hat. Neben dem Zufall der Überlieferung ist der wichtigste Grund dafür die Entstehung eines philosophischen Schulbetriebs samt Schulphilosophie, womit die Verwissenschaftlichung einhergeht. Populäre und wissenschaftliche Form, Popularphilosophie und Philosophie als Wissenschaft driften auseinander. Den größten Teil seiner Schriften verfasste Aristoteles für die Schule, und ohne den Schulbetrieb wären sie nicht erhalten.

exoterisch: für weitere Kreise bestimmt u. verständlich
esoterisch: nur für Eingeweihte bestimmt u. verständlich

Dass dabei glückliche Umstände mit im Spiel waren, besagt eine geradezu romanhaft-abenteuerliche Geschichte des Historikers Strabo vom Verschwinden und Wiederauftauchen der unveröffentlichten Manuskripte des Aristoteles. Sie sollen fast zwei Jahrhunderte lang in einem Keller in Skepsis, einer Stadt in der Nähe von Troja, gelegen haben, wohin sie einer der letzten Schüler des Aristoteles, Neleus, gebracht hatte, dem sie von Theophrast vermacht worden waren, der sie seinerseits von Aristoteles geerbt hatte. Ein Bibliophiler, Apellikon, spürte sie endlich dort auf, erwarb sie und brachte sie nach Athen. Als die Stadt 86 v. Chr. im Krieg gegen Mithridates von Sulla erobert worden war, führte dieser die Bibliothek des Apellikon in seiner Kriegsbeute mit nach Rom. Dort hatte der Grammatiker und Philologe Tyrannion, der mit Cicero und dessen Verleger Atticus bekannt war, Zugang zu den Manuskripten. Er regte seinen Schüler Andronikos von Rhodos an, eine Ausgabe der Schriften zu veranstalten und zu publizieren.

Die Geschichte macht des Effektes wegen die Bedeutung der wieder entdeckten Originalmanuskripte wohl größer als sie war; Andronikos konnte sich bei seiner Ausgabe auch auf Abschriften stützen, die von Schülern des Aristoteles angefertigt worden waren – in welchem Umfang, ist allerdings ungewiss. Tatsächlich wurden aber erst jetzt die Lehrschriften veröffentlicht, was zu einer Aristoteles-Renaissance führte, einer Renaissance freilich innerhalb des gelehrten Schulbetriebs. Die Konzentration auf diese Ausgabe hatte die Vernachlässigung der literarischen Werke zur Folge, die in ihr nicht enthalten waren, vielleicht, weil sie ja schon publiziert und noch vorhanden waren, vielleicht, weil man glaubte, die aristotelische Lehre reiner in den unveröffentlichten Aufzeichnungen anzutreffen. Die literarischen Werke gingen verloren und mit ihnen der populäre, exoterische Aristoteles. Die Ausgabe des Andronikos wurde – bis heute – die Grundlage der weiteren Überlieferung und hat so das Bild der aristotelischen Philosophie entscheidend geprägt.

Der neuzeitlichen Mentalität ist der Umstand befremdlich, dass ein Philosoph und Wissenschaftler den größten Teil seiner Arbeiten nicht publiziert, dass er überwiegend für die mündliche Lehre schreibt beziehungsweise, um die Ergebnisse seiner Forschungen für sich und allenfalls einen kleinen Kreis von Mitarbeitern und Schülern zu fixieren. Wenn das dem Aristoteles genügte, so sagt das allerdings sehr viel darüber aus, welchen Stellenwert für ihn solche Lehre und Forschung rein für sich besaßen. Es steht im Einklang mit der Auffassung Platons vom Vorrang der mündlichen Unterweisung sowie dem, was Aristoteles vom höchsten Glück sagt, das in der autarken Theorie selber liege – nicht darin, möglichst viel zu publizieren und in der öffentlichen Diskussion literarisch omnipräsent zu sein.[111]

Auch wenn bei Aristoteles die philosophische Lehre sich von der sokratischen Form entfernt, an die Platon mit seinen Dialogen noch anknüpft, so belegt der Umstand, dass er seine Philosophie überwiegend und umfassend in Pragmatien dargestellt hat, einmal mehr den Vorrang der Mündlichkeit in der antiken Philosophie. Dabei bleiben die aristotelischen Abhandlungen und Lehrschriften dem Geist des Dialogs weitaus mehr verpflichtet, als ihre äußere monologische Form vermuten lässt. Das dialogische Prinzip wird internalisiert. Die Tendenz dazu lässt sich schon bei Platon beobachten. Wenn bei ihm der äußere Dialog wie zum Beispiel in der »Politeia« nicht selten rituell erstarrt und zum Monolog des gesprächsführenden Sokrates wird, unterbrochen lediglich durch minimale Repliken, so ist doch der Monolog in sich dialogisch. Auch Aristoteles verfährt oft so, dass er das Thema als Frage formuliert und verschiedene Antworten erwägt; und er kommt zum Ergebnis, indem er die Erörterung der Sache mit der Musterung der über sie bestehenden Meinungen und Theorien verbindet. In einer der vielen methodischen Reflexionen, mit denen er die Darstellung der Sache immer wieder unterbricht und durchsetzt, heißt es: »Auch der Einzelne für sich selbst forscht nur so lange, bis er sich selbst nicht mehr widerlegen kann. Darum muß derjenige, der richtig vorgehen will, begabt sein im Finden der dem Gegenstand eigentümlichen Einwände, und dies ergibt sich nur, wenn man alle Besonderheiten in Betracht gezogen hat.«[112] Im Übrigen gibt es für Aristoteles nicht die eine verbindliche Methode für alle Bereiche; vielmehr muss sich die Methode nach dem jeweiligen Gegenstand richten.

Aus dem Charakter und der Funktion von Vorlesungsunterlagen erklärt sich der uneinheitliche Bearbeitungszustand der meisten aristotelischen Schriften. Manche Partien sind mehr, andere weniger ausgearbeitet; mal ist der Gedanke äußerst knapp umrissen oder nur angedeutet, der Gedankengang elliptisch und sprunghaft, mal ist er vollständig ausgeführt. Einschübe und Umgruppierungen deuten auf Überarbeitungen hin. – Es herrscht Konsens darüber, dass die systematische Anordnung in der Ausgabe des Andronikos auf diesen zurückgeht. »Um dem Geschmack der Zeit Genüge zu tun, mußte die aristotelische Philosophie in eine systematische Darstellung umgeformt werden, denn man interessierte sich in erster Linie für die Lehrmeinungen, nicht für die Problemstellungen und die Problemdiskussion als solche.«[113] Wie weit Andronikos mit seiner Systematisierung über Aristoteles hinausging, ist freilich umstritten. So wurde, um nur das bekannteste Beispiel anzuführen, lange angenommen, dass eines der Grundbücher der abendländischen Philosophie, die »Metaphysik« des Aristoteles, als ein einheitliches Werk samt Titel nur dadurch zustandegekommen sei, dass Andronikos jene Abhandlungen zur theoretischen Philosophie, die er nicht in der »Physik« unterbrachte, dahinter (*meta*) anordnete, dass mithin der Titel »Metaphysik« ursprünglich eine editionstechnische Bezeichnung war, die erst nachträglich auf den Inhalt bezogen wurde. Diese Geschichte ist in Zweifel gezogen worden, nachdem schon Kant es für unglaubhaft gehalten hatte, dass der sachlich so treffende Titel »Metaphysik« zufällig entstanden sei.[114]

Obwohl die Lehrschriften des Aristoteles auch in stilistischer Hinsicht unterschiedlich ausgearbeitet sind, ist ihre Sprache, anders als die des veröffentlichten Werkes, durchweg von einer nüchternen Sachlichkeit, die auf rhetorische und literarische Effekte gänzlich verzichtet. Beurteile man ihn danach, meinte Nietzsche, so könne man sagen: »Niemand hat weniger Talent zum Rhetorischen und Schriftsteller-Künstlerischen als er; so eine absolute Enthaltung von allen *charites* ist nie wieder dagewesen. Kein Fleisch, kein Leben, keine Absicht auf Wirkung, man hört die Knochen klappern. In Wahrheit hat er in seinen systematischen Schriften eine *Seite* seines Wesens mit Unerbittlichkeit *zurückgedrängt,* zum Zeichen grosser Charakterstärke und auch des schärfsten Wissens um alles Schriftstellerisch-Wirkende. Die Alten konnten diese Seite noch neben die andre stellen.«[115] Die wissenschaftliche Sprache des Aristoteles ist von einer Präzision, die ihresgleichen sucht; allein die besten medizinischen Schriften des Corpus Hippocraticum kommen annähernd für einen Vergleich in Betracht. Der Sohn eines Arztes mag in besonderer Weise dazu prädestiniert gewesen sein, das Muster wissenschaftlicher Prosa zu schaffen. Die Präzision im Ausdruck ist umso mehr zu bewundern, als sie auch und vor allem abstrakte Sachverhalte erfasst.

Ein weiteres Kennzeichen der aristotelischen Lehrschriften ist die Prägung zahlreicher Fachausdrücke, die in die Sprache der Philosophie eingegangen und in ihr unverzichtbar geworden sind. Und auch darin ist Aristoteles musterhaft, weil er nämlich keine Terminologie um ihrer selbst willen bildet, sondern nur aus sachlicher Notwendigkeit; er schreibt keinen wissenschaftlichen Jargon. Heidegger, dessen Wortprägungen in »Sein und Zeit« oft dem aristotelischen Vorbild folgen, ist darin viel weniger moderat, weil ihn der Ehrgeiz treibt, eine neue philosophische Fachsprache zu kreieren.

Philosophiegeschichtsschreibung

Aristoteles, der »Leser«, war ein Sammler älterer Schriften aus allen Bereichen, mit denen er sich befasste. Die methodische Auseinandersetzung mit bestehenden Lehrmeinungen innerhalb seiner Theorien veranlasste die Reflexion auf die Geschichte der Philosophie, die dadurch als solche allererst konzipiert wird. Das führt zu einer weiteren Literaturgattung, der Philosophiegeschichtsschreibung; mit ihr beginnt die Literatur *über* Philosophie, die philosophische Sekundärliteratur, die in dem Maße anwachsen wird, in dem die Bedeutung der Philosophie als wissenschaftlicher und schulischer Disziplin zunimmt. Dem damit einhergehenden Bedürfnis nach Hilfsmitteln, in denen die Philosophie sekundär bearbeitet und für das Studium aufbereitet wird, kommen Hand- und Lehrbücher, Kompendien, Kommentare u.ä. nach.

Die Ansätze der Philosophiegeschichtsschreibung sind von Anfang an verschieden. Einer ist der doxographische, vertreten zuerst und folgenreich durch Theophrast, den Schüler und Mitarbeiter des Aristoteles. Seine – verlorenen – 18 Bücher der »Meinungen über die Physik« stellten die voraristotelischen naturphilosophischen Lehren dar; aus ihnen schöpfte – direkt oder indirekt – die spätere Überlieferung. Ein zweiter Ansatz ist der biographische. Schon die sokratischen Dialoge enthalten biographische Elemente. Vor allem die rhetorische Form der Apologie tendiert, wie das Beispiel der platonischen zeigt, zur Biographie; das liegt in der Funktion der Verteidigung. Ein Angeklagter muss zu seiner Rechtfertigung sich selber darstellen, und das umso umfassender, je grundsätzlicher die Anklage seine Lebensführung betrifft. In der »Apologie« schreibt Platon die idealisierte Biographie des Sokrates als dessen fiktive Selbstrechtfertigung.

Ausdrückliche Lebensbeschreibungen werden dann in der peripatetischen Schule angefertigt. Ein Merkmal der antiken Biographie ist – im Unterschied zur modernen – das starke Abstellen auf das Typische, im Hinblick worauf das individuelle Leben betrachtet wird. Das ist schon mit dem Wort *bios* verbunden, welches für »Lebensform« steht. Da die Unterscheidung der Lebensformen, die Platon und im Anschluss an ihn Aristoteles vornehmen, nach ethischen Maßstäben geschieht, und da die philosophische Lebensform sich als die höchste begreift, die in höchstem Maße das Ziel der Glückseligkeit realisiert, wird das Leben des Philosophen auch ethisch-exemplarisch betrachtet. Schließlich schlagen sich in den Philosophenbiographien oft die Gegensätze und die Polemiken zwischen den Schulen nieder; man bekämpfte einander nicht nur in den Lehren, sondern griff auch die herausragenden Repräsentanten der Schulkonkurrenz persönlich an, so dass viele biographische Überlieferungen abträgliche bis gehässige Tendenzen aufweisen. Für die typisierende, die exemplarische und die polemische Lebensbeschreibung bietet sich die Anekdote als ein besonders geeignetes Medium der Darstellung an.

Jünger als die beiden genannten Formen der Philosophiegeschichtsschreibung ist die dritte, die da entsteht, wo das Bedürfnis aufkommt, Übersichtlichkeit über eine angewachsene Zahl von Namen und Schulen in der Philosophie herzustellen. Das geschieht nach Art der Genealogie dadurch, dass die Lehrer-Schüler-Verhältnisse bis zu einem Ursprung zurückverfolgt werden. Zwei Ursprünge und entsprechend zwei Hauptlinien werden verzeichnet, eine ionische, die von Thales bis zu den Stoikern, und eine italische, die von Pythagoras bis zu Epikur führt. So äußerlich und – zumal im Bereich der vorsokratischen Philosophie – willkürlich konstruierend diese diadochographische Form bisweilen anmutet, so hat sie doch Wichtiges geleistet für die Vorstellung und den Begriff einer zusammenhängenden Geschichte der Philosophie. – Die drei skizzierten Methoden, die doxographische, die biographische und die diadochographische, verbinden sich in der einzigen uns vollständig erhaltenen antiken Philosophiegeschichte, der des Diogenes Laertius, über dessen singuläre Wirkungsgeschichte sie in die neuzeitliche Historiographie der Philosophie eingehen.[116]

Fortbildung der Formen im Hellenismus und in der Stoa der Kaiserzeit

Mit der Vollendung der klassischen griechischen Philosophie ist das Spektrum der literarischen Formen – wie das der Themen – für die Antike im Wesentlichen vollständig. Im Folgenden bedient man sich der vorhandenen Formen und anverwandelt sie sich; völlig neue werden nicht mehr entwickelt. – Was die Überlieferung der hellenistischen Philosophie betrifft, so ist hier die Lage so ungünstig wie bei der vorsokratischen; kaum etwas ist original erhalten. An Umfang ist der Verlust sogar, weil unvergleichlich mehr produziert wurde, sehr viel größer. Ein Kennzeichen der literarischen Produktion in der hellenistischen Philosophie ist die schiere Menge, was nicht zuletzt auf die Konkurrenz der Schulen untereinander zurückzuführen ist. Zwar hinterließen nach dem Vorbild des Sokrates manche Skeptiker, darunter Pyrrhon, der Begründer der skeptischen Schule, sowie einige Vertreter der akademischen Skepsis, überhaupt nichts Schriftliches. Die anderen Schulen dagegen, »die Peripatetiker, die Stoiker und die Epikureer, haben um die Wette geschrieben«.[117] Epikur galt als ein »Vielschreiber ersten Ranges, an Anzahl seiner Bücher alle übertreffend«. Ihn wiederum überbot der Stoiker Chrysipp, u. a. dadurch, dass er zu jeder Schrift Epikurs »aus Eifersucht eine ebenso umfangreiche Parallelschrift« lieferte; allerdings soll er seinen literarischen Rekord nur durch exzessives Ausschreiben anderer Autoren erreicht haben, wohingegen Epikur auf Zitate ganz verzichtet habe.[118]

Ein weiteres Merkmal hellenistischer philosophischer Schriftstellerei ist die literarische Anspruchslosigkeit, die die Vielschreiberei erst ermöglicht. Die Form der kunstlosen Abhandlung setzt sich durch und verdrängt den Dialog, was nicht zuletzt auf die Verschulung und Dogmatisierung der Philosophie zurückzuführen sein dürfte. »Jetzt beginnt«, so noch einmal Nietzsche, »ein Kampf gegen die schöne Form, gegen die isokrateische Musterprosa, in Stil und Gestaltung des Ganzen; die wissenschaftliche Litteratur bekämpft die künstlerische und verdrängt sie. Man schrieb in den Tag hinein. Stoiker und Epikureer gleichermaassen, die Stoiker befleissigten sich eines unkünstlerischen Stils nicht mit Absicht, die Epikureer mit Absicht.« Und Nietzsche zitiert dazu den Rhetoriker und Kritiker Dionysios von Halikarnassos: »Niemand hat schärfer die Dialektik ausgebildet als Chrysipp und Niemand hat schlechter componirt. Epikur hatte den Grundsatz, dass der Redner nur Deutlichkeit zu erstreben habe: so werde es auch nicht schwer zu schreiben, wenn man sich um das wandelbare Kunsturtheil nicht kümmere.«[119]

Auch Epikur hat sich unterschiedlicher Darstellungsformen bedient, wobei aber nicht mehr das Maß des literarischen Anspruchs, sondern allein die pädagogisch-didaktische Absicht die Wahl der Form bestimmt. Außer umfangreichen Abhandlungen verfasste er Abrisse und Kurzdarstellungen seiner Lehre; waren jene für die bestimmt, die sich dem Studium der Philosophie in aller Muße widmen konnten, so diese für solche, die wenig Zeit hatten, sowie als einprägsame Repetitorien.[120] Dass nur von den Letzteren einige vollständig überliefert sind, ist gewiss nicht bloß ein Zufall; sie waren populärer und weiter verbreitet. Dabei handelt es sich zum einen um Briefe, zum anderen um Spruchsammlungen; beide Formen sind für Epikur und sein Verständnis von Philosophie charakteristisch. Ein Brief, dem seine Form nicht nur äußerlich ist, ist Ausdruck einer persönlichen Verbundenheit. In ihm wird die abstrakte

Lehre zur adressierten Botschaft, die Theorie der Moral zum individuellen Rat und Anspruch, zu Mahnung und Aufruf. Epikurs Briefe sind freundschaftliche Zuwendungen dessen, der die Philosophie als Seelenmedizin und -therapie und sich selber als Psychagogen und Therapeuten begreift. In ihnen kommt die besorgte Bemühung des Lehrers und Meisters um die Schüler zum Ausdruck; und man versteht die dankbare Verehrung, die im Gegenzug die Schüler ihrem Lehrer entgegenbrachten.

Schon der platonische Sokrates verglich seine Unterredungen mit einem Pharmakon und sich selber mit einem Arzt; das therapeutische Verständnis der Philosophie ist also sokratisches Erbe. Während aber die ärztliche Kur des Sokrates negativ bleibt, indem sie sich auf die Ausmerzung des Krankhaften – der falschen Meinungen – beschränkt, sind Epikurs medizinische Mittel durchaus auch positiver Art; es sind konkrete Handlungsanweisungen und Ratschläge zum Heil der Seele. Die indirekte sokratische Methode wird durch direkte Belehrung ersetzt; darin zeigt sich der dogmatische Charakter der epikureischen Philosophie. Ihr Begründer ist ein Meister darin, seine moralischen Lehren in die kurze Form einprägsamer Sentenzen zu bringen, von denen der berühmte Brief an Menoikeus, das Kompendium der epikureischen Ethik, voll ist. Jeder Epikureer lernte eine Reihe solcher Sentenzen auswendig, wozu ihm eine Art Katechismus, eine Kollektion von vierzig Hauptlehren, zur Verfügung stand. Ob diese Zusammenstellung, die Diogenes Laertius vollständig überliefert,[121] auf Epikur selber zurückgeht oder ob sie später angefertigt wurde, ist ungewiss.

Brief und Sentenz sind neben der Diatribe die Hauptformen, in denen sich die späte stoische Philosophie, die der Kaiserzeit, darstellt; alle drei entsprechen deren praktischem Interesse und Absehen auf populäre Wirksamkeit. Erst aus dieser letzten Phase der Stoa besitzen wir repräsentative originale Texte; die frühe und mittlere Stoa sind uns nur durch indirekte Überlieferung bekannt wie die Doxographie des Diogenes Laertius und Ciceros eklektische Behandlung und freie Übertragung griechischer Philosophie ins Lateinische, bei der sich der Römer mal der Form der Abhandlung, mal der des Dialogs nach aristotelischem Muster bedient.

Der Brief ist die eigentliche Form Senecas, in der dieser eine charakteristische Verbindung von Moralphilosophie und Rhetorik kreiert; auch wo er Abhandlungen oder Dialoge schreibt, sind es im Grunde lange Episteln. So bilden die »Briefe an Lucilius« nicht nur das thematisch vielfältige und umfassende moralphilosophische Hauptwerk Senecas, sondern auch eines der bedeutendsten und einflussreichsten Beispiele philosophischer Briefschriftstellerei überhaupt. Während Epikur die zentralen Punkte seiner Philosophie oder eines Teilgebietes in einen Brief zusammendrängt, der damit zum Kompendium der Lehre wird, entfaltet Seneca in über hundert Episteln in loser Folge ein reiches Spektrum allgemeiner wie konkreter moralphilosophischer Themen, indem er sich mit jedem einzelnen in einem oder mehreren Briefen befasst. Er belehrt über stoische Grundsätze und Prinzipien, berät in den wesentlichen Angelegenheiten und Problemen des Lebens und der Lebensführung, mahnt sentenzenreich zu philosophischer Selbsterkenntnis und stoischer Haltung und reflektiert nicht zuletzt über die rechte philosophische Art des Lesens und Schreibens. Dabei hat das permanente Ratschlagen auch die Funktion der Selbstvergewisserung über die thematischen Gegenstände, die nach Art symbuleutischer, beratender Rhetorik im Hinblick auf das Ratsame, unter dem Aspekt der Klugheit also, betrachtet werden. Freilich ist es eine intime Rhetorik, die sich statt an ein Publikum an den Einzelnen wendet, dessen individuelle Umstände, Reaktionen und Entwicklungen sie berücksichtigt. Dazu heißt es im 38. Brief »Die beste Art der philosophischen Mitteilung«, der gleichsam als Kommentar der eigenen Form gelesen werden muss: »Am meisten nützt eine Mitteilung, die in kleinen Abschnitten in die Seele eingeht: ausgearbeitete, vor einem horchenden Volke hinströmende Vorträge haben mehr Geräuschvolles, weniger Vertrauliches. Die Philosophie ist ein guter Rat: einen Rat erteilt man nicht mit Schreien. Mitunter muß man sich zwar auch jener – daß ich so sage – volksrednerischen Form bedienen, wo ein Unentschlossener anzutreiben ist. Aber wo es sich nicht darum handelt, daß einer lernen wolle, sondern daß er lerne, hat man sich zu dieser gelassenen Sprache zu wenden. Sie geht leichter ein und haftet besser, denn man braucht nicht viele, aber wirksame Worte. Man streue sie aus wie Samenkörner: so klein diese sind, so entwickeln sie doch, wenn sie einen geeigneten Boden treffen, ihre Kräfte und entfalten aus dem kleinsten Umfange das größte Wachstum.«[122]

Auf die neuzeitliche Moralistik, vor allem die französische von Montaigne bis Diderot, hat Senecas symbuleutische Behandlung moralphilosophischer Themen und Probleme großen Einfluss ausgeübt. – Nietzsche dagegen empfand die Rhetorik und war verstimmt: »*Seneca et hoc genus omne.* Das schreibt und schreibt sein unausste-/lich weises Larifari,/Als gält es *primum scribere,/Deinde philosophari.*«[123]

Neben dem ausgeprägten, rhetorisch ambitionierten und versierten Literaten Seneca ist Epiktet, der zweite namhafte Repräsentant der jüngeren Stoa, der Gegentyp des aliterarischen Philosophen nach dem Vorbild des Sokrates; wie dieser hat Epiktet nichts geschrieben, sondern ausschließlich mündlich unterrichtet. Die schriftliche Fixierung seiner Philosophie ist das Werk seines Schülers Arrian, der sie in zweifacher Form niedergelegt hat. Die eine ist die der Diatribe, mit der er die Reden seines Lehrers getreu und ohne literarische Verfälschung in ihrer authentischen Weise bewahrt haben will. »Ich habe mich bemüht«, schreibt er in der Vorrede an seinen Adressaten, »was ich aus Epiktets Munde gehört habe, möglichst in seinen eigenen Worten niederzuschreiben, um für mich selbst einige Erinnerungen an seinen klaren Geist und an seine Freimütigkeit zu haben. Es herrscht demnach in ihnen, wie natürlich, diejenige Art zu reden, die gebräuchlich ist, wenn man sich von ungefähr mit jemand in eine Unterredung einläßt; und gar nicht diejenige, deren man sich befleißigt, wenn man für künftige Leser schreibt.«[124] Wie Epiktet sich als Sokrates, so gibt sich Arrian als dessen Xenophon. Während aber der literarische Charakter der sokratischen Memorabilien des Letzteren, in denen man lange den wirklichen Sokrates zu sehen glaubte, inzwischen durchschaut ist, ist noch umstritten, ob Arrian Authentizität tatsächlich bietet oder ob er sie nur – und in welchem Maße – literarisch fingiert; sollte Letzteres der Fall sein, so ist ihm das in hohem Maße gelungen, und er hätte den Ton der Lebendigkeit und Natürlichkeit, in dem er Epiktet reden lässt, höchst kunstvoll erzeugt.

Zwar sind die Diatriben im Gesprächston gehalten, und sie werden deswegen nicht selten als »Unterredungen« bezeichnet. Epiktet spricht zu jemandem, geht von Bemerkungen anderer aus, greift Fragen auf, begegnet Zweifeln, warnt, ermahnt und ermuntert etc. Doch unterscheiden sich seine lehrhaften Gespräche von den sokratischen, wie sie Platon darstellt, erheblich. Sie haben nicht deren elenktischen oder maieutischen Charakter, sondern einen durchweg paränetischen; sie sind aufgelockerte Paränesen. Epiktet redet nicht mit jemandem, um mit ihm Gedanken zu entwickeln oder sie ihn entwickeln zu lassen, sondern er redet ihm zu und auf ihn ein, um ihm die richtigen Gedanken seiner kynisch-stoischen Moral zu vermitteln. Daher bleibt der Adressat zumeist ein anonymes »Du«, während er im sokratischen Dialog ein individueller Charakter ist, und es ist nicht verwunderlich, dass das Gespräch ohne weiteres ins Selbstgespräch umschlagen oder dadurch ersetzt werden kann.

Wie die Epikureer oder Epikur selber aus seinen Schriften, so hat Arrian aus den Diatriben Epiktets repräsentative Sentenzen gezogen; das ist die zweite Form, in der dessen Philosophie von ihm literarisch fixiert wurde, und vor allem in ihr hat sie gewirkt. Gut fünfzig solcher spruchartigen Merksätze und aphoristischer Reflexionen sind in dem »Encheiridion«, dem »Handbüchlein«, zusammengestellt, zur steten Verfügung und Verwendung parat. »Encheiridion« meint u. a. die Handwaffe, den Dolch, was auch auf die zugespitze und geschärfte Formulierung verweist, in der hier die stoische Moral als Waffe zur Hand ist, die Gefährdungen abzuwehren, denen der Einzelne in seinem Streben nach Glückseligkeit ausgesetzt ist. Nicht nur in der späten Antike, sondern bis in die Neuzeit hinein war das »Handbüchlein« beliebt und eine Hauptquelle stoischer Moral, die sich auch christlicher Anverwandlung empfahl.

Der letzte namhafte Repräsentant der jüngeren und damit der letzte der antiken Stoa überhaupt ist Marc Aurel, sein Buch das letzte große literarische Dokument der stoischen Philosophie; nicht so sehr, was es dazu beiträgt, ist bemerkenswert – darin ist es nicht originell –, sondern wie es das tut. Marc Aurel ist kein philosophischer Lehrer wie Epiktet, den er bewundert, sondern als der »Philosoph auf dem Kaiserthron« lediglich ein praktizierender Stoiker, der freilich das Bild vom stoischen Typus erheblich mitgeprägt hat und der vor allem philosophisch ambitionierten Regenten wie Friedrich d. Gr. als Vorbild und Identifikationsgestalt diente. Doch ist dieser unprofessionelle, rein private philosophische Status nur eine unzureichende Erklärung dafür, dass der Autor sich mit seinen Aufzeichnungen nicht an andere, sondern ausschließlich an sich selbst wendet. Das besagt der Titel »Eis heauton«, der mit »Selbstbetrachtungen« – so nicht selten die Übersetzung – irreführend wiedergegeben ist. Denn Marc Aurel redet weniger über als vielmehr mit sich selbst, oder besser noch: er redet zu sich selbst und sich selbst an; er ermahnt nur sich selbst. Fast möchte man es symbolisch nehmen, dass am Ende der antiken stoischen Philosophie einer steht, der nicht mehr nach außen hin predigt, der Mensch solle sich, um sein Glück nicht zu gefährden, auf sich selbst zurückziehen und sich autark machen, sondern der das nur noch sich selber sagt und der damit den stoischen Rückzug auf sich selbst auch literarisch realisiert. Was im Sokratismus als Dialog begann, endet als radikales Selbstgespräch. Und das in einer verknappten aphoristischen Form ohne jede rhetorische Weitschweifigkeit.

Plotins Enneaden

Der Neuplatonismus, in dem die spätantike Philosophie zusammen- und mit dem sie ausläuft, hat in Plotin seinen vorzüglichsten Repräsentanten. »Unter den griechischen Philosophen der römischen Kaiserzeit«, bemerkte vor einem halben Jahrhundert sein Übersetzer R. Harder zum Rang Plotins, »waren für frühere Generationen die bekanntesten Epiktet aus dem 1. und Marc Aurel aus dem 2. Jahrhundert n. Chr., beide Anhänger der stoischen Lehre. Plotin, der Platoniker aus dem 3. Jahrhundert n. Chr., galt als dunkel oder phantastisch und wurde wenig beachtet. Erst in den letzten Jahrzehnten hat sich die Erkenntnis durchgesetzt, daß unter den uns erhaltenen griechischen Philosophen zunächst den Klassikern Plato und Aristoteles dieser späte Nachfahr, der am Ende des klassischen Altertums steht, der bedeutendste Denker und Anreger gewesen ist.«[125]

Wie Epiktet und anders als Marc Aurel ist Plotin Lehrer der Philosophie, und seine Schriften stehen in engem Zusammenhang mit dieser Tätigkeit; das nicht nur inhaltlich, sondern auch in ihrer formalen Gestaltung. Plotin ist kein genuiner Literat, im Gegenteil; sein eigentliches Medium ist das mündliche. »Seine Schriftlichkeit war ganz vom Wort getragen, man könnte sagen eigentlich unschriftlich. Er war ein Fremdling im literarischen Getriebe dieses ›Dinten klecksenden Saeculums‹.«[126] Zwar hat er im Unterschied zu Epiktet letztlich doch nicht auf die schriftliche Fixierung seiner Lehre verzichtet; aber er begann damit erst im Alter von fast fünfzig Jahren, als er schon zehn Jahre lang gelehrt hatte, und er veröffentlichte seine Schriften nicht, sondern machte sie nur einem kleinen Kreis von Schülern zugänglich. Einer davon, Porphyrios, der auch sein Biograph wurde, hat sie nach seinem Tod herausgegeben, indem er sie zu sechs Gruppen von jeweils neun Schriften – »Enneaden« – anordnete. Dabei ließ er sich nach eigener Angabe sowohl von sachlich-systematischen Gesichtspunkten nach dem Vorbild der Aristoteles-Ausgabe des Andronikos als auch von der Zahlensymbolik leiten,[127] wohl aber mehr von dieser als von jenen.

Der antike Biograph führt die lange Abstinenz vom Schreiben auf eine Vereinbarung zurück, die Plotin als Schüler des Ammonios mit zwei Studienkollegen getroffen hatte. Sie hatten verabredet, von den Lehren des Ammonios nichts zu publizieren. Nun unterrichtete Plotin zwar nach dessen Vorlesungen, fixierte aber nichts schriftlich. Das tat er erst, nachdem die beiden anderen die Verabredung gebrochen hatten. Was der Sinn dieser Abrede war, ein esoterischer oder ein urheberrechtlicher etwa, wie Harder vermutet,[128] lässt sich endgültig wohl nicht entscheiden.

Man hat gemeint, Plotins Schriften seien »noch am ehesten mit den aristotelischen Lehrschriften, weniger mit den ausgefeilten Kunstwerken der platonischen Dialoge zu vergleichen«.[129] Doch selbst mit der Einschränkung scheint mir der Vergleich mit den Lehrschriften des Aristoteles verfehlt. Zwar trifft zu, dass Plotin keine literarischen Kunstwerke ausgearbeitet hat. Nach der Darstellung des Porphyrios schrieb er den jeweiligen Text in einem

Zuge herunter, nachdem er ihn zuvor in Gedanken konzipiert hatte, und das so fließend, »daß man glauben könnte, er entnehme es einem Buche«.[130] Seine große Fähigkeit zur Konzentration zeigte sich darin, dass er, während er bei seinem Text war, sich gleichzeitig mit anderen unterhalten konnte; er war ebenso bei sich selbst wie bei den anderen. Die permanente, nur vom Schlaf unterbrochene »Aufmerksamkeit auf sich selber« (*prosoche*) wird durch Askese herbeigeführt, die den Geist gegen die Ablenkungen durch die niederen Seelenteile abschirmt; sie gehört vor allem bei den Stoikern zur philosophischen Lebensform.[131] Und noch den Schlaf suchte Plotin durch Fasten zu beschränken.

Er schrieb, heißt es weiter bei Porphyrios, ohne Rücksicht auf Kalligraphie und Orthographie, allein auf den Sinn bedacht. Den so niedergelegten Text las er nicht wieder und nahm auch keine Korrekturen daran vor; das erlaubte ihm schon seine nachlassende Sehkraft nicht mehr. Dies sowie die Darstellung der Unterrichtsweise Plotins lassen vermuten, dass die Schriften nicht als Unterlage für die Vorlesungen dienten, sondern eher umgekehrt daran anschlossen, ihre Gedankengänge aufgriffen und weiterführten; dabei nahmen sie deren Methode, Stil und Diktion weitgehend auf. Wie in dieser Zeit üblich, ging Plotin in seinen Lehrveranstaltungen zunächst von Texten aus; er ließ Kommentare zu Platon und Aristoteles verlesen. Die Erläuterung solcher Texte wird der Standard des zeitgenössischen Unterrichts gewesen sein, von dem Plotin sich dadurch abhob, dass er es nicht bei der Vermittlung fremder Gedanken bewenden ließ; »er war originell und ungewöhnlich in seinem wissenschaftlichen Denken, und brachte den Geist des Ammonios in die Untersuchungen hinein. Rasch war er damit fertig, gab mit wenigen Worten den Sinn einer tiefgreifenden Lehre, und erhob sich.«[132] Ebenso schließt Plotin in seinen Schriften gewöhnlich an die Klassiker Platon und Aristoteles an, die er auslegt. Wo seine Eigenständigkeit beginnt und wo er sich in den Bahnen vorhandener Platoninterpretationen bewegt, war seinerzeit umstritten. Es gab Plagiatsvorwürfe, denen Porphyrios ausführlich und mit Gutachten namhafter Experten entgegentrat.

Wie in seinen Vorlesungen doziert Plotin in seinen Schriften kein fertiges Wissen. Sein Unterricht sei, »da er die Hörer anregen wollte, voll von Durcheinander und vielem Gerede« gewesen.[133] Damit mochte er manchen enttäuschen, der aus den Vorlesungen Lehrsätze schwarz auf weiß nach Hause tragen wollte. Aufschlussreich zu dem seinerzeit üblichen wie zu dem davon abweichenden Unterrichtsstil ist eine Episode, die Porphyrios erzählt: Nachdem er einmal drei Tage lang Plotin zum Leib-Seele-Problem befragt habe und darüber diskutiert worden sei, sei entnervt ein Schüler aufgestanden, habe eine »allgemeine Vorlesung« und etwas »zum Nachschreiben« verlangt und geäußert, »das Frage- und Antwortspiel mit Porphyrios sei nicht zum Aushalten«, worauf Plotin geantwortet habe: »Aber wenn wir nicht die Probleme lösen, die Porphyrios in seinen Fragen aufwirft, werden wir schlechterdings nicht in der Lage sein, irgend etwas zum Nachschreiben Geeignetes vorzutragen.«[134] Dieses dialogische Verfahren findet sich in den Schriften verinnerlicht wieder; auch in ihnen werden Probleme und Gedanken geklärt, indem Fragen aufgeworfen, Einwände erhoben, Gegenargumente vorgebracht werden, womit Plotin selber den Gang der Untersuchung immer wieder sowohl unterbricht als auch vorantreibt.

Zwei weitere von Porphyrios beschriebene Merkmale der mündlichen Lehre spiegeln sich gewissermaßen in den Schriften. Der Unterricht erfüllte nicht die üblichen Erwartungen an rhetorischen Aufwand und didaktischer Zubereitung. Plotin sei von seinen Kritikern nicht verstanden und sei von ihnen missachtet worden, »weil er sich rein hielt von allem rhetorischen Aufputz und Pomp, sondern in seinen Vorlesungen nahm es sich aus als sei er in einem Gespräch begriffen, auch trat für niemanden so bald die logische Notwendigkeit zu Tage die in seiner Rede enthalten war«.[135] Der gänzlichen Vernachlässigung gewöhnlicher Vorlesungsrhetorik und -didaktik entsprach jedoch ein tiefes und persönliches Engagement im Vortrag, eine Ergriffenheit für den Gedanken, die ihn geradezu verklärt erscheinen ließ. Frei von üblicher Beredsamkeit, aber leidenschaftlich bewegt sind auch die Schriften: »Beim Schreiben war er wortkarg, gedankenschwer, knapp, reicher an Gedanken als an Worten; meist schrieb er in höherer Begeisterung und voller Leidenschaft.«[136]

Es ist diese subjektive Bewegtheit, die die Schriften Plotins von der Nüchternheit und Objektivität der aristotelischen Pragmatien so sehr unterscheidet. Seine Philosophie darzustellen sei schwierig, meinte Hegel. Die Schwierigkeit besteht darin, dass sie sich nicht in ihren objektiven Gedanken und Inhalten erschöpft, weder in den einzelnen Inhalten und konkreten Gedanken als solchen noch in deren systematischer Entwicklung, die in der Rückführung auf das Eine als das höchste Prinzip besteht. »Es ist Plotin nicht darum zu tun, die Gegenstände in ihrer Bestimmtheit aufzufassen, wie Aristoteles, sondern sie zu ihrer Einheit zurückzuführen und das Substantielle gegenüber ihrem Schein geltend zu machen. Die Hauptsache, das Charakteristische in Plotin ist die hohe Begeisterung für die Erhebung des Geistes zum Guten und Wahren, zu dem, was an und für sich ist.« Die »Hauptsache« sind nicht die Gedanken als solche, es ist vielmehr der Gang der Gedanken. Der aber lässt sich nicht auf eine objektive, abstrakt darzustellende und rational nachvollziehbare Methode reduzieren, die als fertige übernommen und allgemein angewandt werden könnte. Der Gang der Gedanken ist die enthusiastische »Erhebung des Geistes«, die immer neu begonnen, eingeübt und praktiziert werden muss. Plotins Schriften drücken diese Begeisterung aus, um sie dem Leser mitzuteilen und ihn damit zu infizieren; sie motivieren ihn, stacheln ihn an und reißen ihn mit. Sie sind meditativ und psychagogisch zugleich, und wie bei allen solchen Übungen ist die permanente Wiederholung wesentlich.

Hegel, dessen Ideal philosophischer Darstellung das System ist, hat für die meditative und psychagogische Rhetorik der »Enneaden« bezeichnenderweise wenig Verständnis; sie langweilt ihn, weil er von einer ganz anderen, neuzeitlichen Vorstellung über die Funktion philosophischer Texte ausgeht. »Die Darstellung ist schwierig, nichts weniger als eine systematische Entwickelung. Im Ganzen ist die Manier Plotins, daß er immer das Besondere zurückführt auf das ganz Allgemeine. Plotins Geist schwebt über jeder einzelnen Materie und behandelt diese räsonierend und dialektisch, führt sie aber alle zu Einer Idee zurück. So sind gewisse Hauptgedanken unendlich oft wiederholt. Die Lektüre seiner Schriften hat deswegen etwas Ermüdendes, eben weil das Besondere, von dem angefangen wird, im Ganzen immer auf dasselbe zurückgeführt wird.«[137]

Schulische Formen

Philosophie gibt es, außer in der Literatur, in der Schule. Das zeigt der Blick in die jüngere Geschichte, in der die schulische neben der literarischen die einzig nennenswerte Form zu sein scheint, in der die Philosophie überhaupt existiert. Dabei besteht zwischen diesen beiden Formen eine enge Interdependenz: Vor allem in der und für die Schule wird die philosophische Literatur gelesen und bearbeitet; aus der Schule geht der größte Teil der neuen philosophischen Literatur hervor, und für sie wird er geschrieben, was wiederum die Form bestimmt. Die Schule ist der eigentliche Ort der Vermittlung von Philosophie; demgemäß sind die Philosophen heute in den meisten Fällen Lehrer und Professoren, als solche besoldete Beamte, denen Schopenhauer bekanntlich vorgeworfen hat, dass sie von der Philosophie statt für sie leben.[138]

Ihren Platz in der Schule dürfte die Philosophie in der jüngeren Zeit vornehmlich jenem Verständnis verdanken, wonach sie Teil der allgemeinen Bildung ist, mit dem die maßgeblichen Bildungsträger folglich vertraut sein sollten. Vor allem im Hinblick darauf braucht man Philosophen, die hauptamtlich den Bestand dieser Bildung gewährleisten. Manchmal kommen konkretere Anforderungen und Aufgaben hinzu wie neuerdings die, die aus einem wachsenden Bedürfnis nach ethischer Orientierung resultieren: die federführende Beteiligung an der Entwicklung einer ganzen Reihe von Bereichsethiken – von der medizinischen über die ökologische zur Wirtschaftsethik – und an einem neu eingeführten Ethikunterricht, der den rapiden Schwund traditionell religiöser Moralerziehung und -begründung kompensieren soll.

Der Begriff der schulischen Form der Philosophie hat noch eine zweite Bedeutung neben der eben skizzierten, nämlich die, dass es Schulen innerhalb der Philosophie gibt. Die Philosophie ist Teil der Schule, und sie teilt sich in Schulen; die Schule ist auch die Form der inneren Gliederung und Organisation der Philosophie. Wir kennen, um nur einige Beispiele aus der Gegenwart wie aus der jüngsten Vergangenheit zu nennen, die analytische und die hermeneutische Schule, die Frankfurter Schule und die Heidegger-Schule, die phänomenologische Schule Husserls oder die Schule des Neukantianismus. Der Begriff bezeichnet dann eine bestimmte Ausrichtung, die Einheit einer Lehre oder Methode.

In beiderlei Weise ist die Schule Form schon der antiken Philosophie, und ihre Bedeutung ist darin größer als in der Neuzeit. So ist sie nicht nur wie heute ein Fach unter vielen in der Schule, sondern eine von zwei Formen des höheren Unterrichts; die andere ist die Rhetorik. Die Kontinuität der philosophischen Tradition beruht nicht zuletzt auf schulischen Institutionen und Organisationen – wie überhaupt der ganze Bereich der Pädagogik eher konservativ zu behandeln ist; permanente Reformen bekommen ihm nicht gut. Dennoch muss man sich, wie bei den literarischen Formen, so auch hier davor hüten, moderne Vorstellungen auf die Antike zu projizieren. Neben manchem, was sich kaum verändert hat, gibt es erhebliche Unterschiede, und man darf nicht einfach davon ausgehen, die Philosophie sei in derselben Weise wie heute in Schulen und an Universitäten gelehrt worden.

In demselben Maße, wie die antike Philosophie überhaupt, so verdankt sich auch ihre schulische Form wesentlich Platon. Zwar hat sich in der Philosophiegeschichtsschreibung die Gewohnheit eingebürgert, auch bei den Vorsokratikern von Schulen – der milesischen, der eleatischen oder atomistischen zum Beispiel – zu sprechen. Doch haben wir über einen wirklichen Schulbetrieb in dieser frühesten Epoche keinerlei Kenntnisse, und wir sollten bis zum Beweis des Gegenteils davon ausgehen, dass die Bezeichnung in diesem Zusammenhang ein Anachronismus ist. Die erste philosophische Schule, die den Namen in vollem Umfang verdient, ist die Akademie, die Schule Platons, der sie in den ersten Jahrzehnten des 4. Jahrhunderts v. Chr. gegründet hat.

Dennoch ist diese Schulgründung nicht ohne Voraussetzungen, Vorbilder und Anregungen. Ältere Muster und Praktiken gehen in den philosophischen Schulbetrieb ein, von denen manche sich dort lange halten. Dazu gehört das enge Lehrer-Schüler-Verhältnis, in dem noch vor dem Bestehen eines regelrechten schulischen Unterrichts Wissen weitergereicht wird, eine Beziehung wie die zwischen Meister und Lehrling, die man sich als Grundlage früher ärztlicher Ausbildung, aber auch als die Art und Weise vorstellen kann, in der die Vorsokratiker ihr Wissen weitergaben. Dieses Verhältnis, in dem der Keim der Schule liegt, ist in der frühen klassischen Zeit nicht selten homoerotisch gefärbt, wie die platonischen Dialoge durchblicken lassen, die damit Rückschlüsse auch auf die Akademie selber nahe legen. Da die philosophischen Schulen keine öffentlichen, sondern rein private Einrichtungen sind, ist der Erfolg einer Gründung von dem Charisma des Begründers abhängig. Es ist bezeichnend, dass am Beginn durchweg charismatische Lehrergestalten stehen, die mit der Etablierung der jeweiligen Schule seltener werden; wer sich berufen fühlt, gründet eine eigene Schule oder die Filiale einer bestehenden oder versammelt einfach Schüler um sich, ohne damit weitergehende schulbildende Absichten zu verfolgen.

Sophistischer und sokratischer Unterricht

Ein wesentlicher Schritt im Vorfeld philosophischer Schulgründung ist das Auftreten der Sophisten. Diese ersten professionellen Lehrer eines höheren Unterrichts in Griechenland eröffnen ganz neue pädagogische Bereiche und Möglichkeiten, und sie provozieren Reaktionen seitens der Philosophen, aus denen konkurrierende alternative Konzeptionen hervorgehen. Der sophistische Unterricht ist ein höherer gegenüber jenen elementaren Kenntnissen in Rechnen, Lesen und Schreiben, mit denen die Kinder vertraut gemacht werden; er wendet sich auch nicht an Kinder, sondern an die jungen Leute, die die Elementarschule hinter sich gebracht haben. Er kann, wie bei Hippias, einen geradezu enzyklopädischen Umfang annehmen: Arithmetik, Astronomie, Geometrie, Harmonik – die Fächer, die später das Quadrivium der *artes liberales* bilden –, dann Philologie, Dichterinterpretationen, Geschichte, Mnemotechnik.[139] Hauptsächlich aber besteht das sophistische Lehrprogramm in der Rhetorik, womit sich die Verheißung verbindet, in allen Bereichen des privaten und öffentlichen Lebens erfolgreich zu sein; Reden und Handeln bedingen einander. Die Sophisten versprechen nichts weniger, als den allseits fähigen Bürger heranzubilden und seine Tugenden zu lehren; sie intendieren Bildung in jenem umfassenden Sinne, der sich noch heute mit dem Begriff verbindet, und das geht in der Tat weit über das hinaus, was Elementarschule und Gymnasion, das sportliche Trainingszentrum, zu bieten haben. Wie begierig das sophistische Lehrangebot aufgegriffen wurde, schildern die platonischen Dialoge, am eindringlichsten der Anfang des »Protagoras«.

Der sophistische Unterricht ist aber auch etwas anderes als der im persönlichen Lehrer-Schüler-Verhältnis. Er hat eine geschäftliche Basis. Der Sophist lässt sich seinen Unterricht nach festen Sätzen bezahlen. Deswegen ist ihm an möglichst vielen Schülern gelegen, um die er in öffentlichen Vorstellungen regelrecht wirbt; solche Schaureden ziehen gewöhnlich ein großes Publikum an. Der eigentliche Unterricht findet dann in honorarpflichtigen Kursen statt, von denen es Varianten in Länge und Intensität gibt, für die entsprechend unterschiedliche Honorare verlangt werden. Vor allem der Geschäftssinn dürfte die Sophisten zu ihrer notorischen Wandertätigkeit veranlasst haben: War in einer Stadt das Reservoir an Schülern erschöpft, zog der Lehrer in eine andere, wo er erneut seinen Kursus anbot.[140]

Mit der Opposition, in die bei Platon die Philosophie zur Sophistik tritt, verbindet sich wesentlich eine andere, gegensätzliche Auffassung von Bildung, die nicht zuletzt darin zum Ausdruck kommt, dass der platonische Sokrates auch in seinem äußeren Verhalten als der Gegentyp zum sophistischen Wanderlehrer und pädagogischen Geschäftemacher erscheint: Er zieht nicht von Stadt zu Stadt, sondern bleibt stets in Athen. Seine Lehre erschöpft sich nicht wie die der Sophisten, und ihm gehen die Schüler nicht aus. Zwar wird ihm vom Rhetor vorgehalten, dass er immer dasselbe sage, was nach den Regeln sophistischer Rhetorik ein Fehler ist, da dadurch das Publikum gelangweilt wird; der sophistische Rhetor muss immer Neues bieten, um sein Publikum bei der Stange zu halten. Sokrates sagt nicht nur, wie er dem sophistisch-rhetorischen Vorwurf witzig entgegnet, dasselbe, sondern sogar dasselbe über dasselbe;[141] eben das lehrt er, und darin besteht der Unterschied zwischen sophistischer und sokratisch-philosophischer Redekunst: Der sophistische Rhetor verwickelt sich, weil er nie dasselbe über dasselbe sagt, in Widersprüche, was sich freilich nur einer philosophisch geschulten Aufmerksamkeit zeigt, während es dem auf Unterhaltung erpichten Publikum verborgen bleibt. Die Macht der sokratischen Rede dagegen liegt in ihrem logischen Zwang, dem sich niemand entziehen kann, der sich einmal darauf eingelassen hat.

Anders als die Sophisten nimmt Sokrates für seine philosophischen Gespräche kein Geld; Platon lässt ihn das sophistische Honorarwesen mit dem Spott einer Ironie geißeln, die kaum anderswo so sarkastisch ausfällt wie in diesem Punkt. Die Kritik an den finanziellen Interessen der Sophisten gerät so prinzipiell, weil Platon darin ein grundsätzliches und gefährliches Missverständnis über das Wesen des Wissens und der Wahrheit sieht. Indem der Sophist sein Wissen verkauft, degradiert er es zur Ware. Nach platonischem Verständnis ist die Wahrheit der Erkenntnis kein beliebiges Handelsobjekt, das gegen Bezahlung von Hand zu Hand oder vielmehr von Kopf zu Kopf wandern kann, sondern eine Leistung und ein Gut, das letztlich jeder aus sich selbst heraus und für sich selbst erbringen muss. Was der Sophist anbietet, kann daher kein persönlich verbindliches Wissen sein, sondern nur etwas, das so unpersönlich ist wie eine Ware: eine beliebige Meinung.

Platon hat in seiner Kritik der Sophistik auf ein Problem aufmerksam gemacht, das mit der Einführung des Geldes aufkommt und das sich verschärft, je mehr Bereiche von ihm erfasst werden: die Gefahr nämlich, dass das Geld zum Maßstab auch für Werte und Güter gemacht wird, die von Natur aus damit inkommensurabel sind und die so durch die Reduzierung auf den einzigen und allgemeinen Wert des Geldes entwertet werden. Das Geldwesen bietet dem Zynismus Vorschub, wie der Philosoph des Geldes, Georg Simmel, konstatiert und beschrieben hat: »Der Begriff des Marktpreises für Werte, die ihrem Wesen nach jede Schätzung außer der an ihren eigenen Kategorien und Idealen ablehnen, ist die vollendete Objektivierung dessen, was der Zynismus in subjektivem Reflex darstellt.«[142] Als Zyniker *avant la lettre* erscheinen in Platons polemischer Charakterisierung die Sophisten: Ist für den sophistischen Pädagogen das Geld, so für den sophistischen Rhetor die Macht der einzige Wert, an dem alles gemessen und dem alles unterworfen wird. Sophistik ist Geld- und Machtzynismus.

An dem Idealismus, den Platon dem entgegensetzt, irritiert die Diskrepanz seiner beiden Seiten, mit denen er sich in den Dialogen präsentiert. Die eine tritt in der pädagogischen Praxis des Sokrates in Erscheinung. Er ist die ideale Lehrergestalt und als solche in die abendländische Geistes- und Pädagogikgeschichte eingegangen. Indem er auf Bezahlung verzichtet, entgeht er der Versuchung, die Lehre zum Geschäft zu machen, das in erster Linie auf den Vorteil des Lehrers bedacht ist. Er hält keine Vorlesungen oder Vorträge vor großem Auditorium, sondern unterrichtet Einzelne, wobei die Form des Gesprächs der Individualität und den je eigenen Bedürfnissen des Schülers Rechnung trägt. Seine individuelle, maieutische Methode, die aus der Ablehnung des sophistischen Umgangs mit dem Wissen als Ware resultiert, ist die musterhafte Lösung des pädagogischen Grundproblems der Erziehung zur Selbständigkeit und Mündigkeit. Sie trichtert nicht fertiges Wissen ein, sondern erzeugt Einsicht im Schüler und fördert seine selbsttätige Erkenntnis. Diese Einsicht schließlich betrifft die richtige Lebensführung, die nicht, wie bei den Sophisten, am äußeren Erfolg bemessen wird, sondern am Zustand der Seele, an ihrem Heil. So vereint Sokrates in sich die Funktionen des Lehrers, des Erziehers und des Seelsorgers. Diese Verbindung kennzeichnet den antiken Philosophen, während mit dem Christentum die dritte Funktion sich mehr und mehr verselbständigt: Der Seelsorger tritt neben den Lehrer. In der Neuzeit beschränkt sich der professionelle Philosoph gewöhnlich darauf, theoretisch zu lehren; er hält sich weder verantwortlich dafür noch dazu befugt, den Bezug der abstrakten Lehre zur individuellen Lebenssituation des Schülers herzustellen.

Die andere, objektive Seite, der theoretische Gehalt der platonischen Erziehungskonzeption, wie sie im »Staat« dargestellt ist, scheint zu der liberalen, einfühlsamen und individuell abgestimmten Erziehungspraxis des Sokrates in scharfem Kontrast zu stehen. Das zeigt vor allem die Verdichtung des Höhlengleichnisses, das den philosophischen Bildungsweg, den Aufstieg zu den Ideen, als eine einzige Tortur für den Zögling beschreibt. Wie die erste pädagogische Maßnahme, die Entfesselung des zu Bildenden und die Nötigung zur Umwendung seines Blicks, so geschieht jeder Fortschritt beim Aufstieg nur unter Zwang. Gewalt beherrscht die Erziehung der Philosophen, nicht, wie es das Wort »Philosophie« besagt, die Liebe oder das Verlangen. Dass es Sokrates selber ist, der diese Konzeption vorträgt und seinen Hörern zumutet, verschärft nur den Kontrast, der der Platoninterpretation die vielleicht größte Schwierigkeit und Herausforderung bereitet; mancher hat davor kapituliert und den Bruch als konstitutives Merkmal des Platonismus hingenommen.[143]

Was die Art und Weise der Lehre sowie den Schulcharakter derjenigen Sokratiker betrifft, die in der Philosophiegeschichtsschreibung gewöhnlich als die »kleinen« oder »einseitigen« bezeichnet werden, so stehen sie gewissermaßen zwischen den Sophisten und Platon, dessen überragende Größe und Universalität ihnen die Bezeichnungen eingebracht haben; der für Platon elementare Gegensatz der Philosophie zur Sophistik ist bei ihnen weniger oder kaum ausgeprägt. Sie sind wie die Sophisten Lehrer und Erzieher, die ihren Unterricht als Gewerbe betreiben. Die Nähe zum sophistischen Typus ist bei Aristipp am größten, dementsprechend auch die Differenz zur Gestalt des Sokrates, was sich in einem aufwendigen Lebensstil wie in kritischen Bemerkungen des Sokrates dazu manifestiert. Aristipp habe, so heißt es, als Erster unter den Sokratikern sich seine Lehrtätigkeit bezahlen lassen.[144] Die vielen Anekdoten zu seiner Lebensart lassen auf beträchtliche Einkünfte dank hoher Honorare und großer Schülerzahlen – ganz nach Art der Sophisten – schließen. Seine ungenierte, unsokratische, aber gewitzte Art, Geld zu verlangen, illustrieren Anekdoten über seinen Aufenthalt am Hof von Syrakus, wo er, wie andere Sokratiker auch, Umgang mit dem Tyrannen pflegte. Er scheute sich nicht, diesen direkt um Geld anzugehen. Der hielt ihm entgegen, er habe doch gelehrt, der Weise werde nie in Verlegenheit geraten. »›Nur erst heraus mit dem Geld‹, fiel ihm Aristipp ins Wort, ›dann wollen wir über diese meine Äußerung weiter reden.‹ Als er darauf das Geld erhalten, sagte er: ›du siehst, ich bin nicht in Verlegenheit geraten.‹«[145]

Wie Aristipp Geld großzügig einnahm, so gab er es auch großzügig aus, und das nicht nur für sich. Der Bericht über die Bezahlung, die er verlangte, erzählt auch, er habe von seinen Einnahmen eine erhebliche Summe seinem Lehrer Sokrates zukommen lassen; der allerdings sei darüber ungehalten gewesen und habe das Geld zurückgeschickt mit der Begründung, sein Daimonion verbiete ihm die Annahme. Nicht einmal indirekt, über seine Schüler, wollte Sokrates an seiner Lehre verdienen, und er missbilligte das Verhalten des Schülers. Die Erzählung illustriert freilich auch, dass Aristipp nicht der Typ dessen ist, der Geld um seiner selbst willen rafft. Sein legerer Umgang damit hat einen Zug von Bonhomie, der die gesamte Lebensart des Aristipp auszeichnet und seine Ethik der Lust von einem kruden Hedonismus abhebt. Was er lehrt und lebt, ist stimmig; das wird zum Erfolg seiner Lehre – zusätzlich zum Inhalt – nicht unerheblich beigetragen haben. – Aristipp erfüllt auch das zweite äußere Kriterium sophistischer Lehrtätigkeit, nämlich die Ortsungebundenheit, die ihn andererseits von Sokrates und seinen sokratischen Kollegen unterscheidet und die wie bei den Sophisten zu vielen Schülern und entsprechendem Einkommen geführt haben wird.

Er war nur der erste von denjenigen Sokratikern, die sich ihren Unterricht nach sophistischer Manier bezahlen ließen. Aischines von Sphettos, dessen sokratische Dialoge stilistisch zu den Mustern der Gattung zählten und der als besonders anhänglicher Schüler des Sokrates galt, soll nicht nur für Geld Vorträge gehalten, sondern sich sogar auf das Geschäft des Logographen, des bezahlten Redenschreibers, verlegt haben, weil er sich nicht traute, nach den erfolgreichen Lehrern Aristipp und Platon Unterricht zu erteilen. Er betrieb also die Rhetorik in ihrer am wenigsten reputierlichen Weise als Lohnunternehmen. Außerdem ließ er sich gegen die Widmung einiger Dialoge von den Syrakuser Tyrannen beschenken. Dass solches – durchaus nicht unübliche – Gebaren nicht im Sinne seines Lehrers Sokrates war, will wohl eine Anekdote besagen, in der Sokrates dem Aischines rät, er solle, um seiner Armut Abhilfe zu schaffen, »bei sich selbst eine Anleihe machen durch Entziehung der Nahrungsmittel«.[146] Statt auf sokratische Askese setzte Aischines später jedoch auf rhetorische Geschäfte.

Aber selbst derjenige von den Sokratikern, der die Bedürfnislosigkeit und Askese des Meisters zum wesentlichen Inhalt seiner

Lehre machte, nämlich Antisthenes, ließ sich seinen Unterricht bezahlen; auf die Frage, warum er so wenige Schüler habe, soll er geantwortet haben: »Weil ich sie mit silbernem Stabe hinaustreibe.«[147] Auch in der Gestalt und im Auftreten dieses nach Platon bedeutendsten und einflussreichsten Sokratesschülers erweist sich die Sokratik noch nicht als jener konträre Gegensatz zur Sophistik, zu dem sie bei Platon wird, sondern als eine Übergangsform. Antisthenes war zunächst Schüler des Gorgias und schon selber sophistischer Lehrer, als er sich dem Sokrates anschloss; die anekdotische Überlieferung schildert ihn als einen der eifrigsten unter dessen Anhängern, und vermutlich war das Bild, das er in seinen Dialogen von Sokrates zeichnete, dem historischen Vorbild ähnlicher als die Darstellung Platons. Aber da das umfangreiche literarische Werk des Antisthenes den überlieferten Resten und Titeln nach stilistisch und thematisch noch eine große Nähe zur Sophistik und Rhetorik verrät, wird man dasselbe auch für seinen Unterricht annehmen dürfen.

Es ist ein für die Geschichte der philosophischen Unterrichtsformen bemerkenswerter Umstand, dass mit der sophistischen Praxis bezahlter Lehre, an der die meisten Sokratiker festhalten, eben jene Antipoden der Sokratesnachfolge brechen, die den Sokratismus in seine gegensätzlichen Extreme verfolgen und die damit die unterschiedlichen Möglichkeiten dessen ausbilden, was Schule in der antiken Philosophie bedeuten kann: Platon und die Kyniker. Wie für jenen hat für diese die Stellung zum Geld eine prinzipielle Bedeutung. In seiner Ablehnung verbinden sich bei den Kynikern zwei Motive, ein eher sophistisches und ein sokratisches, und diese Kombination ist für den Kynismus, der zwei Ausgangspunkte hat, charakteristisch. Der eine liegt in der Antithese von Gesetz und Natur (*nomos* und *physis*), zu der in der Sophistik die Einsicht in die Relativität menschlicher Satzungen und ihren Unterschied zur einen, immer gleichen Natur radikalisiert wird. Der Kynismus ist die gelebte Konsequenz dieser Antithese, die prototypische Form der Kritik an der Kultur als dem Inbegriff aller künstlichen Satzungen und Hervorbringungen im Namen und zugunsten der Natur. Dabei wird das Geld, die geprägte Münze, zum Symbol für das künstliche Gesetz, was sich im Griechischen, in dem das Wort für Münze, *nomisma*, von *nomos*, Gesetz, abgeleitet ist, geradezu aufdrängt. Das »Umprägen der Münze« wird zur Metapher für die Entwertung der bestehenden Gesetze und Sitten und ihre Umwertung in das eine Gesetz der Natur, und diese Metapher inspiriert zu den Geschichten von der Münzfälschung, die der Anlass ist, aus dem Diogenes von Sinope zur Philosophie kommt und zum Protokyniker wird.[148]

Zur kulturkritisch motivierten Ablehnung des Geldes tritt das sokratische Vorbild der Bedürfnislosigkeit, die im Kynismus zur Reduktion der Bedürfnisse auf ein Minimum radikalisiert wird, für das die kulturell unverbildete Natur der Tiere oder der Kinder als Beispiel dient. Das ist das Fundament der kynischen Konzeption von Autarkie, die einzuüben Sinn der Askese ist. Das Wenige, das der Kyniker zum Leben braucht, erbettelt er sich; Betteln ist elementarer Bestandteil seiner Lebensform. Mit seiner Lebensweisheit verdient er nichts; er bietet sie kostenlos an, und zwar nicht dadurch, dass er sie theoretisch lehrt, sondern indem er sie öffentlich predigt und vor allem mit seiner eigenen Existenz vorexerziert.

Von Schule im institutionalisierten Sinne ist der Kynismus weiter entfernt als die übrigen »kleinen« oder »einseitigen« Sokratiker, die nach dem Vorbild der Sophisten sich als Lehrer betätigen und einen regelrechten Unterricht erteilen. Das auch deswegen, weil die Kyniker jenen Schritt nicht mitvollziehen, mit dem die anderen Sokratiker – außer Aristipp – über die sophistische Praxis hinausgehen und der für die schulische Institutionalisierung unerlässlich ist: die Etablierung der Lehre an einem festen Ort. Die megarische, die elische, die eretrische Schule sind nach den Städten benannt, in denen sie ansässig waren. Die Kyniker dagegen sind nicht ortsgebunden. Von Diogenes besagt die Überlieferung, er habe sich, je nach Jahreszeit, wechselweise in Athen und in Korinth aufgehalten; die berühmtesten Anekdoten setzen seine Anwesenheit in beiden Städten voraus. Der typische Kyniker ist ein Wanderprediger und als solcher schon durch seine äußere Erscheinung, den Rucksack und den Wanderstab, ausgewiesen. Wenn dennoch der Kynismus und sein Ursprung bisweilen erklärt werden, wie es ansonsten nur bei den großen Schulen der Fall ist, nämlich durch die Herleitung von der Lehrtätigkeit des Gründers in einem festen Unterrichtslokal, so sind solche Überlieferungen Analogiebildungen zur Geschichte dieser Schulen, wodurch der Kynismus gewissermaßen schulisch aufgewertet werden soll. Danach leitet sich der Name von dem Gymnasion Kynosarges ab, wo Antisthenes lehrte, der damit der Begründer des Kynismus wäre – so wie zum Beispiel Zenon, der in der »bunten Halle« *(stoa poikile)* unterrichtete, die stoische Schule gegründet hat. Doch auch wenn der Sokratiker dem Kynismus Grundgedanken der stoischen Ethik vermittelt und damit wichtige Anregungen gegeben hat, so ist ein schulisch-institutioneller Zusammenhang nicht nachweisbar und höchst unwahrscheinlich.

Für das, was in der heutigen Philosophiegeschichtsschreibung zumeist einheitlich »Schule« genannt wird, hat das Griechische verschiedene Ausdrücke, nämlich *schole* und *diatribe* einerseits sowie *hairesis* andererseits.[149] Die ersten bezeichnen die Schule als Institution mit festem Ort und Unterricht beziehungsweise den Ort oder den Unterricht selber. *Hairesis* dagegen, das ursprünglich »Eroberung«, »Wahl«, »Zuneigung« sowie das »Erwählte«, den »Vorsatz« bedeutet, meint die einheitliche Ausrichtung einer Lehre und Überzeugung; im Christentum wird der Begriff zur Bezeichnung einer von der offiziellen kirchlichen Lehre abweichenden Glaubensrichtung, der »Häresie«. Das lateinische Äquivalent ist *secta*, und noch die neuzeitliche Philosophiegeschichtsschreibung spricht lange von »Sekte«, wo heute »Schule« üblich geworden ist; erst die überwiegende Verwendung im religiösen Sinne einer Abspaltung von der Gemeinde macht »Sekte« für die Historiographie der Philosophie unbrauchbar. Was den Zusammenhang von *hairesis* und *schole* beziehungsweise *diatribe* betrifft, so gilt, dass wohl die institutionelle Schule die *hairesis* einschließt, dass aber nicht notwendig diese an jene gebunden ist. Der Kynismus ist, wie auch der von Pyrrhon ausgehende Skeptizismus, eine *hairesis* ohne schulische Institution, und selbst dieser Status wird beiden bisweilen bestritten, wobei dann der Kynismus lediglich als eine »bestimmte Lebensweise« angesehen wird.[150] Doch in der Prägnanz ihrer herausragenden Gestalten ist die kynische Lebensweise für die Antike unbestritten philosophisch. Der Kynismus stellt eine äußerste Möglichkeit dar, in der die Philosophie rein und ausschließlich als das erscheint, was sie nach antikem Verständnis immer auch ist, nämlich Lebensform.

Das Urbild: die Akademie

Während die Kyniker sich der schulischen Institutionalisierung verweigern, führt Platon sie weit über die Ansätze dazu bei den übrigen Sokratikern hinaus. Seine Schule ist die erste, die festen Bestand hat, und sie wird das Modell der nach ihr gegründeten drei weiteren großen Schulen der antiken Philosophie, der aristotelischen oder peripatetischen, der epikureischen und der stoischen; dass sie fast ein Jahrtausend Bestand gehabt hat, ist freilich übertrieben, ein Klischee, das sich in der Philosophiegeschichtsschreibung festgesetzt hat.

In Platons Akademie trennt sich die Philosophie vollständig von der Form sophistischer Lehre und Erziehung. Äußerlich manifestiert sich das darin, dass bei Platon beide Merkmale fehlen, die für die sophistische Unterrichtstätigkeit typisch sind und von denen die übrigen Sokratiker, so weit uns die Überlieferung eine Vorstellung ihrer Lehrpraxis erlaubt, wenigstens jeweils eines beibehalten haben. Zum einen verlangt er von den Schülern kein Honorar; die Lehre ist für ihn kein Geschäft wie noch für Aristipp, ja sie dient nicht einmal dem Lebensunterhalt wie vielleicht bei Antisthenes. Am Honorarverzicht halten Aristoteles und seine Schule fest. In der Akademie dagegen scheint Platons Nachfolger und Neffe Speusipp wieder Lehrgeld von allen Schülern verlangt zu haben, was den kritischen Vergleich mit der Haltung des Onkels und Vorgängers in dieser heiklen Frage geradezu herausgefordert haben muss.[151] Als später die Stoiker Honorar nahmen,[152] da wurde dieser Praxis wohl nicht mehr jene symbolisch überhöhte Bedeutung beigemessen, die sie bei Platon in der Abgrenzung der Philosophie von der Sophistik besitzt; nur der Umstand ist überliefert, Kritik daran nicht. Auch die Schwierigkeit, zwischen Honorar, Dotationen, Stiftungen, Beiträgen von Mitgliedern zur Finanzierung der Schulkosten, wie sie bei den Epikureern üblich waren, sowie Zuwendungen anderer Art eindeutig zu unterscheiden, mag zur Akzeptanz von Unterrichtsgeld beigetragen haben.

Zum anderen etablierte Platon seine Schule an einem festen Ort. Er wählte, schreibt Diogenes Laertius, »zu seiner Wohn- und Lehrstätte die Akademie. Das ist ein baumreiches Gymnasion vor der Stadt, das seinen Namen von einem Heros Hekademos hat.«[153] Öffentliche Gebäude, und zumal die Sportanlagen, die der Ausbildung und den Übungen der Jugendlichen dienten – denn das ist ursprünglich das Gymnasion –, konnten von Privatpersonen zum Zweck des Unterrichts genutzt werden. Wie ihn die platonischen Dialoge schildern, pflegte Sokrates sich dort mit Vorliebe aufzuhalten, um die jungen Leute zu treffen, mit denen er seine Unterredungen führte. Am Eingang des »Lysis« berichtet er, dass er bei einem Gang aufgehalten und ins Gespräch verwickelt wurde, den er von der Akademie zum Lykeion unternommen hatte; er war also zwischen eben jenen zwei Gymnasien unterwegs, die später die Wirkungsstätten des Platon und Aristoteles werden sollten. In dem dritten Athener Gymnasion, dem Kynosarges, trat Antisthenes als Lehrer auf, noch bevor Platon seine Schule gründete. An der zunehmenden Nutzung der Gymnasien auch für sophistisch-rhetorische und philosophische Unterrichtstätigkeiten kommt sinnfällig der Wandel der griechischen Erziehung von einem militärisch-sportlich dominierten Ideal zur Priorität der intellektuellen Bildung zum Ausdruck.[154]

Das »Akademie« genannte Gymnasion war und blieb öffentliches Eigentum. Doch erwarb Platon – und das festigte seine und die Bindung seiner Schule an den Ort – ein benachbartes Grundstück, das er für sich und die Schule nutzte. Diese bestand also in lokaler Hinsicht aus einem öffentlichen und einem privaten Teil. In manchen Überlieferungen wird zwischen beiden unterschieden, so wenn es ebenfalls bei Diogenes Laertius heißt: »Seine philosophischen Studien betrieb er zunächst in der Akademie, dann in dem Garten am Kolonos.«[155] In anderen dagegen ist nur von der Akademie die Rede wie dort, wo Diogenes Laertius schreibt, Platon habe in der Akademie gewohnt und gelehrt und sei auch dort begraben worden.[156] Zwar ist in Platons Testament dieser Privatbesitz nicht erwähnt; doch kann man vermuten, dass er ihn als eine Art Fideikommiss den Nachfolgern oder der Schulgemeinschaft vermacht hat. So hielten es jedenfalls Aristoteles' Schüler und Mitarbeiter Theophrast sowie Epikur mit den Immobilien, die sie für ihre Schulen erhalten oder gekauft hatten; Aristoteles selber hatte, als Nicht-Athener, dort kein Land erwerben können. Von den vier großen Schulen verfügten also drei über Vermögen an Grund und Gebäuden, nur die zuletzt gegründete nicht; sie begnügte sich mit der öffentlichen *stoa poikile*, der »bunten Halle« mitten in der Stadt. Aber auch hier war die Identifikation mit dem Ort der Lehre so groß, dass die Schule danach benannt wurde.

Schließlich trug zum Bestand und zur Kontinuität wesentlich die von Platon eingeführte Institution des Schulleiters, des Scholarchen, bei. Dieser konnte entweder vom Vorgänger ernannt oder nach dessen Tod von den Mitgliedern der Schule gewählt werden. Zu allen Schulen sind Listen von Nachfolgern überliefert, die eine lückenlose Sukzession teils über Jahrhunderte bezeugen. Ja, es gab sogar das Wort von der »Goldenen Kette«, die den letzten Leiter der platonischen Schule zur Zeit ihrer Schließung durch Justinian im 6. Jahrhundert n. Chr. mit Platon verbunden habe. Das aber ist eine neuplatonische Legende; denn es war ein Neuplatoniker, Damaskios, der von dem Edikt Justinians betroffen war, und die Schule, die er leitete, war nicht mehr die ursprüngliche Akademie, die spätestens in den ersten Jahrhunderten n. Chr. zu existieren aufgehört hatte.[157]

Nicht die äußere Organisation allein bringt aus der sophistisch-rhetorischen Unterrichtsweise und im Unterschied zu ihr eine feste Institution hervor. Es ist auch ein anderer Sinn; oder besser: ein anderer Sinn verlangt nach jener Beständigkeit, für die die institutionellen Formen geschaffen werden. Das trifft selbst gegenüber den sokratischen Schulen zu, deren Existenz ausschließlich vom Lehrer abhängt und die zugrunde gehen, wenn der Lehrer stirbt. Der erklärte Zweck des sophistischen Unterrichts war die Erziehung zur Tüchtigkeit im privaten wie im öffentlichen Leben, als deren wesentliches Element die Rhetorik angesehen wird; dieser Unterricht ist die erste Form höherer Bildung, die über die Elementarschule hinausführt. Zur Tüchtigkeit oder Tugend wollen auch die Sokratiker mit ihrer Lehre anleiten; dabei erhält der Begriff unter dem Einfluss des Sokrates eine gegenüber dem sophistischen Verständnis andere Bedeutung, die allerdings so weit ist, dass sie von den verschiedenen Richtungen innerhalb der Sokratik ganz unterschiedlich ausgelegt wird. Wie in den Unterredungen des Sokrates das inhaltliche Interesse an der Tugend sich mit der formalen dialektischen Schulung verbindet, so steht im Unterricht der Sokratiker neben der Tugendlehre die Kunst des Disputierens; deswegen gelten sie auch als Eristiker.[158] Die Befähigung dazu kann sowohl der sophistischen Rhetorik als auch der philosophischen Dialektik, wie sie Platon konzipiert, dienlich sein, und so erweist sich darin wieder die Mittelstellung der Sokratik zwischen Sophistik und Philosophie. Vor allem die Megariker haben unter eleatischem Einfluss die Eristik ausgebildet. Die Nachfrage danach muss – wohl nicht zuletzt wegen des erwarteten rhetorischen Nutzens – groß gewesen sein. Der Megariker Stilpon hatte damit einen überwältigenden Lehrerfolg: »Er übertraf die anderen an Erfindsamkeit und Disputierkunst in einem solchen Grade, daß nahezu ganz Griechenland die Augen auf ihn richtete und sich zur Megarischen Philosophie bekehren zu wollen schien.« Es folgt eine beeindruckende Liste von Persönlichkeiten, die Stilpon anderen Schulen auszuspannen verstand; und weiter: »Auch den Lehrer der Rhetorik Alkimos, der sich vor allen Rhetoren in Griechenland hervortat, sowie den Krates und wer weiß wie viele andere wußte er in seine Netze zu ziehen. Unter ihnen war vor allem auch der Phönikier Zenon. Auch in Staatssachen war er sehr bewandert.«[159] Allerdings muss man in Rechnung stellen, dass der Bericht über Stilpons phänomenale Resonanz einer megarischen Quelle entstammt und also propagandistisch gefärbt sein könnte. In seiner Person verbinden sich die beiden Richtungen der Sophistik und der sokratischen Philosophie, die Platon so strikt voneinander getrennt hatte.

Hans von Arnim hat in seiner noch immer instruktiven Studie »Sophistik, Rhetorik, Philosophie in ihrem Kampf um die Jugendbildung« als den neuen Sinn, der den vier großen Philosophenschulen der Antike zugrunde liege, den »Begriff der Wissenschaft als einer unendlichen [...] Aufgabe« bezeichnet.[160] Noch den übrigen Sokratikern sei dieser Gedanke fremd gewesen, den zuerst Platon mit der Gründung der Akademie aufgebracht und verfolgt habe, und deswegen seien sie mit ihrer Lehre mehr der sophistisch-rhetorischen Jugendbildung verwandt. Nun ist die Konzeption einer »unendlichen Wissenschaft« und der Wissenschaft als »unendlicher Aufgabe« eine moderne, mit dem Neukantianismus aufkommende Vorstellung; bei Husserl gerät die Rede davon zur wohlfeilen rhetorischen Pathosformel. Die Projektion auf das antike Theorieverständnis ist daher ein Anachronismus. Ihm entspricht eher der Begriff des theoretischen Lebens im Gegensatz zum politisch-praktischen. Auf dieses ist die sophistische Lehrtätigkeit mit ihrem Schwerpunkt in der Rhetorik ausgerichtet; Platon lässt den Protosophisten Protagoras den Kollegen Hippias kritisieren, der auch mathematische Fächer lehrt. Ebenso hat die Tugenderziehung der Sokratiker die Praxis im Sinn, selbst wenn sie weniger politisch verstanden wird; und auch hier verbindet sich mit der Ausrichtung auf das praktische Leben Kritik an der Theorielastigkeit wie bei Antisthenes, welcher lehrte, »die Tugend bestehe im Handeln und bedürfe weder vieler Worte noch Lehren«.[161] Das nahmen sich die Kyniker zu Herzen, die mit ihrer radikalen Praxis nicht zuletzt die Ablehnung der Theorie demonstrierten.

Auch wenn der Schüler des sophistischen oder sokratischen Unterrichts bei dem Metier blieb, selber Lehrer wurde und eine Schule aufmachte, so war das noch nicht die theoretische Lebensform, die Platon mit seiner Akademie favorisierte. Davon kann man erst dort reden, wo die Lehre vom Zweck des Gelderwerbs und des Lebensunterhalts geschieden ist, wo man nicht lehrt, um Geld zu verdienen, sondern im Gegenteil sein Geld und Vermögen dafür verwendet, um der Theorie und einer damit verbundenen Lehre zu leben. Das Neue am Modell der platonischen Akademie ist, dass sie der Alternative, die Schule entweder für ein außerschulisches Leben oder als Lehrer einer eigenen Schule zu verlassen, als dritte Möglichkeit die hinzufügt, in ihr forschend und lehrend ein Leben lang zu bleiben; die Schule ist in ihrem Kern eine Gemeinschaft aus Forschenden, Lehrenden und Lernenden. Bezeichnend ist in dieser Hinsicht die Geschichte, die über den Akademiker Krantor erzählt wird. »Er erkrankte und zog sich in den Tempelbezirk des Asklepios zurück, wo er fleißig spazieren ging. Es strömten ihm aber von allen Seiten Schüler zu in der Annahme, er weile dort nicht seiner Krankheit wegen, sondern in der Absicht, da eine Schule zu gründen.«[162] Doch erlag er dieser Versuchung nicht, sondern begab sich, als er gesund geworden war, wieder in die Akademie und hörte bei Polemon, mit dem er zusammen bei Xenokrates zu studieren begonnen hatte. »Der Ehrgeiz, selbst die Schule zu führen oder eine neue zu errichten, wurde dem gemeinsamen Interesse untergeordnet.«[163]

Es sind vor allem drei Gedanken, durch die sich Platons Akademie in ihrem Sinn vom höheren Unterricht der Sophisten und Sokratiker unterscheidet; alle drei haben ältere Vorbilder, nämlich bei den Pythagoreern, bei manchen Naturphilosophen und bei Sokrates. – Der Überlieferung nach gründete Platon seine Schule, nachdem er von seiner ersten Sizilienreise zurückgekehrt war, die ihn auch nach Unteritalien geführt hatte, wo er mit den Pythagoreern bekannt geworden war. Der Pythagoreismus, der eine für das moderne Verständnis befremdliche Mischung aus mathematischem Geist, religiösen Vorstellungen, politischem Logentum und ethischer Lebensform darstellt, hat in all diesen Aspekten Platon nachhaltig beeinflusst. Dem Vorbild der pythagoreischen Vereinigungen verdankt sich der Gemeinschaftsgedanke der platonischen Akademie, freilich nur der Gedanke als solcher, nicht die Art und Weise, wie er darin realisiert wird. Die Akademie ist nicht direkt politisch engagiert, und sie ist offener und liberaler in dem, was in ihr gelehrt werden kann. Sie ist kein Geheimbund, keine geschlossene Gesellschaft, in der die Mitglieder darauf verpflichtet sind, über manche Lehren nach außen hin Schweigen zu bewahren. Sie legt sie nicht auf das Wort des Meisters fest; das sprichwörtliche »Er selbst« – nämlich Pythagoras – »hat es gesagt« hat in der Akademie keine platonische Entsprechung. Unter dem lebendigen Eindruck sophistischen und sokratischen Geistes wäre eine solche autoritäre Fixierung gar nicht möglich gewesen. Platon hätte von diesem Geist unberührt bleiben müssen, um den Stil des Pythagoras und seiner Bünde schlicht zu kopieren, und er hätte damit seinerzeit in Athen wohl wenig Erfolg gehabt. Schon seine unmittelbaren Schüler vertreten unterschiedliche Lehren, die nicht nur voneinander, sondern auch von Platons Positionen abweichen; und Aristoteles wird nicht erst, als er die Akademie verlassen hatte und Platon schon tot war, damit begonnen haben, an ihm und an den in der Akademie verbliebenen Kollegen Kritik zu üben.

Der Gemeinschaftscharakter der Schule wird durch gesellige Veranstaltungen gefördert, zu denen in erster Linie regelmäßige gemeinsame Mahlzeiten und Symposien zählen. Sie sind in der Antike fester Bestandteil des gesellschaftlichen Lebens, was sich in der reichen Gattung von Symposienliteratur spiegelt, die zumal bei den Philosophen beliebt ist; das platonische »Symposion« ist nur das bekannteste und kunstvollste Beispiel des Genres. Die Veranstaltungen sind durch Vereine, die sie tragen, und durch Vorschriften zur Durchführung, die vor allem Auswüchsen vorbeugen sollen, regelrecht institutionalisiert, und solche Institutionen übernehmen die Philosophen für ihre Schulen. Interessante Details dazu finden sich in dem »Gelehrtengastmahl« des Athenaios: »Auch den Philosophen lag daran, junge Männer zu sammeln und mit ihnen nach einer bestimmten Ordnung zu speisen. So gab es ›Regeln für Symposien‹ von Xenokrates in der Akademie und auch von Aristoteles.« Die Philosophen bildeten auch Vereine, wofür Theophrast Geld hinterließ, »nicht etwa, – Gott bewahre! – daß man zusammenkäme, um Mutwillen zu treiben, sondern damit man gemäß dem Sinn eines Symposions es vernünftig und wohlerzogen feiere«.[164] Von den zahlreichen philosophischen Tischgesellschaften erwähnt Athenaios drei stoische, die »Diogenisten, die so genannten Antipatristen, die Panaitiasten«, benannt nach den drei aufeinander folgenden Schulleitern des 2. Jahrhunderts v. Chr., Diogenes von Babylon, Antipater und Panaitios, die diese Vereine wohl durch Stiftungen ermöglicht hatten.[165] Eine amüsante Anekdote berichtet, wie ein General, der, an die üppigen Gastmähler für Leute seines Standes gewöhnt, zu einem Symposion in der Akademie geladen war, »wo er einfach aber anregend bewirtet wurde«; als er am Tag darauf Platon begegnete, sagte er zu ihm: »Platon, ihr speist gut mehr im Blick auf den folgenden als auf den gegenwärtigen Tag.«[166] Im Kontrast dazu steht die Geschichte über den Nachfolger des Theophrast als Leiter der peripatetischen Schule, Lykon, der die Symposien so verschwenderisch ausrichtete, dass die dafür erhobenen Beiträge kaum ausreichten, die üblichen Kränze und Salben davon zu bezahlen; die Gelage dauerten bis in den frühen Morgen. Allerdings wird erwähnt, dass unvermögenden Schülern die Beiträge erlassen wurden.[167] Es kam auch vor, dass regelmäßige Symposien von außerschulischen Personen gestiftet wurden wie von dem makedonischen König Antigonos Gonatas, der auf diese Weise den Geburtstag seines Sohnes feiern ließ.[168]

Gemeinsam wurden kultische Feste begangen; dazu zählten in der Akademie Sokrates' und Platons Geburts- und Todestage. Die anderen Schulen werden es ähnlich gehalten haben. Theophrast verfügte testamentarisch die Aufstellung einer Aristoteles-Statue im Heiligtum der Schule. Besonders groß war bei den Epikureern die Verehrung für den Gründer und Meister, entsprechend der Zusammenhalt der Gemeinschaft in diesem Geiste; wie überhaupt bei ihnen der Gemeinschaftscharakter am stärksten ausgeprägt war und sie eine regelrechte Gemeinde bildeten. »Epikurs Schule war straff und hierarchisch organisiert. Ihre Mitglieder, zu denen auch Frauen und Sklaven zählten, lebten in enger Gemeinschaft nach festen Regeln, bis hin zu eigenen Feiertagen, so daß nach außen der Eindruck einer religiösen Vereinigung entstehen mochte. Die frühen Organisatoren der christlichen Kirche haben denn in dieser Hinsicht auch viel von den im übrigen verachteten Epikureern gelernt. Einigendes Band der Gemeinschaft war eine Art Ideologie der Freundschaft. Epikur selbst genoß beinahe göttliche Verehrung.«[169]

Die platonische Akademie ist in ihrem Kern eine Gemeinschaft, deren Mitglieder sich und ihr Leben der Theorie gewidmet haben. Die Vorstellung, dass man nicht von der Lehre, sondern für die Theorie lebt, ist der Sophistik fremd; ja, es ist die Verkehrung ihres rhetorischen Erziehungsideals. Dieser zweite für das Modell der Akademie konstitutive Gedanke hat ein Vorbild vielmehr in der vorsokratischen Naturhistorie – wenn denn die folgenden biographischen Überlieferungen einigermaßen authentisch und nicht die Erfindungen einer späteren Philosophiegeschichtsschreibung aus jener Richtung der peripatetischen Schule sind, die dem aristotelischen Ideal der Theorie verpflichtet ist. Von Anaxagoras heißt es, er habe sein beträchtliches, vom Vater ererbtes Vermögen seinen Verwandten überlassen, um darauf keine Sorge verwenden zu müssen, sondern sich ganz der Betrachtung der Natur widmen zu können; aus diesem Grunde habe er sich auch aus öffentlichen Angelegenheiten herausgehalten. Entsprechend lautet seine Antwort auf die Frage, wozu er auf die Welt gekommen sei: »Zur Beobachtung von Sonne, Mond und Himmel.«[170] Demokrit soll sein Erbe vollständig für seine Forschungsreisen aufgebraucht haben; um es dafür nutzen zu können, hatte er seinen Brüdern den größeren Anteil am Erbe überlassen und sich mit dem geringeren begnügt, der in barem Geld bestand.[171] Diese Geschichte hat eine bemerkenswerte Fortsetzung, die ihr Gewicht und eine überraschende Wendung verleiht: Von der Reise nach Hause zurückgekehrt, war er, bar aller Mittel, auf die Unterstützung seines Bruders angewiesen. Nun gab es ein Gesetz, nach dem derjenige, der sein väterliches Erbe durchgebracht hatte, kein ehrliches Begräbnis erhalten dürfe. Da habe er, »in richtiger Erkenntnis seiner Lage, um gewissen Neidern und Verleumdern die Waffe aus der Hand zu nehmen, den Bürgern seine ›Große Weltordnung‹, die hervorragendste aller seiner Schriften, vorgelesen und man habe sie auf fünfhundert Talente geschätzt; und nicht genug damit: auch mit ehernen Standbildern habe man ihn geehrt; und nach seinem Tode sei er von Staats wegen feierlich bestattet worden, nachdem er mehr als hundert Jahre alt geworden.«[172] – Die ganze Geschichte erinnert an die beiden komplementären Thales-Anekdoten, die eine von dem Missgeschick des Astronomen, der bei der Betrachtung der Sterne in den Brunnen fällt, die andere von dessen Fähigkeit, aufgrund seiner meteorologischen Kenntnisse profitable Geschäfte zu machen. Dass Demokrit seine bürgerliche Reputation durch den finanziellen Wert eines literarischen Werkes wiedererlangt, zeigt, wie sehr in der Zeit zwischen Thales und ihm das Buch an Bedeutung gewonnen hat.

Die theoretische Lebensform, wie sie sich in den biographischen Überlieferungen zu Anaxagoras und Demokrit darstellt, ist die des einsamen Forschers, der sich der Natur und dem Kosmos zuwendet. In der platonischen Akademie dagegen verbindet sie sich mit der Form der Gemeinschaft, und der Schwerpunkt des theoretischen Interesses hat sich auf die Bedingungen menschlichen Zusammenlebens, auf das Politische und Ethische verlagert; diese thematische Wende geht auf die Sophisten und Sokrates zurück. In dessen philosophischer Tätigkeit liegt ein dritter für das Modell der Akademie konstitutiver Gedanke, nämlich der, dass nicht nur der Schüler vom Lehrer lernt, sondern auch umgekehrt dieser an jenem sich bildet. Philosophische Erkenntnis impliziert, im Unterschied zur Erlangung beliebiger Kenntnisse, permanente Selbsterkenntnis. Diese aber vollzieht sich nicht in einsamer Selbsterforschung, sondern durch die Spiegelung im anderen und vornehmlich im Medium der Liebe, wie es im »Phaidros« beschrieben wird.[173] Das ist der philosophische Sinn der erotischen Verhältnisse des platonischen Sokrates zu seinen Schülern. Der Lehrer braucht den Schüler, um im Umgang mit ihm sich selber besser zu verstehen. So bittet Sokrates den jungen Theaitetos, von dem ihm gesagt worden ist, dass er ihm in der Hässlichkeit seines Gesichtes ähnlich sei, zu sich, »damit ich mich auch einmal beschaue, was für ein Gesicht ich wohl habe«.[174] Der Schüler ist der lebendige Spiegel des Lehrers, und so ist die »Beschauung« des Theaitetos, das heißt die Prüfung seiner Seele im Gespräch, zugleich die Selbstbeschauung dessen, der ihn da prüft. Damit ist das Lehrer-Schüler-Verhältnis in der platonischen Philosophie auf eine ganz andere Basis als die finanzielle des sophistischen Unterrichts gestellt; hier profitiert der Lehrer vom Geld des Schülers, dort gewinnt er an Selbsterkenntnis.

In Konkurrenz mit Isokrates

Platon gründete die Akademie wenige Jahre, nachdem Isokrates um 390 v. Chr. in Athen eine ortsansässige Schule der Rhetorik eröffnet hatte. Mit diesen beiden Einrichtungen treten rhetorische und philosophische Bildungskonzeption vollständig aus- und in Gegensatz zueinander, mit fest umrissenen und gegeneinander definierten Positionen. Darüber darf der Sprachgebrauch des Isokrates nicht hinwegtäuschen, der seine Rhetorik auch als Philosophie, die Philosophen dagegen auch als Sophisten bezeichnet, wobei freilich der Ausdruck noch nicht jene negative Bedeutung hat, die er bei Platon annimmt, sondern allgemein den Erzieher und Lehrer eines höheren Wissens meint.[175] Fortan und die ganze spätere Antike hindurch sind Rhetorik und Philosophie die beiden miteinander konkurrierenden Formen des höheren Unterrichts. Zwar gibt es Versuche, zwischen beiden zu vermitteln und sie miteinander zu verbinden; der bedeutendste und für die abendländische Geistesgeschichte wirkungsvollste ist der Ciceros. Doch überwiegend ist in der Antike das Verhältnis zwischen Rhetorik und Philosophie eines der Rivalität, und man muss sich zwischen ihnen entscheiden, sobald die Beschäftigung damit den Grad des bloßen Kennenlernens übersteigt und zu einer Frage der Lebenswahl wird, weil die beiden Disziplinen auf ganz unterschiedliche Lebensformen ausgerichtet sind.

Da aus unserem Bildungssystem die Rhetorik fast vollständig verschwunden ist, fällt es uns schwer, ihre dominante Stellung im Unterrichtswesen der Antike nachzuvollziehen und zu realisieren, dass darin nicht die Philosophie, die für uns die »Mutter der Wissenschaft« ist, sondern die Rhetorik die größere Rolle spielt. »Zunächst muss man die Bedeutung dieses Tatbestandes unterstreichen. Geschichtlich gesehen ist Platon unterlegen. Es ist ihm nicht gelungen, bei der Nachwelt mit seinem Erziehungsideal durchzudringen. Im Großen und Ganzen hat Isokrates gesiegt, er ist der Erzieher Griechenlands, dann der ganzen antiken Welt geworden. Dieser Erfolg ist schon im Zeitalter der beiden großen Meister spürbar. Er macht sich von Generation zu Generation immer deutlicher bemerkbar. Die Rhetorik ist der eigentliche Gegenstand des griechischen Hochschulunterrichts, der hohen Bildung geblieben.«[176]

Die Konturen der platonischen Bildungskonzeption treten deutlicher hervor, wenn man sie unter dem Aspekt der Konkurrenz mit dem Programm und der Schulpraxis des Isokrates und im Kontrast dazu betrachtet. »Nicht nur in ihrer theoretischen Lehre, sondern auch in der – damit zusammenhängenden – praktischen Realisierung scheint die platonische Schule definiert in Rücksicht auf Isokrates und dessen Kritik an anderen sokratischen Erziehern. Die Akademie wird so gesehen gegen Isokrates gegründet.«[177] Die beiden Exponenten der rhetorischen und der philosophischen Bildung haben literarisch vielfach aufeinander Bezug genommen und sich gegenseitig kritisiert; das geschieht durchweg anonym, mit der einen Ausnahme der namentlichen Erwähnung des Isokrates am Ende des »Phaidros«, die allein schon dadurch bemerkenswert erscheint, dass dies der einzige Fall ist, in dem Platon, wenn auch indirekt, durch den Mund des Sokrates, einen Zeitgenossen anspricht. Die Kontroverse wird mit der Schrift »Gegen die Sophisten« eröffnet, in der Isokrates sein Programm in kritischer Abgrenzung von anderen »Sophisten«, das heißt Lehrern und Erziehern, vorstellt. Die Konkurrenten, gegen die er polemisiert, sind zum einen Redelehrer, zum anderen die sokratischen Philosophen, die als »Streitredner« bezeichnet werden. Unter ihnen ist Antisthenes der Hauptadressat der Kritik; er ist zu dieser Zeit in Athen der prominenteste Repräsentant der Sokratik, in dessen Schatten der jüngere Platon noch steht. Der antwortet mit dem »Gorgias«, dessen Kritik der Rhetorik auf das Programm des Isokrates auffällig passt, sowie mit dem »Euthydemos«, der Satire auf die sophistische Eristik, an dessen Ende zwar nicht namentlich wie am Schluss des »Phaidros«, doch – für die Zeitgenossen erkennbar – auf Isokrates angespielt wird. Die Kontroverse setzt sich über Isokrates' Helena-Rede und Platons Antwort darauf, den »Phaidros«, bis in die späten Werke der beiden Autoren fort, wie Christoph Eucken in seinen genauen Analysen dargelegt hat. Verfolgt man diese Bezüge, so zeigt sich, dass Platons Kritik der Rhetorik nicht so sehr den verstorbenen Sophisten der Sokrates-Generation, sondern in erster Linie seinem Rivalen Isokrates gilt.

Die Kontroverse beruht auf dem Gegensatz der beiden Prinzipien der Meinung und des Wissens. Für die Rhetorik des Isokrates und ihre Bildungskonzeption ist die Orientierung an der Meinung wesentlich, die gegen das Wissen ausgespielt wird. Bei Platon verhält es sich umgekehrt. Für ihn ist die Ausrichtung auf die Meinung Philo*doxie*, nicht Philo*sophie*; diese gibt sich mit der Meinung nicht zufrieden, sondern strebt durch sie hindurch und über sie hinaus zum Wissen. Das aber hält Isokrates für verfehlt beziehungsweise vermessen. In seiner Programmschrift »Gegen die Sophisten« setzt er sich zuerst von denjenigen Lehrern und Erziehern ab, die in ihrer »Dreistigkeit« so weit gehen, »daß sie die Jüngeren zu überreden versuchen, wenn sie zu ihnen in die Schule gehen, werden sie wissen, was sie zu tun haben, und durch diese Kenntnis glücklich werden«.[178] Auch wenn sich das zunächst gegen Antisthenes richtet, so ist damit doch die sokratische Grundüberzeugung getroffen, die Platon teilt, nämlich dass das rechte Handeln und das Gute Objekt, und zwar das höchste Objekt des Wissens sind. Für Isokrates dagegen gibt es davon kein Wissen; alles, was praktisch relevant ist, alle für das menschliche Leben wesentlichen Entscheidungen sind Gegenstand von Meinungen, die allenfalls den Grad der Wahrscheinlichkeit erreichen. Die Offenheit und Unvorhersehbarkeit der Zukunft machen es erforderlich, darüber zu beratschlagen. Das verkennen oder verleugnen diejenigen Erzieher, die – wie die Sokratiker – ein Wissen des Handlungsnotwendigen verheißen, das die Glückseligkeit garantiert. Was gewusst werden kann, ist dagegen praktisch weitgehend irrelevant und nutzlos. Deswegen hält Isokrates diesen Lehrern vor, dass sie »in den Geschäften, mit welchen wir im bürgerlichen Leben zu tun haben, ihre Schüler bilden, und im Verstehen derselben üben sollen und bedenken, daß es viel besser ist, in nützlichen Dingen nur wahrscheinliche Ansichten zu haben, als von unnützen gründliche Kenntnis zu besitzen, und lieber in wichtigen Sachen nur wenig hervorzuragen, als in unbedeutenden und für das Leben keinen Nutzen gewährenden sich sehr auszuzeichnen«.[179]

Isokrates' Polemik gegen die pädagogische Konkurrenz der Sokratiker verlagert und konzentriert sich mit der Zeit in dem Maße auf Platon, in dem dieser und seine Schule in die führende Rolle innerhalb der Sokratik hineinwachsen. In der späten Antidosis-Rede ist es das platonische, von Mathematik und Dialektik dominierte Bildungskonzept, gegen das der alte Schulmeister das eigene absetzt. Da Isokrates die literarische Kontroverse ohne die ironische Brechung führt, mit der Platon sie in seinen Dialogen austrägt, gewinnen wir bei ihm einen besseren Einblick in die menschlich-allzumenschlichen Aspekte und Motive, den Ehrgeiz und den Neid auf den Lehrerfolg, wovon beide Seiten wohl nicht frei sind. Er will dem theoretischen Unterricht seines Rivalen nicht, wie es die meisten täten, jeglichen Nutzen absprechen. »Ich glaube nämlich, daß die, welche in den Streitreden Meister sind, und die, welche sich mit der Sternkunde und der Größenlehre und den ähnlichen Wissenschaften beschäftigen, ihren Schülern nicht schaden, sondern nützen, weniger zwar, als sie versprechen, aber mehr, als es den Andern scheint. Die meisten Menschen nämlich haben sich die Ansicht gebildet, diese Wissenschaften seien leeres Geschwätz und nichtswürdiges Gerede; denn keine von ihnen sei weder im Privat- noch im öffentlichen Leben anwendbar, ja nicht einmal im Gedächtnis derer, welche sie lernten, bleiben sie auch nur einige Zeit, weil sie weder mit dem Leben gleichen Schritt halten, noch im Handeln unterstützen, sondern ganz außer dem Kreise des Notwendigen liegen.«[180] Dass die theoretischen Disziplinen praktisch nutzlos sind, darin stimmt Isokrates mit denen überein, die sie gänzlich ablehnen. Aber er billigt ihnen einen methodischen Wert zu: Sie disziplinieren und trainieren das Denken, das damit auf die wichtigen und höheren Aufgaben vorbereitet wird. So macht er beiden Seiten Konzessionen: den radikalen Kritikern der Erziehung zur Theorie wie auch deren Exponenten Platon, dessen Auffassung vom methodischen Nutzen der mathematischen Fächer er beipflichtet. Er stellt sich zwischen die Positionen reiner Praxis und reiner Theorie; so war er von Platon im »Euthydemos« schon charakterisiert und kritisiert worden.

Seine Differenz zu Platon liegt darin, dass er auch die Dialektik, die er Eristik nennt, auf die Ebene einer bloß formalen Übung zurückstuft. Was bei Platon mit der Philosophie nahezu identisch ist, hat bei ihm lediglich den Status eines Propädeutikums. »Philosophie zwar glaube ich nicht, daß man die Studien nennen darf, welche für den Augenblick weder für das Reden, noch für das Handeln Nutzen gewähren, aber eine Übung des Geistes und Vorbereitung zur Philosophie nenne ich sie doch, und zwar männlichere als die, welche die Knaben in der Schule treiben, im Ganzen aber diesen ähnlich [...] Einige Zeit also mit dieser Bildung sich zu befassen, möchte ich den Jüngeren raten, jedoch ihren Geist nicht dabei vertrocknen [...] zu lassen.«[181] Es ist dieselbe Auffassung, die in Platons »Gorgias« Kallikles, der extreme Repräsentant der Rhetorik, im Ton der Herablassung vertritt, nur dass er abschätzig Philosophie nennt, was für Isokrates deren schulische Vorbereitung darstellt. Er freue sich, sagt Kallikles, wenn er Knaben und Jünglinge philosophieren sehe; wer jedoch davon nicht loskomme und dies noch im Alter treibe, verdiene Schläge, denn es sei unmännlich, die Öffentlichkeit der Stadt, in der sich der Mann bewährt, zu fliehen und »versteckt in einem Winkel mit drei bis vier Knaben flüsternd sein übriges Leben« hinzubringen, »ohne je edel, groß und tüchtig herauszureden«.[182] Da, möchte man glauben, lässt Platon die Gegner der Schule den Lehrbetrieb in der Akademie karikieren.

Isokrates ist der Nachfolger der Sophisten, der überzeugt ist, auf bescheidenerem Niveau das zu realisieren, was die sokratischen Erzieher in ihrer Theoriefixierung verfehlen. Sein pädagogisches Programm ist das einer gemäßigten Sophistik. Zum einen gemäßigt in dem Anspruch, die Rhetorik als Kunst zu lehren. Er kritisiert diejenigen Lehrer der Rhetorik, die in maßloser Selbstüberschätzung verheißen, durch die Vermittlung von Wissen allein jeden in gleicher Weise zum perfekten Redner machen zu können, ohne in Rechnung zu stellen, dass dazu auch Talent und langjährige Übung gehören. Platon wird die Auffassung, dass Kunst sich aus diesen drei Faktoren zusammensetzt, für seinen Entwurf einer philosophischen Rhetorik im »Phaidros« übernehmen.[183] Die ganze antike Kunsttheorie basiert darauf; erst die neuzeitliche Ästhetik gibt die Konzeption zugunsten einer einseitigen Favorisierung der genialen Naturanlage preis.

Zum anderen gemäßigt in der Pragmatik seines Realismus, die Isokrates nicht bis zu jenem zynischen Amoralismus verfolgt, der sich bei manchen älteren Sophisten findet und den Platon in den Gestalten des Kallikles oder Thrasymachos als des Pudels Kern sophistischer Rhetorik darstellt. Vielmehr entwickelt er die anthropologischen Ansätze der Sophistik zu einem moralischen Humanismus, in dem rhetorische Bildung und Moralerziehung sich zu einem einheitlichen pädagogischen Konzept zusammenschließen. Er ist der eigentliche »Vater der humanistischen Bildung«.[184] Analog zu seiner Kritik an den Lehrern der Rhetorik wirft er den sokratischen Erziehern vor, in ihrer Tugendlehre den Faktor der natürlichen Veranlagung zu übergehen und allein durch Vermittlung von Wissen zur Moral erziehen zu wollen. Es gibt für ihn keine Wissenschaft, die aus schlecht veranlagten Menschen völlig tugendhafte machen kann, wohl aber vermag die rhetorische Bildung alle zu bessern. Wer gut redet, wird mit der Zeit ein besserer Mensch.

Und zwar wird er es dadurch, dass er, zunächst um mit seiner Rede Lob und Anerkennung zu finden, in ihr das vortragen muss, was Anerkennung findet, und das ist das Ehrenhafte und Lobwürdige; dann aber muss er dem in seinem Leben auch entsprechen, da die Diskrepanz zwischen Rede und Lebenswandel ihn unglaubwürdig machen würde. Die rhetorisch geäußerte lobwürdige Meinung wirkt nach Isokrates' Überzeugung auf das Handeln des Redners und schließlich auf seinen Charakter zurück. Das ist die entgegengesetzte Ansicht zu Platons Argwohn, die Rhetorik erzeuge bloß einen moralischen Schein, um das unmoralische Sein zu verschleiern, und sie befördere so das Auseinanderdriften von Sein und Schein. Aristoteles wird in seiner »Rhetorik« das Ethos als eines von den drei Überzeugungsmitteln herausstellen, die der Hauptgegenstand der Rhetoriklehre sind, dabei aber unterscheiden zwischen dem Ethos als technischem Mittel der Rhetorik sowie dem außertechnischen Ethos. Lediglich das in der und durch die Rede ausgedrückte Ethos gehört zur rhetorischen Theorie, nicht der Charakter des Redners als solcher beziehungsweise das Vorurteil des Publikums darüber.[185]

»Eine wahrhaftige und gesetzliche und gerechte Rede ist das Abbild einer guten und aufrichtigen Seele«, heißt es bei Isokrates in einer programmatischen Eloge auf den Logos, die deutlich von jenem anthropologischen Grundmythos inspiriert ist, mit dem bei Platon Protagoras seine Auffassung von der Lehrbarkeit der Tugend begründet und so die sophistische Erziehung legitimiert; was bei Protagoras die Menschen den Gaben des Prometheus und des Zeus verdanken, das leistet bei Isokrates der Logos, und aus dieser Leistung heraus erfährt die Rhetorik ihre Rechtfertigung. Durch den Logos zeichnen sich die Menschen vor den Tieren aus; erst die Fähigkeit, einander zu überreden und sich gegenseitig offenbaren zu können, macht aus dem Tier den Menschen. Dieser Fähigkeit verdankt er alles Gute: das rechtliche Zusammenleben, die Künste, die Pädagogik und selbst die Fähigkeit zu überlegen. Die Rhetorik kultiviert diese einzigartige menschliche Anlage, indem sie inhaltlich und formal gut zu reden lehrt.[186] Sie erzieht den ganzen Menschen, nicht bloß den prozess- und politiktüchtigen Bürger. So überlebt sie als Disziplin den Niedergang der demokratischen Staatsform der Polis, unter der sie entstanden war und sich entfaltet hatte. Cicero hat aus Isokrates' Hymnus auf den Logos wieder einen Mythos gemacht, mit dem er eingangs seiner frühen rhetorischen Schrift »De inventione« die Entstehung der Kultur, den Übergang des Menschen aus dem Naturzustand roher physischer Gewalt in den Stand der Zivilisation, als die rhetorische Leistung eines weisen Mannes darstellt. Der Weise des Mythos ist der erste Rhetor im vollen Sinne des Wortes: ein Redner und ein Lehrer der Rhetorik, der die Menschen überredet, ihre Konflikte nicht gewaltsam, sondern durch Überredung auszutragen, und der sie die dazu notwendige Beredsamkeit lehrt. Durch die Rhetorik ist die Kultur in die Welt gekommen beziehungsweise mit der Kultur die Rhetorik als ihr wichtigster Teil.

Das Studium bei Isokrates ist so organisiert, dass man meinen könnte, ein Bildungsfunktionär oder Universitätsreformer unserer Tage hätte es konzipiert: Es ist ebenso praxisorientiert wie allgemein bildend, gebührenpflichtig und auf drei bis vier Jahre beschränkt; so lange dauern die Kurse, dann werden die Schüler nach Hause und ins Leben entlassen. Und es beweist seine Effizienz durch den Erfolg seiner Absolventen. Aus der Schule des Isokrates, heißt es bei Cicero, seien »wie aus dem trojanischen Pferd wahre Fürsten hervorgegangen«,[187] Historiker, Pädagogen, Redner, Politiker in großer Zahl.

Dagegen hätte der Studiengang, den Platon in der »Politeia« für die Philosophen vorsieht, die zugleich Herrscher sein sollen, bei keiner heutigen Kultusbürokratie auch nur den Hauch einer Chance zur Genehmigung, und das allein wegen der vorgesehenen Studiendauer. »Viel zu lang und viel zu theorielastig« wäre der einhellige Tenor der Ablehnung. Wer nach zwei bis drei Jahren militärischer Leibeserziehung im Alter von etwa zwanzig Jahren zum höheren Unterricht zugelassen wird, beginnt nicht gleich mit dem eigentlichen philosophischen Studium. Zehn Jahre lang betreibt er wissenschaftliche Vorübungen, mit denen vor allem die vorausgegangene Schulbildung im Rechnen auf höherem Niveau fortgesetzt wird. Mathematik, Geometrie, Astronomie und Musiklehre beziehungsweise Harmonik werden aber nicht um ihrer praktischen Anwendbarkeit willen studiert, sondern weil in ihnen der Geist im Umgang mit nichtsinnlichen Gegenständen geschult werden soll. Die Fähigkeit dazu ist die Voraussetzung für die Dialektik, mit der im Alter von dreißig Jahren das eigentliche philosophische Studium aufgenommen wird.

Warum so spät? Die Dialektik ist eine gefährliche Angelegenheit. Das jetzige »Übel mit der Dialektik« sei groß, heißt es in der »Politeia«, weil sie »ganz mit Gesetzwidrigkeit angefüllt ist«.[188] Die Dialektik befähigt zur Zersetzung von Meinungen, was sowohl philosophisch als auch sophistisch betrieben werden kann, entsprechend der Intention, die dahinter steht. Der Missbrauch der Dialektik ist relativ harmlos, wenn unreife Burschen damit Verblüffungseffekte erzeugen; doch wird schon dadurch die Philosophie in Verruf gebracht. Gefährlich ist er, wenn dadurch die geltenden wahren Meinungen über das Gerechte und Schöne erschüttert werden, nicht, damit ihre Inhalte zum Gegenstand des Wissens gemacht, sondern als unwahr hingestellt werden. Deswegen sollen nur »sittsame und ernste Naturen« zur Dialektik zugelassen werden. Deren Studium dauert fünf Jahre. Danach werden die Absolventen in die politische Praxis, die »Höhle«, geschickt, damit sie dort Erfahrungen machen. Erst nach weiteren fünfzehn Jahren werden die, die sich auch dort bewähren, zum Ziel des philosophischen Studiums, der Erkenntnis des Guten, geführt; »und wenn sie das Gute selbst gesehen haben, dieses als Urbild gebrauchend, den Staat, ihre Mitbürger und sich selbst ihr übriges Leben hindurch in Ordnung zu halten, jeder in seiner Reihe, so daß sie die meiste Zeit der Philosophie widmen, jeder aber, wenn die Reihe ihn trifft, sich mit den öffentlichen Angelegenheiten abmühe und dem Staat zuliebe die Regierung übernehme, nicht als verrichteten sie dadurch etwas Schönes, sondern etwas Notwendiges. Und so mögen sie denn, nachdem sie andere immer wieder ebenso erzogen und dem Staat andere solche Hüter an ihrer Stelle zurückgelassen, die Inseln der Seligen bewohnen gehn.«[189]

Wir wissen nicht, in welchem Umfang sich das Studium in der Akademie an dem von Platon in der »Politeia« entworfenen Curriculum orientierte. Der hohe Anteil an Mathematikern unter den Mitgliedern und die bedeutenden Fortschritte auf dem Gebiet der Mathematik, die dort erzielt wurden, lassen jedoch eine intensive

Beschäftigung damit in Lehre und Forschung vermuten. Einer – freilich nicht verifizierbaren – Überlieferung zufolge war der Eingang zur Akademie mit der Inschrift versehen: »Kein Ungeometrischer trete ein.« Dass auch dialektische Übungen zum Studium gehörten, geht aus der »Topik« des Aristoteles hervor, deren Entstehung sich einer solchen Unterrichtspraxis verdankt. Aufschlussreich ist in dieser Hinsicht die Bemerkung über den Wandel in der Unterrichtsweise, die sich in einem Kommentar aus dem 2. Jahrhundert n. Chr. zur »Topik« findet. In dieser Zeit besteht die übliche Methode der philosophischen Unterweisung in der Kommentierung von Texten. Früher dagegen, so heißt es, habe man sich darin geübt, Argumente für oder gegen eine aufgestellte These zu finden, indem man sich auf allseits akzeptierte Prämissen stützte.[190]

Außerordentlich vage und spärlich sind die Überlieferungen zu der Art und Weise, in der Platon lehrte und mit seinen Schülern umging. Darüber existieren heute zwei völlig verschiedene, ja konträre Vorstellungen, die entsprechende Konsequenzen für das gesamte Platonverständnis haben. Der einen zufolge, vertreten von den Anhängern der »Tübinger Schule«, hat Platon in der Akademie Vorlesungen gehalten, in denen er seine eigentliche Lehre vertrat, die er dem geschriebenen Werk nicht anvertrauen wollte und die er darin lediglich andeutete. Danach bildet die »ungeschriebene« mündliche Lehre den esoterischen Hintergrund der exoterischen Dialoge, die von ihr erst jene systematische Einheit erhalten, die sie als solche vermissen lassen. Die Vertreter der »ungeschriebenen Lehre«, die eine geschlossene Schule innerhalb der Platonforschung bilden, haben nicht weniger im Sinn, als das von Schleiermacher begründete, an den Dialogen orientierte »Paradigma« der Platoninterpretation abzulösen und zu ersetzen. Schleiermacher habe, von einem romantischen Kunstverständnis ausgehend, die Dialoge als autonome Werke missverstanden und damit den Zugang zu dem esoterischen Platon verschüttet, der in der Tradition zuvor immer präsent gewesen sei. Dagegen sei der Charakter der Dialoge durchweg ein protreptischer: Sie seien etwas Vorläufiges, das der Erzeugung einer philosophischen Einstellung diene, die die Voraussetzung für das Verständnis einer mündlich erteilten

Lehre sei. Sie seien nur die Spitze eines Eisberges, dessen unsichtbare Masse die »ungeschriebene Lehre« sei.[191]

Das bedeutet, dass Platon nur oberflächlich, nicht aber im Wesentlichen ein Sokratiker wäre, der an der dialogischen Philosophie des Sokrates festhält: Eigentlich ist er ein Prinzipientheoretiker nach vorsokratischem Muster. Das Sokratische ist die exoterische Hülle eines esoterischen dogmatischen Kerns. Die Hauptanhaltspunkte dieser Interpretation sind zum einen Platons Schriftkritik und zum anderen eine – allerdings nicht näher präzisierte – Überlieferung, nach der Platon eine Vorlesung über das Gute gehalten hat, sowie gelegentliche Anspielungen auf »ungeschriebene Lehren« (*agrapha dogmata*) bei Aristoteles; dabei werden aus dem Singular der einen Vorlesung der Plural regelmäßig wiederholter Vorlesungen und Vorlesungsreihen in einem systematischen Unterricht und umgekehrt aus dem Plural der *agrapha dogmata* der Singular einer einheitlichen und geschlossenen Lehre gemacht. Die Erwartungen und Verheißungen, die sich mit dem Programm der Rekonstruktion der »ungeschriebenen Lehre« verbanden und zum Teil noch immer verbinden, sind nicht gering; daran müssen sich seine Vertreter und Befürworter messen lassen. »Es unterliegt keinem Zweifel mehr, daß in der weiteren Erschließung und Interpretation von Texten zur mündlichen Lehre Platons die zentrale Aufgabe der Platonforschung in der nahen Zukunft bestehen wird. Das Thema ist zu gewaltig, die Folgen für unser Gesamtverständnis der europäischen Philosophiegeschichte und Philosophie zu einschneidend, als daß wir nach den neuesten Vermutungen einfach wieder zur Tagesordnung übergehen könnten. Es ist die Aufgabe, die uns allem Anschein nach in dieser forschungsgeschichtlichen Situation aufgegeben ist.« Nicht um das gehe es, heißt es in diesem vor 40 Jahren zuerst gedruckten Aufsatz programmatisch, »was in vierzig Jahren vielleicht wahr sein könnte, es geht darum, jetzt nicht an den Ufern der Geschichte zu stehen und zu versuchen, die Flut der neuen Erkenntnisse zurückzuhalten«.[192]

Zumindest in philosophischer Hinsicht hat uns die Rekonstruktion der »ungeschriebenen Lehre« bisher keine »Flut der neuen Erkenntnisse« beschert, und sie hat uns auch nicht den »Eisberg«

der platonischen Philosophie von unten gezeigt. Heute wie vor vierzig Jahren gehen die entscheidenden philosophischen Anregungen von Platons geschriebenem Werk und nicht von sekundären Überlieferungen zur mündlichen Lehre aus. »Zwei Seiten eines beliebigen Dialogs enthalten jedenfalls mehr philosophische Substanz als alles, was als mittelbarer Inhalt der ungeschriebenen Lehre bisher hat rekonstruiert werden können.«[193] An dieser inzwischen auch fast zwanzig Jahre alten Feststellung hat sich nichts geändert.

Sollte Platon in der Akademie dogmatisch ein philosophisches System gelehrt haben, so wäre er damit praktisch in Widerspruch zu jener Konzeption philosophischer Lehre getreten, die er Sokrates in den Dialogen ausüben und im »Theaitetos« explizit als Hebammenkunst erläutern lässt und die nicht als eine beliebige didaktische Methode unter anderen, sondern als die logische Konsequenz aus der Natur des philosophischen Wissens und der Erkenntnis als Wiedererinnerung erscheint. Noch bevor in der »Tübinger Schule« die »ungeschriebene Lehre« zum Zentrum der platonischen Philosophie deklariert und Platon so zum dogmatischen Lehrer gemacht wurde, hat Harald Cherniss die Überlieferungen zu einer solchen mündlichen Lehrtätigkeit des Akademiegründers angezweifelt und die Existenz einer entsprechenden Lehre bestritten. Seine Vorstellung vom Unterrichtswesen in der Akademie und vom Lehrer Platon steht der der »Tübinger Schule« konträr entgegen; sie hat den Vorteil, sich im Einklang mit der didaktischen Konzeption der Dialoge zu befinden. Der Hauptgrund für die Annahme einer ungeschriebenen Lehre, so Cherniss, ist die Platonkritik der Schüler, namentlich des Aristoteles. Was sie zum Gegenstand ihrer Kritik machen, suchte man in den Dialogen vergeblich, und deswegen nahm man an, Platon habe die dort nicht vorfindlichen Lehren nur mündlich und esoterisch vorgetragen. Dazu bauschte man die Überlieferung zu der einen Vorlesung über das Gute auf, wobei man verkannte, dass das Wenige, was zu den Umständen dieser Vorlesung überliefert ist, geradezu ausschließt, dass es sich dabei um eine esoterische, auf den engen Kreis eingeweihter Schüler beschränkte Veranstaltung gehandelt hat; danach muss es vielmehr ein öffentlicher und Laien zugänglicher Vortrag gewesen sein. Cherniss' Argumentation beruht auf dem Nachweis, dass die kritisierten Lehren sich zwar nicht unmittelbar, wohl aber mittelbar in den Dialogen befänden: Die Kritiker hätten die Dialoge im Sinne jener Lehren interpretiert, die sie anschließend kritisierten; die Formulierung der Lehren sei also ihre, nicht Platons Sache gewesen.

Mit den Schriften Platons, so Cherniss, setzten sich seine Schüler auseinander, daraus bezogen sie ihr jeweiliges Verständnis seiner Philosophie und ihres Kerns, der Lehre von den Ideen. Darüber hielt er keine Vorträge, die die offenen Fragen der Dialoge in Bezug auf die Ideen systematisch und definitiv beantwortet hätten. Solche Antworten erteilte er ihnen nicht, und deswegen bildeten die Schüler ganz unterschiedlich eigene Vorstellungen darüber aus, wozu Platon ihnen die Freiheit ließ, weil er sich bewusst war, dass Erkennntis letztlich nicht durch Überredung und autoritative Belehrung zustande kommt; die Akademie war »keine Schule, in der eine orthodoxe metaphysische Lehre doziert wurde, aber auch keine Vereinigung, die ihren Mitgliedern die Anerkennung der Ideen auferlegte«.[194] Cherniss nimmt an, dass nur die Mathematik regelrecht unterrichtet wurde, und zwar wegen ihres propädeutischen Nutzens. Platons Rolle in der Akademie sieht er nicht als die eines »Meisters«, »ja nicht einmal die eines Seminarleiters, der Themen für Forschungsberichte oder Preisessays vergibt, sondern die eines individuellen Denkers, der durch seine Einsicht und sein Geschick in der Problemformulierung befähigt ist, andern ebenso individuellen Denkern allgemeinen Rat und methodische Kritik anzubieten.«[195]

Aristoteles' Unterrichtsweise und die peripatetische Schule

Es spricht aber vieles dafür, dass daneben zumindest dialektische und später auch rhetorische Übungen abgehalten wurden. Das geht aus Überlieferungen zur Unterrichtsweise des Aristoteles hervor, von der wir uns insgesamt eine bessere und konkretere Vorstellung als zu der Platons machen können. Aristoteles gehörte der Akademie zwanzig Jahre lang an, währenddessen er vom Status eines lernenden »Jüngeren« zu dem eines lehrenden »Älteren« avancierte; das waren die beiden Gruppen, aus denen sich die Mitglieder der Akademie – wie später der peripatetischen Schule – zusammensetzten. In der Akademie also liegen die Anfänge der Lehrtätigkeit des Aristoteles. »Er übte seine Schüler in Behandlung aufgestellter Thesen, unterließ es aber nicht, sie zugleich nach der rhetorischen Seite hin zu schulen. Späterhin begab er sich zu dem Eunuchen Hermias.«[196] Da Aristoteles nach dem Tode Platons zu diesem Hermias, dem Fürsten von Atarneus im nordwestlichen Kleinasien, ging, bezieht sich die Bemerkung über die Unterrichtspraxis auf die Zeit seines ersten Athenaufenthaltes, das heißt die Zeit in der Akademie. Dass er dort dialektische Übungen abhielt, steht im Einklang mit dem Konzept des philosophischen Studienganges der »Politeia«. Warum aber auch rhetorische Übungen, von denen dort nicht die Rede ist? Platon hatte im Gegenteil die Rhetorik seinerzeit im »Gorgias« scharf angegriffen.

Der Grund dafür liegt in der Konkurrenz mit der Schule des Isokrates. Das lassen wiederholte Äußerungen Ciceros über das Verhältnis zwischen Aristoteles und Isokrates erkennen: Dessen Ruhm habe Aristoteles bewogen, »die jungen Leute auch in der Redekunst zu unterweisen«, ja er habe »fast die ganze Richtung seiner Schule« – beziehungsweise seiner Lehre (*disciplina*) – geändert, »als er sah, daß sich Isokrates im Glanz vornehmer Schüler sonnte«, und er habe, einen Vers des Sophokles variierend, gesagt, es sei eine Schande für ihn zu schweigen, während Isokrates rede.[197] Die Schule Platons und die des Isokrates konkurrierten um den Vorrang in der Bildung. Wollte die Akademie nicht hinter dem so erfolgreichen Rivalen zurückstehen, so musste sie ihm auf seinem eigenen Gebiet Paroli bieten; sie durfte die Rhetorik nicht mehr ausgrenzen, sondern musste sie in ihr Lehrangebot aufnehmen. Um zu zeigen, dass eine philosophisch begründete, auf Dialektik und Psychologie fundierte Rhetorik der üblichen sophistischen überlegen sei, schrieb Platon den »Phaidros«, der am Ende auf Isokrates ausdrücklich Bezug nimmt; und was Platon in den Grundzügen konzipierte, führte Aristoteles in seiner Pragmatie aus, die bis heute die beste theoretische Durchdringung und Darstellung der Rhetorik geblieben ist.

Einer weiteren Überlieferung zufolge hat Aristoteles Veranstaltungen zweierlei Typs angeboten, analog den zwei Arten von Schriften, die er verfasste. Der eine war für ein allgemeines Publikum gedacht; Zutritt hatte jeder, der wollte. Die öffentlichen Veranstaltungen und ihre Gegenstände habe er selber als »exoterische« bezeichnet; sie »hatten zum Zweck Einübung der Rhetorik, Ausbildung des scharfen Denkens (i. e. Logik) und Kenntniss (der allgemeinen Moral und) des Staatsrechtes«.[198] Damit steht Aristoteles thematisch ersichtlich in der Tradition des sophistisch-rhetorischen Unterrichts und in Konkurrenz zur Schule des Isokrates. Hier geht es um jene rhetorische, ethische und politische Bildung, wie sie schon Protagoras vertreten hatte, nicht um ein vertieftes philosophisches Studium. Wenn es in der Überlieferung zu Theophrast heißt, es hätten sich an die zweitausend Hörer um ihn versammelt,[199] so werden das die Besucher solcher exoterischen Vorlesungen und Übungen gewesen sein.

Daneben gab es die »akroatischen« Veranstaltungen, »wobei die tiefere und gründliche Kenntniss der Philosophie eine Hauptrolle spielte, und Alles, was mit Betrachtung der Natur und dialektischen Erörterungen in enger Beziehung stand«.[200] Zu ihnen ließ Aristoteles nur zu, wen er zuvor auf intellektuelle Begabung, Vorbildung, Fleiß und Beharrlichkeit im Lernen geprüft hatte. Die exoterischen Vorlesungen und Übungen wurden am späten Nachmittag, die akroatischen am Morgen abgehalten; jene hießen daher der »Abendspaziergang«, diese der »Morgenspaziergang«, was außer auf die Tageszeit auf die ursprüngliche Gewohnheit, im Gehen zu unterrichten, verweist. Dass die Peripatetiker davon ihren Namen haben, wird heute zwar bestritten und die Bezeichnung stattdessen auf die Wandelhalle des Gymnasions zurückgeführt, in der Aristoteles gelehrt habe. Doch gibt es schon zu Platon biographische Überlieferungen, denen zufolge er sich beim Spaziergang mit seinen Schülern zu unterhalten pflegte;[201] und von Aristoteles heißt es, er habe, als die Zahl der Schüler zunahm, damit begonnen, im Sitzen zu unterrichten.[202] Bei Polemon dagegen, dem dritten Leiter der Akademie nach Platon, notiert die biographische Überlieferung es schon als bemerkenswert, dass er nicht im Sitzen, sondern im Auf- und Abgehen Vorträge über ihm vorgelegte Fragen hielt.[203] Diese äußeren Umstände deuten auf unterschiedliche Methoden des Unterrichts hin, wie das Lehrgespräch, die dialektische Diskussionsübung und den zusammenhängenden Vortrag, der mit zunehmender Verwissenschaftlichung und Dogmatisierung an Bedeutung gewonnen zu haben scheint.

Zur Sezession des Aristoteles von der Akademie und Gründung der peripatetischen Schule gibt es unterschiedliche, ja kontroverse Überlieferungen, in denen der Vorgang sowohl als Konflikt als auch als freundschaftliche Arbeitsteilung erscheint. Zum einen wird berichtet, er habe sich noch zu Lebzeiten Platons von diesem losgesagt, was der mit der Äußerung kommentiert habe, Aristoteles habe gegen ihn ausgeschlagen wie ein Fohlen gegen seine Mutter.[204] Eine Geschichte erzählt in melodramatischer Weise sogar von dem Putschversuch einer Aristotelesclique gegen den greisen Schulleiter.[205] Das ist Teil jener schmähsüchtigen Polemik, an der die biographische Überlieferung zu Aristoteles nicht gerade arm ist; er hatte eine stattliche Reihe von Feinden unter den Anhängern des Isokrates wie unter den Philosophen, besonders den Epikureern. Auch dass er Athen nach Platons Tod verlassen hat, wird missgünstig interpretiert, nämlich als Enttäuschung darüber, dass nicht er, sondern Speusipp zum Leiter der Akademie bestimmt worden war; ebenso die Aufnahme der Lehrtätigkeit im Lykeion nach seiner Rückkehr nach Athen: Wieder soll er enttäuscht gewesen sein, dass als Nachfolger Speusipps nicht er, sondern Xenokrates gewählt worden war.

Solchen Darstellungen steht die Version gegenüber, Xenokrates und Aristoteles hätten sich die Nachfolge Speusipps einträchtig geteilt; danach wäre das Lykeion ursprünglich gewissermaßen ein Zweig der Akademie gewesen.[206] Aristoteles hätte somit gar keine eigene, die peripatetische, Schule gegründet. Dass dies erst Theophrast vier Jahre nach dem Tod des Aristoteles getan habe, behauptet Ingemar Düring.[207] Jedenfalls erwarb erst Theophrast ein Grundstück, einen »Garten«, für die Schule, die damit eine eigene lokale Basis nach dem Vorbild der Akademie erhielt. Aristoteles war das, da er kein geborener Athener und somit nicht vollberechtigter Bürger war, nicht möglich gewesen. Zwar stammte auch Theophrast nicht aus Athen, sondern war Metöke wie sein Lehrer; aber er wurde durch Demetrios von Phaleron, der selber Peripatetiker und sein Schüler war, begünstigt, als der eine Zeit lang Athen regierte. Zu dem Grundstück gehörte eine Reihe von schuleigenen Gebäuden, die Theophrast in seinem Testament einer Genossenschaft von zehn Schülern als Fideikommiss, als unveräußerliches Erbe, hinterließ.[208]

Die peripatetische Schule entwickelte eine spezifische wissenschaftliche Tätigkeit, aufgrund derer sie in viel größerem Ausmaß als die Akademie auf eigene Räumlichkeiten angewiesen war. Der Schwerpunkt verlagerte sich von der Dialektik auf die empirisch-historische Forschung, für die eine Menge an Material zusammengetragen und gesammelt werden musste, das wiederum entsprechende Aufbewahrungsmöglichkeiten erforderlich machte. Wichtigster Bestandteil des Forschungs- und Lehrmaterials war die umfangreiche Bibliothek, mit deren Aufbau schon Aristoteles, der »Leser«, wie Platon ihn nannte, begonnen hatte; sie wird im Testament des Theophrast ebenso erwähnt wie Tafeln, auf denen die Erdkarte dargestellt war. Vom intakten Bestand der Sammlungen und ihrer Unterbringungsorte hing die erfolgreiche Arbeit der Schule nicht unwesentlich ab; Verluste und kriegsbedingte Zerstörungen mussten sie daher empfindlich treffen. Von solchen blieb die Schule nicht verschont, was ihren schon im 3. Jahrhundert v. Chr. einsetzenden Niedergang mitbewirkt haben dürfte. So nahm Neleus die Bibliothek, die er von Theophrast geerbt hatte, mit nach Kleinasien, als er die Schule verließ, wodurch vermutlich die Lehre erheblich beeinträchtigt wurde. Zwar verschwanden damit die Lehrschriften des Aristoteles nicht vollständig, wie die Legende besagt, die sie erst nach fast zwei Jahrhunderten wieder aus dem Keller in Skepsis, der kleinasiatischen Stadt, wohin sie Neleus gebracht hatte, zum Vorschein kommen lässt; aber die Wirksamkeit dieser Lehrschriften war doch sehr eingeschränkt.[209]

Stärker als die Akademie war die peripatetische Schule schon in ihrer frühen Phase vom Wechsel der Politik betroffen, da ihre führenden Persönlichkeiten keine Athener Bürger waren. Die philosophischen Schulen waren zwar keine öffentlichen Einrichtungen, sondern rein private Vereinigungen und unterlagen daher nicht staatlicher Regelung oder Aufsicht; die neuere Forschung geht überwiegend davon aus, dass sie nicht einmal den Status von Kultvereinen besaßen, wie im Anschluss an Wilamowitz vielfach angenommen wurde.[210] Dennoch blieb die Politik nicht ohne Auswirkungen auf die Schulen, vor allem auf die peripatetische. Der entscheidende Faktor war dabei das Verhältnis zu den Makedonen. Von einer makedonisch orientierten Regierung wie der des Demetrios von Phaleron wurde sie begünstigt; der Umschwung zu einer makedonenfeindlichen dagegen wurde wiederholt bedrohlich. So musste schon Aristoteles nach dem Tod Alexanders Athen verlassen, um einer Verurteilung zu entgehen; auf die Frage, warum er sich dazu entschlossen habe, solle er mit einer Anspielung auf das Schicksal des Sokrates geantwortet haben, »er wolle nicht, dass die Athener sich ein zweites Mal gegen die Philosophie versündigten«.[211] Noch bedenklicher für den Bestand der Philosophie in Athen war die Situation, als nach der Vertreibung des Demetrios von Phaleron im Jahre 307 v. Chr. die national gesinnten Demokraten an die Macht kamen. Ein gewisser Sophokles brachte ein Gesetz durch, »es dürfe kein Philosoph als Leiter einer Schule auftreten ohne die ausdrückliche Genehmigung des Rates und des Volkes; Widergesetzlichkeit gegen diese Bestimmung sollte die Todesstrafe nach sich ziehen«.[212] Obwohl allgemein formuliert, richtete sich das Gesetz insbesondere gegen die Peripatetiker, die als makedonenfreundlich galten und an denen deswegen Rache geübt wurde. Theophrast verließ die Stadt, mit ihm die übrigen Philosophen, wie Diogenes Laertius berichtet; und weiter heißt es bei ihm: »Doch schon im folgenden Jahr kehrten sie wieder zurück, da Philion den Sophokles wegen Gesetzesübertretung belangt hatte. Darauf hin hatten die Athener das Gesetz wieder aufgehoben, dem Sophokles eine Strafe von fünf Talenten auferlegt und den Philosophen die Rückkehr gestattet, damit auch Theophrast wieder zurückkehren und wieder in die alten Verhältnisse eintreten möchte.«

Die hellenistischen Neugründungen: Epikurs »Garten« und Stoa

Das ist ein denkwürdiger Vorgang: Fast ein Jahrhundert nachdem Sokrates zum Tode verurteilt und hingerichtet worden war, revidierten die Athener einen ähnlichen Fehler. Das Gesetz, das Sophokles eingebracht hatte, verstieß gegen das Recht auf freie Vereinigung, dem mit der Aufhebung des Gesetzes erneut Geltung verschafft wurde. Damit war nicht nur die Gefahr für den Bestand der Philosophie in Athen abgewendet, sondern auch die Bedingung dafür wiederhergestellt, dass die Stadt ihren Rang als die Metropole philosophischer Bildung und ihre Attraktivität auf diesem Gebiet in den nächsten zwei Jahrhunderten noch steigern konnte. Das geschah vor allem durch die Gründung zweier neuer Schulen, der epikureischen und der stoischen, bald nach dem Wiedereinzug der Philosophen. Noch im selben Jahr kaufte Epikur den »Garten«, in dem er fortan lebte und lehrte; wenige Jahre später begann Zenon, in der *stoa poikile* zu unterrichten.

Auch die Neugründungen folgten dem Vorbild der Akademie, ohne es schlicht zu kopieren; beide entwickelten sie – wie schon die Peripatetiker – einen je eigenen, unverwechselbaren Charakter, der sie zu den markantesten Erscheinungen der hellenistischen Philosophie werden ließ. Bei den Epikureern ist der Charakter einer Gemeinschaft, die sich von der Öffentlichkeit weitgehend separiert, am stärksten ausgeprägt. Bezeichnenderweise nehmen sie als die einzige der großen Schulen keine öffentlichen Einrichtungen in Anspruch, sondern beschränken sich auf den »Garten« Epikurs. Der engen institutionellen Bindung entspricht die dogmatische Fixierung auf die Lehre des Gründers, was keinen Raum für die Entwicklung und Weiterbildung der epikureischen Philosophie lässt; sie bleibt auf dem Stand, den sie schon bei Epikur hat.

Dieser war, obwohl auf Samos geboren, vollgültiger Athener Bürger. Zenon von Kition dagegen war nicht einmal griechischer, sondern phönizischer Abstammung, und wie er waren seine Nachfolger in der Schulleitung zunächst durchweg Ausländer. Von den großen Schulen repräsentiert die Stoa am meisten den kosmopolitischen Geist des Hellenismus, den sie in ihrer Philosophie auch theoretisch ausbildete. Ihr Bezugspunkt ist nicht mehr die Polis wie bei Sokrates, Platon oder Aristoteles, sondern der Kosmos, und so haben sie zur Ausbildung eines Humanitätsideals, das die gesamte Menschheit einbezieht, am meisten beigetragen.

Wohl weil die führenden Stoiker Ausländer waren, besaßen sie kein eigenes Schullokal, sondern waren in Athen auf öffentliche Gebäude und Anlagen angewiesen. Ihre institutionelle Basis war somit relativ schwach, und das dürfte nicht unwesentlich dazu beigetragen haben, dass die Schule im Gegensatz zu der Epikurs unterschiedliche Richtungen ausgebildet und Entwicklungen durchgemacht hat; die institutionelle Schwäche hatte eine vielfältige Ausdifferenzierung zur Folge. Schon die frühe Phase ist durch Divergenzen gekennzeichnet, die fast zur Auflösung geführt beziehungsweise die feste Etablierung der Schule verhindert hätten. Äußerlich manifestiert sich das in dem Ausweichen auf ein anderes Schullokal, was ja gewöhnlich eine Abspaltung und den Willen zur Gründung einer eigenen Schule signalisiert. So ist überliefert, dass die beiden gegensätzlichen Persönlichkeiten, die nach Zenon das Spektrum der frühen Stoa in seiner Breite markieren, nicht in der »bunten Halle« am Markt, sondern an jeweils anderen Orten gelehrt hätten: Ariston von Chios im Kynosarges, dort also, wo schon Antisthenes unterrichtet hatte, auf den sich dann später die Kyniker beriefen. Die Wahl der Stätte war nicht zufällig; denn nach antisthenisch-sokratischem wie kynischem Vorbild reduzierte Ariston die Philosophie auf die Ethik und modifizierte dadurch und darin die stoische Lehre so gravierend, dass er als Stifter einer eigenen Sekte (*hairesis*) galt und seine Schüler »Aristoneer« genannt wurden.

Ariston selber hatte den Beinamen »die Sirene«, was auf sein außergewöhnliches Überredungstalent hinweist; er war populär und so erfolgreich, dass Chrysipp auf entsprechende Vorhaltungen ausdrücklich begründen musste, warum er nicht zu ihm in die Schule gehe. »Wollte ich auf die große Menge hören«, soll er gesagt haben, »so wäre ich niemals Philosoph geworden.«[213] Chrysipp repräsentiert die Stoa in ihrer anderen, wissenschaftlichen Ausprägung. Unzufrieden mit dem Schulhaupt Kleanthes, der als Nachfolger des Gründers Zenon an dessen Lehre treu festhielt, setzte auch er sich von der »Halle« am Markt ab, ging aber ins Lykeion, wo er unter freiem Himmel Vorträge hielt. Doch gerade diese Sezession wurde gewissermaßen zur Zweit- und Neugründung der Stoa; es hieß: »Denn ohne den Chrysipp gäb's auch die Stoa nicht.« Im Gegensatz zu dem ethischen Reduktionismus des Ariston baute Chrysipp die stoische Philosophie systematisch aus und produzierte dazu sein ungeheuer umfangreiches literarisches Werk. Den größten Ruhm erwarb er sich auf dem Gebiet der Logik beziehungsweise Dialektik, wo er als einzigartig galt; man sagte, »wenn die Götter es mit der Dialektik zu tun hätten, so wäre dies keine andere Dialektik als die des Chrysipp«. Ihm verdankt sich, dass die stoische Logik nach und neben der aristotelischen in der Antike der bedeutendste Beitrag zu dieser Disziplin ist, was erst neuere philosophiehistorische Forschungen wieder zu würdigen wissen; und so mag denn auch darin eine gewisse Symbolik liegen, dass Chrysipp das Lykeion zum Unterrichtslokal wählte; der Ort passte in dieser Hinsicht zu ihm wie das Kynosarges zu Ariston.

Für die weitere Geschichte der stoischen Philosophie ist es bezeichnend, dass beide Wege, sowohl der des Ariston wie der des Chrysipp, mögliche Optionen blieben. Im späteren Hellenismus war die Stoa unter den philosophischen Schulen im Hinblick auf den wissenschaftlichen Ertrag die fruchtbarste und bedeutendste. Dagegen tritt in der folgenden Kaiserzeit die stoische Philosophie vor allem als populäre ethische Unterweisung und Lebensform, die sich dem kynischen Ausgangspunkt wieder annähert, in Erscheinung wie etwa bei Seneca und Epiktet.

Zwei Merkmale, mit denen sich die Schulphilosophie der Epikureer und Stoiker präsentiert, seien noch erwähnt. Das eine ist die systematische Einteilung in die drei Disziplinen Physik, Logik und Ethik, die selbst für den Reduktionismus des Ariston den Hintergrund abgibt. Sie ist das Produkt der Verschulung der Philosophie und tritt zuerst in der Akademie unter den Nachfolgern Platons in Erscheinung; überall dort, wo nicht nur philosophiert, sondern Philosophie gelehrt wird, scheint eine solche Systematisierung unvermeidlich zu sein.

Das andere Merkmal besteht darin, dass nicht nur die Philosophie und ihre theoretische Lebensform als solche zum Gegenstand der *hairesis*, der Wahl und Entscheidung, werden, sondern eine solche Wahl auch innerhalb der Philosophie verlangt wird. Nicht die Philosophie als solche garantiert wie noch bei Platon und Aristoteles das höchste Glück, die *eudaimonia*, sondern die richtige Philosophie. Im Hellenismus bieten die verschiedenen Schulen – die skeptische des Pyrrhon und die kynische eingeschlossen – unterschiedliche Wege zum Glück an. Das bedingt eine Konkurrenz der Schulen untereinander, mit der oft eine Polemik einhergeht, die derjenigen nicht nachsteht, die die Konkurrenz zwischen Philosophie und Rhetorik begleitet. Die Wahl der Schule wird zum Bekenntnis, das eine Bindung verlangt. In den Philosophenbiographien ist häufig zu lesen, dass der Betreffende zunächst bei einer Reihe von Lehrern gehört hat, bis er endlich auf denjenigen trifft, dem und dessen Schule er sich anschließt – wenn er nicht aus Ungenügen an allen Lehrern und Schulen eine eigene eröffnet wie Epikur, der besonderen Wert darauf legte, dass er das Entscheidende seiner Lehre von keinem anderen erfahren habe; er gab sich betont als Autodidakt.

Und wie der Anschluss an eine bestimmte Schule, so ist auch der Übertritt von der einen zur anderen eine Frage des Bekenntnisses. Man wechselt die Schule nicht wie in neueren Zeiten die Universität, um andere Lehrer und Theorien kennen zu lernen, sondern weil man den Glauben an die grundlegenden Prinzipien verloren hat. So heißt es, der Stoiker Dionysios sei an der Lehre des Zenon irregeworden, als ihn der heftige Schmerz eines Augenleidens an der Gleichgültigkeit des Schmerzes habe zweifeln lassen. Er wurde Kyrenaiker und erklärte fortan die Lust für das Endziel. Die biographische Überlieferung stellt ihn in ein ungünstiges Licht: Er habe sich nach dem Abfall vom Stoizismus als Hedonist in Bordellen herumgetrieben und »ganz unverhüllt seinen schamlosen Leidenschaften« gefrönt.[214] Es ist das Klischee des Abtrünnigen, der aus Mangel an innerem Halt zum Verräter an den alten Idealen wird und dessen wahrer Charakter beziehungsweise dessen Charakterlosigkeit sich erst nach der Apostasie offenbart; dieses Klischee wird zumeist von den früheren Glaubensbrüdern und Genossen verbreitet, die damit ihrer Enttäuschung über den vermeintlichen Verrat und ihrer Rache Ausdruck verleihen. Besagter

Dionysios ging in die antike Philosophiegeschichtsschreibung als »Metathemenos«, als »Überläufer«, ein. Ähnlich charakterlos und verdorben stellt die Überlieferung Bion von Borysthenes dar, der maßgeblich zur Entwicklung der kynischen Literatur und zumal der Diatribe beigetragen hat: Er lief von der Akademie zu den Kynikern über, dann zu den atheistischen Theodoreern und schloss sich auch noch dem Theophrast an; wie dem Dionysios Metathemenos werden ihm sexuelle Ausschweifungen nachgesagt, und auf dem Sterbebett soll er schließlich auch noch seine atheistischen Überzeugungen verraten haben, indem er bereute und Amulette anlegte. Er hatte nicht nur eine Schule, sondern die gesamte Zunft in Verruf und damit gegen sich aufgebracht; es heißt über ihn: Bion war »ein gewandter und vielseitiger Sophist, der denen, die die Philosophie herrunterreißen wollten, zahlreiche Handhaben bot«.[215]

Welche Dauer war den vier großen Philosophenschulen beschieden? Das Ende der antiken Philosophie, so liest man bisweilen, sei durch die von Kaiser Justinian verfügte Schließung der Schulen in Athen erfolgt. Das suggeriert einen Fortbestand bis ins 6. Jahrhundert n. Chr., und zumindest in Bezug auf die Akademie wird immer wieder die lückenlose Existenz bis zu diesem Zeitpunkt explizit behauptet, wobei eine gewisse Faszination von der magischen Grenze eines Jahrtausends auszugehen scheint, die damit fast erreicht worden wäre. Die »von Platon gestiftete Schule hat in ununterbrochener Schultradition nahezu tausend Jahre bestanden, bis Kaiser Justinian sie im Jahre 529 n. Chr. aufgelöst hat«.[216] Nun muss man bei der Frage nach der Dauer die verschiedenen Bedeutungen von »Schule« berücksichtigen. Keine der Institutionen, die im 4. Jahrhundert v. Chr. von Platon, Aristoteles beziehungsweise Theophrast, Epikur und Zenon gegründet worden waren, hat bis ins 6. Jahrhundert n. Chr. existiert. Sie waren lange zuvor untergegangen, selbst die Akademie. Das institutionelle Ende bedeutete jedoch nicht das Aussterben der philosophischen Richtungen, die sie vertraten. Als solche überlebten die Schulen eine Zeit lang den Untergang ihrer ursprünglichen Institutionen. Doch auch in dieser Hinsicht bestand allein die platonische Philosophie in Form des Neuplatonismus, der stoische und aristotelische Elemente in sich aufgenommen hatte, bis ins 6. Jahrhundert n. Chr. fort. Zwar waren die Neuplatoniker bestrebt, auch institutionell an die Akademie anzuknüpfen; doch war das die Wiederaufnahme der Tradition, nicht die lückenlose Fortsetzung. Es verhält sich damit ähnlich wie etwa mit der Universität Erfurt: Die alte war 1816 nach über vierhundertjähriger Dauer geschlossen worden; 1994 wurde am Ort eine neue gegründet, von der man trotz aller dabei reichlich aufgewendeten Traditionsrhetorik nicht sagen kann, sie sei mit der alten identisch.

Wir wissen von keiner der vier großen Schulen in Athen genau, wann sie zu existieren aufgehört hat; neueren Forschungen zufolge geschah dies zumindest bei dreien – der platonischen, der aristotelischen und der stoischen – irgendwann im ersten Jahrhundert v. Chr.[217] Die Gründe dafür waren komplex; einer davon lag in den Verwüstungen, die Athen während des ersten Mithridatischen Krieges 86 v. Chr. durch Sulla erlitt; davon waren auch die Akademie und das Lykeion betroffen. Geradezu symbolisch erscheint die Verschleppung der nicht lange zuvor wieder aufgetauchten Bibliothek des Aristoteles und Theophrast als Kriegsbeute nach Rom. Die politischen Umstände mögen mitverantwortlich dafür gewesen sein, dass weniger Studierwillige nach Athen kamen; darauf waren aber die Schulen angewiesen. Es waren nicht die Athener, die das Gros der Studenten bildeten, im Gegenteil; das geht indirekt schon daraus hervor, dass die meisten Schulhäupter Auswärtige waren – im Peripatos und in der Stoa von Anfang an, später aber auch in der Akademie.

Während in Athen die alten philosophischen Schulen zugrunde gingen, wurden in anderen Städten des Römischen Reiches neue eröffnet. Die beiden Vorgänge hingen zusammen: Man musste nicht mehr nach Athen reisen, um Philosophie zu studieren; man konnte dies beispielsweise auch in Rhodos und Alexandria und an vielen anderen Orten tun. In Rom erstellte Andronikos von Rhodos die Ausgabe der Lehrschriften des Aristoteles und Theophrast, die die weitere Geschichte des Aristotelismus maßgeblich bestimmte. Mit Rom vor allem ist die letzte große Phase der stoischen Philosophie, die Stoa der Kaiserzeit, verbunden. Dort studierte Seneca – neben seiner Ausbildung in Rhetorik – Philosophie. Epiktet wurde durch den römischen Ritter Musonius Rufus in die stoische

Philosophie eingeführt und begann selber in Rom zu lehren, bevor ihn die Ausweisung der Philosophen durch den Kaiser Domitian betraf. Er ging nach Griechenland, aber nicht nach Athen, sondern lehrte in Nikopolis und zog dort viele Schüler an sich. Plotin, der in Alexandria zum Neuplatoniker geworden war, wirkte als Lehrer in Rom. Erst der späte Neuplatonismus hatte sein Zentrum in Athen, wo seine Anhänger die Tradition der Akademie wieder aufleben ließen.

Zwei Veränderungen, die die schulische Situation der antiken Philosophie in der späteren von der früheren Zeit unterscheiden, seien zum Abschluss noch angesprochen. Waren die Schulen zuerst rein private Einrichtungen, so traten später von öffentlichen Mitteln unterhaltene Lehrstühle hinzu. Die Entwicklung beginnt mit der Einbeziehung der Philosophie in den Unterricht für die wehrpflichtigen jungen Männer, den Ephebenunterricht. »Für die Mitwirkung an einem öffentlichen Dienst zahlte die Polis ihren Philosophen wahrscheinlich ein Entgelt. Jedenfalls wurde ein durch die Gemeinwesen entlohnter städtischer Philosophieunterricht immer üblicher. Diese Bewegung erfährt ihre Blüte und Krönung, als Kaiser Marc Aurel im Jahre 176 n. Chr. vier aus der kaiserlichen Schatulle finanzierte Lehrstühle stiftet, an denen die vier traditionellen Lehren unterrichtet werden: Platonismus, Aristotelismus, Epikureismus und Stoizismus. Die von Marc Aurel gestifteten kaiserlichen Lehrstühle stehen in keinem Kontinuitätsbezug zu den alten athenischen Einrichtungen, sondern es war ein Versuch des Kaisers, aus Athen erneut ein Zentrum der philosophischen Kultur zu machen. Und tatsächlich kamen erneut scharenweise Schüler in die antike Stadt.«[218] Die öffentlichen Lehrstühle, so muss betont werden, ersetzten nicht den privaten Unterricht, sondern ergänzten ihn allenfalls. Epiktet und Plotin, um nur zwei prominente Beispiele aus der Kaiserzeit zu nennen, waren private Lehrer. Außerdem war der Umfang, in dem die Philosophie öffentlich gefördert wurde, bei weitem nicht so groß wie der in Bezug auf die Rhetorik. Dennoch war für einen Philosophen ein öffentlicher Lehrstuhl eine lukrative Angelegenheit, wie Lukians Satire »Der Eunuch oder der Philosoph ohne Geschlecht« zeigt, die die Bewerbung um den vakanten Lehrstuhl für aristotelische Philosophie und die heftige Konkurrenz zweier Kandidaten zum Gegenstand hat; wie immer in Lukians Satiren auf die Philosophie und die Philosophen fällt dabei ein erhellendes Licht auf die konkreten historischen Umstände und Hintergründe.

Die zweite Veränderung betrifft die Methode des Unterrichts. Es ist inzwischen der Unterricht in einem etablierten Fach, das zur Bildung gehört und das immer mehr studieren, um ihre Bildung zu vervollständigen, nicht um selber ein Leben lang Philosoph zu sein. Es findet, wie erwähnt, Eingang in das Programm des Ephebenunterrichts. Mancher, der Rhetorik studiert, begnügt sich nicht mit deren pedantischem Lehrsystem, sondern hält wie Cicero philosophische Kenntnisse für unumgänglich; Galenos, der berühmteste Arzt der späten Antike und bedeutendste nach Hippokrates, begründet die Notwendigkeit der Philosophie für die Medizin in seiner Schrift »Daß der vorzügliche Arzt auch Philosoph sein muß«. Es ist ferner ein Fach, das seine feststehenden Klassiker hat, die großen Gründergestalten, deren Werke kanonischen Rang besitzen. Und es ist der Unterricht in einer autoritätsgläubigen Zeit, die die Wahrheit in alten Büchern, Urkunden und Offenbarungen sucht, die Zeit der »Bibel«. All diese Bedingungen führen zu einem Unterricht, in dem anhand von Texten Lehren und Kenntnisse vermittelt werden. »Jetzt heißt es, zu den Quellen zurückzukehren. Der Unterricht besteht künftig darin, die allgemein zugänglichen Texte der ›Autoritäten‹ auszulegen, beispielsweise Platons Dialoge, Aristoteles' Abhandlungen, die Werke von Chrysippos und die seiner Nachfolger. Während die schulische Aktivität in der vorangegangenen Epoche vor allem darin bestand, die Schüler in Methoden des Denkens und der Argumentation auszubilden, wobei die bedeutenden Mitglieder der Schule oft sehr unterschiedliche Meinungen vertraten, geht es nun im Wesentlichen um die Vermittlung einer Schulorthodoxie.«[219] Man geht die Probleme nicht direkt, sondern im Ausgang von den Meinungen der Klassiker darüber an. So verfahren selbst die Eigenständigsten unter den Lehrern dieser Zeit wie etwa Epiktet oder Plotin. Und weil die Texte schon sehr alt und zum Teil schwer verständlich sind, braucht man Kommentare, ferner für das Studium Handbücher, Abrisse, Überblicke; vor allem solche »Sekundärliteratur« wird in dieser Zeit produziert. Es ist in methodischer Hinsicht gewissermaßen die Vorwegnahme der Scholastik. »Marie-Dominique Chenu hat die Scholastik des Mittelalters ausgezeichnet definiert als eine ›rationale Art zu denken, die sich bewußt und willentlich von einem als Autorität anerkannten Text her entfaltet‹. Akzeptiert man diese Definition, kann man sagen, daß der philosophische Diskurs ab dem 1. Jahrhundert v. Chr. allmählich zu einer Scholastik wird und daß die Scholastik des Mittelalters deren Erbe antritt.«[220]

Antike Philosophie als Lebensform

Die literarischen und schulischen Formen der antiken Philosophie sind in ihrem Sinn wesentlich auf das Ziel einer philosophischen Lebensform, auf eine spezifisch philosophische Führung und Gestaltung des Lebens bezogen. Die Schule ist ursprünglich und in ihrem Kern immer eine solche Lebensweise, die die Voraussetzung und den Hintergrund der Sonderform einer rein theoretischen Literatur wie die der aristotelischen Pragmatien bildet. Die meisten literarischen Genres aber enthalten den Bezug dadurch, dass sie – wie etwa die sokratischen Dialoge – philosophisches Leben und Ethos paradigmatisch darstellen oder dass sie dazu ermahnen und anleiten, wie es die vielfältigen protreptischen und paränetischen Schriften tun.

Der Anspruch, Lebensform zu sein, ist allen Ausprägungen und Richtungen der antiken Philosophie gemeinsam. Er verbindet so heterogene Erscheinungen wie die Akademie oder den Peripatos einerseits und den Kynismus andererseits und begründet, dass sowohl Platon und Aristoteles als auch der Kyniker Diogenes als Philosophen gelten. Dieser Titel lässt die Trennung von Theorie und Leben nicht zu, und eher verliert derjenige den Anspruch darauf, bei dem beides nicht im Einklang steht und der nicht gemäß der Theorie lebt, als der, dessen Lehre zwar schlicht und theoretisch dürftig ist, dafür aber umso konsequenter gelebt wird; wobei gemäß der Theorie leben auch bedeuten kann, die Theorie als Lebensform zu realisieren.

Der Charakter der Lebensform ist ein wesentliches Merkmal der gesamten antiken Philosophie; und er ist zugleich dasjenige, wodurch diese sich am meisten von der nachantiken unterscheidet. Eine historische Betrachtung hat beide Aspekte zu beachten: Sie muss die antike Philosophie in ihrer Eigenart als Lebensform darstellen, und sie muss zu beantworten suchen, warum in der nachantiken dieser Charakter verloren geht. Sie darf sich davon nicht dadurch abhalten lassen, dass im Verständnis der Neuzeit Philosophie sich weitgehend auf die Produktion von Theorien beschränkt und der Anspruch auf ein Leben gemäß der Philosophie eher als eine Überspanntheit oder Naivität angesehen wird; »heutzutage hält man den für einen Schwärmer, der so lebt wie er lehrt«, meinte schon Kant, nachdem er zuvor geurteilt hatte, die »alten griechischen Philosophen wie Epicur, Zeno, Socrates etc.« seien »der wahren Idee des Philosophen weit getreuer geblieben, als wie in den neueren Zeiten geschehen ist«.[221]

Der Begriff der Lebensform oder Lebensweise wird hier weit gefasst, ohne exakte terminologische Fixierung. Es soll damit dem Umstand Rechnung getragen werden, dass in der Antike die Philosophie nicht die eine, das Leben dagegen eine andere Angelegenheit ist und beides vom Philosophietreibenden grundsätzlich auseinander gehalten werden könnte; oder positiv formuliert: dass die Entscheidung für die Philosophie die für eine bestimmte Art zu leben ist und die Philosophie das Leben bestimmt. Wie sie dies konkret und im Einzelnen tut, ist damit noch nicht gesagt. Es gibt nicht die eine, ausschließliche philosophische Lebensform, sondern mehrere und verschiedene – etwa die eines Mitglieds der peripatetischen Schule einerseits und die eines kynischen Wanderpredigers andererseits, um die Spannweite möglicher Varianten mit zwei heterogenen Beispielen anzudeuten.

Mit philosophischer Lebensform kann die individuelle Praxis gemeint sein, die der Theorie folgt – dass jemand, mit Kant zu reden, »so lebt wie er lehrt«, das heißt, dass er moralisch so lebt, wie er lehrt, dass man leben soll. »Wann willst du anfangen, tugendhaft zu leben«, zitiert Kant an besagter Stelle Platon, der dies einem alten Mann vorhielt, welcher »ihm erzählte, daß er Vorlesungen über die Tugend anhörte«. Und Kant fährt fort: »Man muß doch nicht immer spekulieren, sondern auch einmal an die Ausübung denken.« Aber philosophische Lebensform ist nicht nur das Leben gemäß der Lehre; sie ist, exemplarisch und demonstrativ exekutiert, bei manchen Philosophen wie den Kynikern, unverzichtbarer Bestandteil der Lehre, mit der sie verschmilzt. Und schließlich kann sie das Leben *für* die Theorie sein, die rein theoretische Lebensform, die *vita contemplativa* im Gegensatz zur *vita activa*.

Lebensformen sind in neuerer Zeit häufiger Gegenstand der Soziologie und Sozialgeschichte als der Philosophie. Die soziohistorische Perspektive und der soziologische Begriff der Lebensform sind aber nur sehr bedingt dazu tauglich zu erfassen, was in der antiken Philosophie die bewusste Lebensführung bedeutet. Das hat seinen Grund vor allem im Nonkonformismus, der dieser Philosophie und den antiken Philosophen eigen ist. Für sie gilt im Wesentlichen nicht, dass ihre Lebensformen »geschichtlich eingeübte soziale Verhaltensweisen«[222] sind. In die Philosophie wächst man nicht hinein wie in eine traditionelle gesellschaftliche Rolle; vielmehr muss man sich dazu entschließen mit einer Entscheidung, die das ganze weitere Leben bestimmt und die nicht selten das vorherige geradezu umwälzt. Die Hinwendung zur Philosophie wird dann zu einem Akt der Bekehrung, in dem mit dem bisherigen Leben gebrochen wird: Platon gibt seine dichterischen Ambitionen auf und verbrennt seine Tragödien, als er Schüler des Sokrates wird. Polemon, vierter Leiter der Akademie, war in seiner Jugend dem Wein und sexueller Ausschweifung verfallen. Einst geriet er in Gesellschaft seiner Zechgenossen und Lustknaben in einen Vortrag des Xenokrates, der, von der Störung unbeeindruckt, fortfuhr, über die *sophrosyne*, die Tugend der Mäßigung und Besonnenheit, zu sprechen. Davon wurde Polemon so eingenommen, dass er sich fortan ganz der Philosophie widmete und schließlich Nachfolger des Xenokrates in der Leitung der Schule wurde.[223]

Manchmal geht der Bruch als existentielles Ereignis voraus, in welcher Situation die Philosophie neue Sicherheit und Orientierung bietet: Verbannung oder Flucht aus der Heimat wie bei Diogenes von Sinope, der, nach Athen gelangt, sich beharrlich Zugang zu dem abweisenden Antisthenes verschafft. Ein Bruch im wörtlichen Sinne bei Zenon, dem Begründer der Stoa: Ursprünglich Kaufmann und Reeder, trifft er nach einem Schiffbruch, durch den er sein ganzes Vermögen verloren hat, im Hafen zufällig auf den Kyniker Krates, dessen Schüler er eine Zeit lang wird. Später wird er sagen: »Das ist doch nun eine glückliche Fahrt gewesen, als ich Schiffbruch litt.«[224]

Immer wieder sind es das Erlebnis und der Eindruck einer großen philosophischen Persönlichkeit, die die Hinwendung zur Philosophie veranlassen. Ein geradezu erotisches Verlangen erzeugt, wie in Platons »Symposion« in der Rede des Alkibiades einzigartig dargestellt ist, die Begegnung mit Sokrates. Der Kyniker Monimos war Diener bei einem Geldwechsler, als er einen Kunden den Diogenes rühmen hörte. Das erweckte in ihm »die Liebe zu dem Mann in dem Grade, daß er sich wahnsinnig stellte und das Kleingeld sowie sämtliches Silbergeld auf dem Wechseltisch bunt durcheinander warf, bis ihn sein Herr entließ. Und nun schloß er sich flugs dem Diogenes an.«[225] Es ist eine ähnliche Geldgeschichte wie die, die von Diogenes selber in verschiedenen Varianten erzählt wurde, nämlich dass er, Sohn eines Geldwechslers, die Münze verfälscht oder umgeprägt hatte, was seine Verbannung veranlasste und damit die Hinwendung zur Philosophie. Wörtlich verstanden ist die Tat der letzte Akt seines vorphilosophischen Lebens; metaphorisch dagegen bedeutet sie den Umsturz der Sitten und Gesetze, die »Umwertung der Werte«, als den Grundsinn kynischer Existenz.

Diogenes war, so besagt eine Überlieferung, vom Orakel ermuntert worden, »die Münze umzuprägen«.[226] Auch durch eine Art göttlicher Berufung wird man zum Philosophen. Epiktet meinte sogar, dass ohne derart berufen zu sein niemand Lehrer der Philosophie werden solle. »Es ist ein wichtiges Geschäft, es ist ein mystisches, priesterliches Geschäft; es kommt nicht an einen jeden. [...] Es dürfte vielleicht auch noch nicht genug sein, dass einer ein Gelehrter ist, um sich mit dem Unterricht junger Leute abzugeben. Es gehört wahrhaftig noch eine besondere Fertigkeit und Tüchtigkeit dazu, sogar eine besondere Leibesbeschaffenheit; und vor allem muss es Gott selbst einem raten, solchen Posten zu übernehmen.«[227] Dazu verweist Epiktet auf die drei größten Vorbilder der Stoa, die alle durch ein Orakel zur Philosophie berufen wurden; neben Diogenes sind das Sokrates und Zenon. Die Vermutung ist plausibel, dass die Orakel des Diogenes und Zenon literarische Nachbildungen oder Parodien jener Überlieferung sind, nach der Sokrates sein Geschäft der Menschenprüfung aufnahm, um die Auskunft des delphischen Orakels zu widerlegen, er sei der weiseste der Menschen.[228] Auch wenn die übrigen anekdotischen Erzählungen über Hinwendung und Bekehrung zur Philosophie mehr literarisch als historisch anmuten, so bringen sie doch in symbolischer Überhöhung die Bedeutung zum Ausdruck, die man diesem Schritt beimaß. Wiederum ist es bezeichnend, dass sich in nachantiker Zeit solche Geschichten wohl zu bedeutenden religiösen Persönlichkeiten, schwerlich aber zu Philosophen finden.

Der antike Philosoph lebt anders als die anderen, als die große Menge des Volkes. Die Vorliebe für das Paradox kennzeichnet nicht nur die Theorie, sondern auch die philosophische Lebensweise, wofür wiederum der Kynismus die prägnantesten Beispiele liefert. »Ins Theater ging er«, heißt es über Diogenes, »wenn die andern ihm daraus entgegenströmten, und, nach dem Grunde gefragt, sagte er: ›So halte ich es grundsätzlich in meiner ganzen Lebensführung.‹«[229] Die nonkonformistische Lebensweise muss sich nicht, wie extrem im Kynismus, in der äußeren Erscheinung manifestieren; sie kann sich auch auf das Wesentliche, die innere Einstellung, beschränken, durch die ein nach außen hin wenig auffälliges und weitgehend gleichförmiges Leben sich radikal unterscheidet. Das will folgende Sokrates-Überlieferung zum Ausdruck bringen: »Die anderen Menschen, pflegte er zu sagen, leben, um zu essen; er selbst aber esse, um zu leben.«[230] Der Philosoph lebt nach Prinzipien, die die der gewöhnlichen Lebensauffassung auf den Kopf stellen; eben das hält Kallikles als der Vertreter des *common sense* Sokrates in Platons »Gorgias« so verwundert wie verärgert entgegen: »Denn wenn du es ernstlich meinst und das wahr ist, was du sagst, so wäre ja wohl das menschliche Leben unter uns ganz verkehrt und wir täten in allen Dingen das gerade Gegenteil, wie es scheint, von dem, was wir sollten.«[231]

Im Verhältnis des antiken Philosophen zum Volk finden sich häufig Bekundungen tiefer Verachtung, in denen sich der Abstand zu den Vielen, den Toren und der unphilosophischen Menge, affektiven Ausdruck verschafft. Mit dem elitären Selbstbewusstsein, einer Einsicht teilhaftig zu sein, die der unverständigen Masse verschlossen ist, verkünden Parmenides und Heraklit ihre Lehren. »Die meisten sind schlecht«, dieser Wahlspruch des Bion, eines der Sieben Weisen, kehrt sinngemäß in manchen Worten und Reden des Sokrates wieder, obwohl man doch meinen sollte, seine Herkunft verbiete ihm solche Herablassung. Der »große Haufe«, so lässt ihn Platon in der »Politeia« versichern, habe zu den Ideen keinen

Zugang, und eine »Menge« könne unmöglich philosophisch sein.[232] Die meisten sind so dumm und so schlecht, dass sie eher dem Vieh gleichen und ein wahrer Mensch so selten ist, dass man ihn am hellen Tag mit angezündeter Laterne suchen muss, wie die bekannte Diogenes-Anekdote besagen will. Die im Hellenismus aufkommende moralistische Biographie hat Demokrit und Heraklit zu Grundtypen stilisiert, mit denen die Einstellung des Philosophen zu seinen Mitmenschen auf die Alternative von Lachen und Weinen gebracht wird. Worüber Demokrit ständig lacht und Heraklit weint, ist aber dasselbe: Dummheit und Schlechtigkeit der übrigen; erst unter christlichem Einfluss wurde das Weinen des Heraklit zu einem mitleidigen.

Die umgekehrte Perspektive, den Blick der Menge auf den Philosophen, bieten Komödie und Satire, die man als Korrektiv zur philosophischen Selbstpräsentation und Selbststilisierung lesen sollte. Liefern uns diese den idealen Anspruch, so jene karikierende Verzerrungen; die Realität wird man dazwischen suchen müssen. Was man vom Philosophen und seiner Lebensform weithin dachte und hielt, dafür ist das Gelächter *über* ihn aufschlussreich. Allein *dass* über die Philosophen sehr viel mehr als in der Neuzeit gelacht wurde, bezeichnet die Auffälligkeit ihrer Erscheinung im antiken Leben. Das erste große Stück Sokrates-Literatur, noch zu Lebzeiten des Protagonisten verfasst und aufgeführt, ist eine Komödie, die den Philosophen dem Spott ausliefert; und die Verfasser der späteren sokratischen Dialoge verfolgten nicht zuletzt die Absicht, das Bild zu revidieren, das Aristophanes in den »Wolken« entworfen hatte.[233] Mag Sokrates darin auch philosophisch verzerrt und verfälscht dargestellt sein, weil ihm naturtheoretische und sophistische Lehren zugeschrieben werden, die nicht die seinen waren – das Stück ist nicht in doxographischer Hinsicht, wohl aber philosophiehistorisch als Zeugnis für die Stellung des Philosophen in der Gesellschaft und für deren Reaktion auf sein Auftreten von Interesse; ja es ist selber Teil dieser Reaktion, insofern es kräftig am schlechten Image des Philosophen mitwirkt. Platon sieht die komische Diffamierung als Vorstufe der Verurteilung des Sokrates zum Tode.

Lächerlichkeit, so konstatiert er wiederholt mit dem Blick auf das historische Vorbild seines Lehrers, ist die zwangsläufige Begleiterscheinung der philosophischen Existenz, der Preis für die Entfremdung vom normalen Leben und für die lebenspraktischen Defizite der theoretischen Daseinsweise; er mag dabei zunehmend auch die Darstellung seiner eigenen Person und Schule in Komödien vor Augen gehabt haben. Die Menge verlacht den Philosophen ob seiner Unbeholfenheit und Ungeschicklichkeit im Alltag wie die Magd den in den Brunnen gefallenen Sternengucker Thales. Insofern sich aber in diesem Gelächter das Unverständnis für das höhere philosophische Erkenntnis- und Lebensziel bekundet, ist es für Platon beziehungsweise für den platonischen Sokrates selber lächerlich. Auf das Lachen der Menge antwortet der Philosoph mit dem des Demokrit. Einander verlachend stehen sich so zwei Lebensformen und ihre Anschauungen gegenüber und schütteln über den Unverstand der jeweils anderen den Kopf.

»Möglichkeiten des Lebens«: Nietzsches Deutung der Vorsokratiker

Wie die antike Philosophie insgesamt, so hat sie als Lebensform und mit ihren Lebensformen eine Geschichte, die sich über die vier großen Epochen – die vorsokratische, die klassische, die hellenistische und die spätantike – erstreckt und verfolgen lässt; wobei jedoch einschränkend hinzugefügt werden muss, dass wir über die vorsokratischen Philosophen in dieser Hinsicht noch weniger wissen als über ihre theoretischen Lehren. Umso bemerkenswerter ist es, dass Nietzsche in dem Konzept seines frühen Projekts zur »Philosophie im tragischen Zeitalter der Griechen« das Leben der Philosophen und die Lebensform zum leitenden Aspekt macht. Damit tritt er zur üblichen doxographischen Philosophiegeschichtsschreibung in einen Gegensatz, den er in zwei programmatischen Vorworten dezidiert, ja provokant formuliert. »Dieser Versuch, die Geschichte der älteren griechischen Philosophen zu erzählen«, heißt es in einem zweiten, späteren Vorwort, »unterscheidet sich von ähnlichen Versuchen durch die Kürze. Diese ist dadurch erreicht worden, daß bei jedem Philosophen nur eine ganz geringe

Anzahl seiner Lehren erwähnt wurde, also durch Unvollständigkeit. Es sind aber die Lehren ausgewählt worden, in denen das Persönliche am stärksten nachklingt.«[234]

Es ist das Programm einer durch den Historismus hindurchgegangenen und sich davon absetzenden Philosophiegeschichtsschreibung, das der Hegel'schen Konzeption, die die neuere Historiographie der Philosophie maßgeblich bestimmt hat, diametral entgegensteht. Für Hegel ist die Geschichte der Philosophie wesentlich die der Begriffe, Theorien und Systeme, die ihre vernünftige und unvergängliche Substanz bilden; das Leben der Philosophen dagegen ist das Äußerliche, Zufällige und Vergängliche. Nicht damit, sondern nur mit jenem vernünftigen Gehalt hat sich die Philosophiegeschichtsschreibung zu befassen. Bei Nietzsche verhält es sich genau umgekehrt. Für ihn sind die Systeme als solche, in ihren theoretischen Aussagen, längst widerlegt und tot; ihre doxographische Verwahrung in den vielbändigen und dickleibigen Handbüchern der Philosophiegeschichte, die das 19. Jahrhundert so zahlreich produzierte, ist ihm »langweilig«. Allein das Persönliche lebt; darauf richtet er seine Aufmerksamkeit. Und so schließt er das spätere, verkürzte Vorwort zur »Philosophie im tragischen Zeitalter der Griechen« mit der Pointe, dass er die in der Neuzeit und zumal von Hegel desavouierte Anekdote zum Medium seiner Philosophiegeschichtsschreibung erklärt; die anekdotische Form entspricht in idealer Weise der Absicht auf Kürze wie auf typisierende Biographie. »Aus drei Anekdoten ist es möglich, das Bild eines Menschen zu geben; ich versuche es, aus jedem Systeme drei Anekdoten herauszuheben, und gebe das übrige preis.«[235]

Die theoretischen Lehren und Systeme haben für Nietzsche nur noch symptomatischen Wert, als Indizien, welche besagen: »*Die* Art zu leben und die menschlichen Dinge anzusehen, ist jedenfalls einmal da gewesen und also möglich.«[236] Die wesentliche Bedeutung der Vorsokratiker liegt für ihn darin, dass sie »Möglichkeiten des Lebens« entdeckt haben; das ist der eigentliche Leitbegriff seiner Rekonstruktion der frühen griechischen Philosophie, den er gewöhnlich durch Unterstreichung noch hervorhebt. Diese Möglichkeiten wurden durch die spätere Philosophie verdrängt und sind dann vergessen worden. Das ist ihm umso bedauerlicher, als damit eine Entwicklung ihr jähes Ende fand, die zu den »höchsten« Möglichkeiten des Lebens hätte führen können. »Der größte Verlust, der die Menschheit treffen kann, ist das Nichtzustandekommen der höchsten Lebenstypen. So etwas ist *damals* geschehen.«[237]

In seiner Beschäftigung mit den Vorsokratikern konzipiert Nietzsche einen philosophiegeschichtlichen Grundgedanken, der später bei Heidegger und mit ihm Karriere machen wird, freilich abgelöst von den »Möglichkeiten des Lebens« und übertragen auf das »Seinsverständnis«: die Geschichte der Philosophie als eine solche von entdeckten, wieder verdeckten und noch nicht entdeckten Möglichkeiten. »Es gibt noch sehr viele Möglichkeiten, die noch gar nicht entdeckt sind: weil die Griechen sie nicht entdeckt haben. Andere haben die Griechen *entdeckt* und später wieder *verdeckt*.«[238] Die philosophiegeschichtliche Verdeckung der Vorsokratiker fängt bei Aristoteles an, von dem Nietzsche in besagtem Aphorismus I 261 aus »Menschliches, Allzumenschliches« schreibt, er scheine »seine Augen nicht im Kopfe zu haben, wenn er vor den Bezeichneten steht«. Mit Aristoteles beginnt die doxographische Reduzierung der vorsokratischen Philosophie auf Naturtheorie, auf eine noch rohe und unausgebildete Form kosmologischer und physikalischer Wissenschaft, womit der Aspekt der Lebensform verloren geht. Für Nietzsche dagegen repräsentiert diese Philosophie über Wissenschaft hinaus vor allem Weisheit, für die der Bezug zum Leben wesentlich ist. Der Zugang zu den »höchsten Möglichkeiten des Lebens« führt über die Wiederentdeckung der Vorsokratiker und den adäquaten Nachvollzug ihrer Einsichten; und so ist die Beschäftigung mit ihnen keine bloß historische, sondern dient dem Zweck, den Gang der Entdeckungen dort, wo er unterbrochen wurde, wieder aufzunehmen, um zu den höchsten Möglichkeiten zu gelangen.

Das Schema ist im Grunde dasselbe wie in der »Geburt der Tragödie«: Wie die Tragödie, so stellt die Philosophie der Vorsokratiker die höhere Form dar, die in einem jähen Bruch zugrunde geht, wodurch das Zustandekommen der höchsten Form verhindert wird; diese ist also noch zu realisieren. In beiden Fällen ist der Schuldige an dem Bruch derselbe, nämlich Sokrates. »Es mußte nur einmal eine Unterbrechung eintreten und die große Lebensform nicht mehr ausgefüllt werden: Sofort war es vorbei; gerade wie bei der Tragödie. Ein einziger mächtiger Querkopf wie Sokrates – da war der Riß unheilbar. In ihm vollzieht sich die Selbstzerstörung der Griechen.«[239]

Nietzsches Konzept zur Rekonstruktion der vorsokratischen Philosophie beruht methodisch wesentlich auf der Gegenüberstellung mit der nachsokratischen, mit dem ethischen Sokratismus einerseits und dem Ideal reiner Theorie andererseits. Auch der Sokratismus ist eine Art von Weisheit, verbunden mit Wissenschaft; auch für ihn ist der Bezug zum Leben konstitutiv. Doch sieht Nietzsche in der sokratischen Ethik und ihren Abkömmlingen eine Verarmung und Depotenzierung der älteren Weisheit, wodurch diese zu berechnender Lebensklugheit verengt wird: Sokratismus ist ethisches »Virtuosentum«, Sokrates der erste der »Lebensvirtuosen«, denen ihr Seelenheil und ihre Glückseligkeit über alles geht. Die vorsokratische Philosophie dagegen »ist *nicht so individuell-eudämonologisch,* ohne die garstige Prätension auf Glück«; die »älteren Philosophen selbst haben in ihrem Leben höhere Weisheit und nicht die kalt-kluge Tugendhaftigkeit. Ihr Lebensbild ist reicher und komplizierter, die Sokratiker simplifizieren und banalisieren.«[240] Die Vorsokratiker verfügen noch über den unbefangenen Blick auf die menschliche Existenz, ohne die moralischen Scheuklappen der Sokratiker und der gesamten späteren philosophischen Ethik; dadurch ist ihre Auffassung vom Dasein reicher, wie auch die Mythen und Tragödien der Griechen »viel weiser als die Ethiken Platos und Aristoteles'« sind; »und ihre *stoischen* und *epikurischen* Menschen sind *arm* gegen die ältesten Dichter und Staatsmänner.«[241]

Die höhere Weisheit der Mythen, der Tragödien und der Staatsmänner ist noch in der älteren Philosophie gegenwärtig, die noch der Kunst verwandt und »die Philosophie von lauter Staatsmännern« ist. Alle älteren Philosophen hätten sich »um die Veränderung des Polisbegriffs und die Schaffung einer panhellenischen Gesinnung« bemüht, behauptet Nietzsche; er sieht in ihnen »Vorläufer einer Reformation der Griechen«, die die »Gefahren der griechischen Kultur« erkennen und ihnen philosophisch begegnen. Jede spezifische Gestalt vorsokratischer Philosophie erklärt sich aus der Abwehr einer spezifischen Gefährdung: Verführt der Mythos zur »Faulheit des Denkens«, so begegnet Demokrit ihm darin mit der Strenge der Wissenschaft und der Kälte der Abstraktion; der »weichlichen Behaglichkeit des Lebens« setzen Pythagoras, Empedokles und Anaximander Genügsamkeit und Askese entgegen; Empedokles reformiert das Opfer, um die Grausamkeit der Kämpfe zu beenden; Heraklits stolze Selbstgenügsamkeit ist die Reaktion auf die ausufernde Geselligkeit; und allgemein ist die philosophische Begeisterung für Wahrheit und logische Konsequenz die Antwort auf den notorischen Hang der Griechen zu Lüge und Betrug.[242]

So ist das griechische Leben der Boden, aus dem die philosophischen Lehren der Vorsokratiker hervorgehen und auf den sie sich zurückbeziehen. Diese Philosophie ist nicht Theorie um ihrer selbst willen, ihre Lebensform nicht die »vita contemplativa« im Gegensatz zur »vita practica«. Das sei, meint Nietzsche, ein falscher Gegensatz, der nicht griechisch, sondern asiatisch sei. »Die Griechen verstanden es besser.«

Es ist dieses – im weitesten Sinne – politische Verständnis, das an Nietzsches Auffassung der vorsokratischen Philosophen am meisten verblüfft, weil es im Gegensatz zur üblichen Doxographie steht; um das zu verdeutlichen, habe ich so häufig auf Nietzsches eigene Formulierungen zurückgegriffen. Die doxographische Philosophiegeschichtsschreibung kennt die Vorsokratiker ja nur als Theoretiker und Prototypen wissenschaftlicher Forschung; die Überlieferungen, die von praktischen und politischen Tätigkeiten berichten, werden allenfalls als zufällige biographische Umstände erwähnt, die mit den Lehren in keinem Zusammenhang stehen. Bezeichnend die Stilisierung des Thales als des ersten Philosophen zum Theoretiker *par excellence*, wie sie Platon mit seiner Anekdote vom Brunnensturz initiierte: Als solcher, als der Prototyp des Theoretikers ist Thales in die Philosophiegeschichte eingegangen, nicht aber als der weitsichtige und lebenskluge Ratgeber, als den ihn Diogenes Laertius auch darstellt.

Nietzsche hat sein Projekt zur »Philosophie im tragischen Zeitalter der Griechen« nicht zum Abschluss gebracht; das Werk blieb unvollendet. Ein Grund dafür mag darin liegen, dass die anekdotischen und biographischen Überlieferungen so eindeutig nicht für das Konzept sprechen; es gibt durchaus auch solche, die manche Vorsokratiker als reine Theoretiker präsentieren. Schwerer wiegt aber wohl die Diskrepanz, die zwischen der konzeptionellen Absicht und dem besteht, was zur Ausführung gelangte. Die Darstellung der einzelnen Philosophen ist im Grunde doch wieder doxographisch und nicht biographisch-typisierend. Sie geht durchweg von den Lehren aus, in die Nietzsche physiognomische Züge hineinliest; auf biographisch-anekdotische Überlieferungen greift er fast gar nicht zurück. Man kann ja auch nicht »Anekdoten aus einem System herausheben«, wie es im Vorwort heißt, sondern nur Lehren; da steckt der Widerspruch schon im Programm.

Der Bund der Pythagoreer

Nietzsches Verfahren ist das eines einfühlenden, intuitiven Nachschaffens, nicht einer streng historischen Rekonstruktion. So vernachlässigt er auch jene Überlieferungen, durch die uns für einen einzigen Fall eine philosophische Lebensform aus vorsokratischer Zeit zuverlässig bezeugt ist, nämlich die der Pythagoreer. Schon Platon spricht davon, dass »Pythagoras selbst vorzüglich deshalb hochgeschätzt wurde und auch jetzt noch die Späteren, die ihre Lebensweise die pythagoreische nennen, für ausgezeichnet vor allen andern gelten«.[243] Pythagoreismus ist also wesentlich ein bestimmter *tropos tou biou*, eine Lebensweise oder Lebensform. Zwar stammt der Großteil der Überlieferung dazu aus der Kaiserzeit, als der Pythagoreismus wieder blühte, platonisch kontaminiert, wie umgekehrt der Platonismus und Neuplatonismus pythagoreisch infiziert waren; doch lassen sich die auf Pythagoras und die frühe Zeit zurückgehenden Grundzüge dieser Lebensform noch erkennen: der Gemeinschaftscharakter, eine strenge Reglementierung des täglichen Lebens und das politische Engagement für eine bestimmte Regierungsform.

Die Pythagoreer bildeten eine Gemeinschaft, deren Geschlossenheit und enger Zusammenhalt auf einer Reihe von Einrichtungen und Regelungen basierten. Auf Pythagoras wurde der Satz zurückgeführt, »daß unter Freunden alles gemeinsam und daß Freundschaft Gleichheit sei«.[244] Mit Diogenes Laertius berichten die späteren Autoren übereinstimmend von einer Gütergemeinschaft der Pythagoreer; wie weit diese ging, ob sie den völligen Verzicht auf Privatbesitz bedeutete oder lediglich das Recht auf und die Verpflichtung zur Unterstützung im Notfall, lässt sich nicht eindeutig klären.

Für die Aufnahme in den Bund soll Pythagoras die Kandidaten einer physiognomischen Musterung unterzogen haben. Wer diese bestand, hatte zunächst jahrelang schweigend Lehrvorträge anzuhören; erst danach bekam er den Meister selbst zu Gesicht. Nach außen hin aber hatten die Mitglieder über die Lehre grundsätzlich striktes Schweigen zu bewahren; so band die Lehre als eine esoterische die darin Eingeweihten zu einer Art Loge zusammen.

Die Gemeinschaft war gegliedert und hierarchisch geordnet. Sie bestand aus den so genannten Akusmatikern und Mathematikern, den »Hörenden« und den »Wissenden«. Wiederum ist nicht mit letzter Sicherheit auszumachen, was diese Unterscheidung bedeutet, ob die Akusmatiker die Adepten waren, die die Lehrvorträge nur hörten, ohne selber zu Wort zu kommen, oder ob damit ein Status von Mitgliedern gemeint war, die die Lehre nicht *in extenso* kennen lernten, sondern sie in Gestalt von »Akusmata«, von Formeln und Lehrsätzen, rezipierten, weil sie nicht wie die Mathematiker ihre ganze Zeit den theoretischen Studien widmen konnten oder wollten; dabei wäre zum Beispiel an die politisch tätigen Anhänger der Sekte zu denken.[245] So bediente ja später auch Epikur mit unterschiedlich ausführlichen Darstellungen seiner Lehre einerseits diejenigen, die das System in seiner vollen Begründung studierten, und andererseits die, die aus Mangel an Zeit und Gelegenheit sich auf die dogmatischen Quintessenzen beschränkten. Die überragende Autorität des Pythagoras bekundet sich in dem formelhaften *autos epha* – »Er selbst hat es gesagt«.

Die »Akusmata« der Pythagoreer bildeten einen Katechismus von doktrinären Sätzen und praktischen Regeln; Letztere enthielten – teils in symbolisch verschlüsselter Form – Anweisungen für das tägliche Leben, das dadurch streng reglementiert war. Dazu gehörten beispielsweise Speisevorschriften wie die bekannten Verbote, Fleisch oder Bohnen zu essen, ferner Ratschläge für das sexuelle Verhalten. Aus dem Pythagoreismus stammt das Gebot der täglichen Selbstprüfung, das die Stoiker als Rat übernahmen und das dann als das der Gewissenserforschung in die christliche Lebensform eingegangen ist. Die folgenreiche pythagoreische Formel lautete: »Nicht sollst auf die weichen Augen du den Schlaf aufnehmen, / Eh' du jedes Einzelne der Tageswerke dreifach hast bedacht: / Worin fehlt ich? was war rechte Tat? was Unterlassung? / Heb' an mit dem ersten, geh' sie durch, und endlich, wenn du / Schlechtes tat'st, beschilt' dich, wenn du Gutes, freu' dich.«[246]

Wie ihn die legendarische Überlieferung darstellt, entspricht Pythagoras in besonderer Weise Nietzsches Vorstellung von den vorsokratischen Philosophen als politischen Gestalten, deren Sinn auf die Reformation des griechischen Lebens gerichtet ist. Sein Leben ist wie die Geschichte seines Bundes politisch und vom Schicksal der Politik bestimmt; es erscheint fast wie die vorweggenommene Abbreviatur der ganzen Bewegung. Pythagoras, so heißt es, verließ seine Heimat Samos, als sie der Tyrannenherrschaft des Polykrates anheim gefallen war, und wanderte nach Kroton in Süditalien aus. »Dort gab er den angesiedelten Griechen Gesetze und machte sich berühmt mitsamt seinen Schülern, die, etwa dreihundert an der Zahl, das Gemeinwesen zu hoher Blüte brachten, dergestalt, daß der Staat nahezu eine wirkliche Aristokratie« war.[247] Letztlich aber scheiterten Pythagoras und sein Bund an der Politik. Sie verloren die Macht in Kroton; Pythagoras war gezwungen, die Stadt zu verlassen, und er siedelte nach Metapont über. Verschiedene Überlieferungen lassen ihn sogar gewaltsam zu Tode kommen. Vielleicht spiegelt sich in ihnen die Gewalt, die in der Mitte des 5. Jahrhunderts in den Städten Unteritaliens gegen die aristokratisch-oligarchische Herrschaft der Pythagoreer ausbrach und viele von ihnen zur Flucht in das griechische Mutterland nötigte. Ganz ausgelöscht wurde die pythagoreische Bewegung in Unteritalien dadurch allerdings nicht; Platon soll noch Gemeinschaften der Pythagoreer dort aufgesucht haben, und Pythagoreer wie Archytas von Tarent, mit dem Platon in Verbindung stand, und sein

Schüler Eudoxos von Knidos, der auch Platon gehört haben soll, waren politisch engagiert und deswegen angesehen.

Wie die antike Überlieferung, derzufolge Pythagoras das Wort »Philosoph« geprägt und sich als Erster damit bezeichnet haben soll, wohl anachronistisch und eine Rückprojektion aus platonisch-aristotelischem Umkreis ist[248], so ist das Attribut »philosophische« in Verbindung mit der pythagoreischen Lebensform *cum grano salis* zu nehmen. Ihr Charakter ist der einer religiös-politischen Reformbewegung, und sie ist durch eine Melange von traditioneller Lebensweisheit, religiösen Anschauungen wie dem Glauben an Wiedergeburt und Seelenwanderung und einer symbolisch überhöhten Zahlenlehre fundiert, nicht durch philosophische Reflexion. Darin geht Platon über den Pythagoreismus, dem er inhaltlich vieles verdankt, hinaus.

Platons Darstellungen der philosophischen Lebensform

Platon macht Lebensformen zum Gegenstand philosophischer Betrachtungen und das Konzept der Lebensform zu einem Medium der Darstellung, das zwischen Mimesis, das heißt der literarischen Nachahmung konkreter Individuen, und abstraktem Begriff angesiedelt ist. So wird die Gerechtigkeit zum Beispiel nicht nur begrifflich-abstrakt definiert, sondern auch in den Lebensformen des Gerechten und des Ungerechten anschaulich präsentiert, von deren Gegenüberstellung die vertiefte Erörterung der Gerechtigkeit am Anfang des zweiten Buches der »Politeia« ihren Ausgang nimmt; und sie wird am individuellen Leben des Sokrates konkret exemplifiziert. Entsprechendes gilt für die Philosophie; was sie ist und bedeutet, das wird vor allem an der Gestalt des Philosophen schlechthin, Sokrates, und an der philosophischen Lebensform dargestellt.

Diese wird auf verschiedene Weise exponiert: Zum einen und überwiegend in einer Art Schwarzweißmalerei durch die Kontrastierung mit der unphilosophischen Lebensform, so wie die Lebensweise des Gerechten und des Ungerechten konträr gegenübergestellt werden; und zum anderen durch die Einordnung in ein System von Lebensformen, deren Anzahl wiederum variieren kann. Das erste Verfahren hat ein literarisches Vorbild in dem Modell einer alternativen Lebenswahl, wie es die berühmte Fabel von Herakles am Scheideweg enthält, in der sich der erwachsen gewordene Herakles zwischen den beiden Lebenswegen der Tugend und des Lasters entscheiden muss.[249] Auf ein anderes Vorbild bezieht Platon sich ausdrücklich und mit Zitaten, nämlich auf das gegensätzliche Brüderpaar Zethos und Amphion aus einer verlorenen Tragödie des Euripides. Der Antagonismus konträrer Positionen und Auffassungen ist zur Dramatik wie zur Rhetorik disponiert; er trägt den Keim dramatischer Konflikte, die nicht zuletzt rhetorisch ausgetragen werden. Das macht sich das griechische Drama zunutze, das von der rhetorischen Kunst der Widerreden, des Argumentierens für und wider eine bestimmte Sache, ersichtlich profitiert hat, wie etwa der Wettstreit zwischen der gerechten und der ungerechten Rede in den »Wolken« des Aristophanes zeigt. Einen ähnlichen Redekampf enthielt die Tragödie des Euripides, nämlich zwischen Zethos als dem Vertreter des praktisch-tätigen Lebens sowie Amphion als dem eines musisch-kontemplativen. Darauf projiziert Platon die Auseinandersetzung zwischen Rhetorik und Philosophie im »Gorgias«, die auf die Entscheidung über »die beste Lebensweise« (*ho tropos aristos tou biou*) hinausläuft. Mit den Worten des Zethos spricht Kallikles, der radikalste Exponent der Rhetorik, den Sokrates als einen zweiten Amphion an, um ihn zu überreden, von einem Leben in philosophischer Muße oder vielmehr müßiger Philosophie abzulassen und sich dem praktisch-tätigen Leben in der Öffentlichkeit der Polis zu widmen, für das die Rhetorik die erforderlichen Qualifikationen verleiht. Die rhetorische Lebensform ist auf Macht ausgerichtet, auf das zur bürgerlichen Selbsterhaltung notwendige Minimum wie auf jenes Maximum an Macht, das der Tyrannei gleichkommt. In der philosophischen Lebensweise dagegen perpetuiert sich für den Anwalt der rhetorischen die kindliche und juvenile Unmündigkeit: Philosophie ist etwas für Knaben, aber nichts für Männer, die im öffentlichen Leben auf sich selbst gestellt sind und dort sich behaupten müssen.

Der Selbstbehauptung und der Macht als dem Sinn der rhetorischen Lebenform hält Sokrates eine andere, höhere Art der Selbsterhaltung entgegen, nämlich die der moralischen Person. Sie besteht nicht in einem Leben um jeden Preis, selbst um den der Gerechtigkeit, und sie hat sich nicht dort zu bewähren, wo sophistische Rhetorik unverzichtbar und höchst effektiv ist, in den Kämpfen der Tagespolitik und vor irdischen Gerichten, sondern vor der Gerechtigkeit selber, deren bildlich-anschauliche Darstellung im »Gorgias« der Schlussmythos vom Totengericht liefert. Dort besteht die Seele, »die heilig und in der Wahrheit gelebt hat, die eines zurückgezogen lebenden Mannes oder sonst eines, vornehmlich aber meine ich, eines weisheitliebenden, der das Seinige getan und nicht vielerlei äußerlich betrieben hat«[250], während die Seelen derer untergehen, die sich der Unwahrheit und ungerechter Macht verschrieben haben wie die der sophistischen Rhetoren und der Tyrannen. »Das Seinige tun« ist die platonische Formel der Gerechtigkeit, »Vielgeschäftigkeit« dagegen die der Ungerechtigkeit.

Die Verschmähung der Rhetorik und der rhetorischen Lebensform durch den platonischen Sokrates beruht auf einer Gesamteinschätzung des Lebens und seines Wertes, aus der der Verzicht auf Selbsterhaltung und Selbstbehauptung um jeden Preis resultiert: Das Leben als solches ist nicht das höchste Gut, weil der Tod nicht das größte Übel ist, das es mit allen Mitteln zu vermeiden und zu verzögern gilt. Dem bloßen Leben ist das gute Leben vorzuziehen; das aber ist wesentlich ein gerechtes. Wer die Gerechtigkeit und damit das gute Leben für das reine Überleben preisgibt, handelt aus Furcht vor dem Tod; sie ist mit der Gier nach Macht Motiv für die rhetorische Lebensform. Umgekehrt verlangt die philosophische die Überwindung der Todesfurcht. Philosophieren heißt sterben lernen; darin vor allem ist der platonische Sokrates beispielgebend und der exemplarische Philosoph. Ebenso macht später Epikur – bei aller Differenz zur platonischen Philosophie – das gute Leben und das Glück von der Einsicht abhängig, dass der Tod kein Übel sei; nur wer diese Überzeugung gewinnt, kann glückselig leben.

Dem Argument der Selbstbehauptung, mit dem die Rhetorik sich unverzichtbar zu machen glaubt, hält Platon die Philosophie als

Selbststeigerung entgegen; sie ist »Angleichung an Gott« (*homoiosis theo*), wie es wirkungsträchtig in jener Episode des »Theaitetos« heißt, in der in der Mitte des Dialogs die Lebensformen von Philosophie und Rhetorik besonders eindringlich gegenübergestellt und miteinander verglichen werden. Hier hat Platon die Auseinandersetzung des »Gorgias« resümierend wiederholt, wobei noch der ironisch-pathetische Ton, der von dem wissenschaftlichen der umgebenden Untersuchungen auffällig absticht, die leidenschaftlich-erregte Atmosphäre des früheren Dialogs wiederaufleben lässt. Auch hier werden die wesentlichen Aspekte der philosophischen Lebensform aus der Negation der rhetorischen gewonnen. Der von Euripides entlehnte Gegensatz kehrt wieder, jedoch in der Umkehrung der von Kallikles vorgenommenen Wertung. Der allgemeine Charakter der philosophischen Lebensform ist der der Muße, die aber nicht als müßige Untätigkeit, sondern als die Ungebundenheit und Selbstbestimmung des Freien verstanden wird, wohingegen die politische Aktivität des Rhetors als sklavisch erscheint.

Was die Freiheit des Philosophen konkret bedeutet, wird aus den Umständen rhetorischer Unfreiheit deutlich; diese werden an der archetypischen Situation der Verteidigung vor Gericht erläutert. Der dort agierende Rhetor hat sich einer Reihe von Zwangsbedingungen zu unterwerfen. Der erste Zwang ist der der Zeit. Man kann vor Gericht nicht beliebig lange reden; während des Plädoyers läuft die Uhr, und die Frist, die sie vorgibt, ist nicht nach dem bemessen, was die Sache eigentlich erfordert. So ist sich der Sokrates der platonischen »Apologie« bewusst, dass die Zeit, die er für seine Verteidigung zur Verfügung hat, nicht ausreichen wird, die Vorurteile zu widerlegen, die in der Bevölkerung gegen ihn bestehen, und er rechnet fest damit, dass diese Vorurteile zu seiner Verurteilung führen werden.

Zweitens unterwirft sich, wer vor Gericht plädiert, dem Urteil des Richters; und allgemein gilt für den Rhetor, dass er sich der Meinung und der Willkür derer, deren Zustimmung er anstrebt, andient und ausliefert. Er muss dem Publikum zu Gefallen sein und nach dem Mund reden, um Erfolg zu haben. Nicht er beherrscht die Menge, wie er glaubt, wenn er sich mit dem Tyrannen vergleicht, sondern diese ihn; er ist der Lustdiener seiner Hörerschaft.

Schließlich geht es vor Gericht um Wahrung und Durchsetzung von Eigeninteressen, nicht selten sogar um das Leben; die Verteidigung steht unter dem Zwang der Selbstbehauptung. So hatte schon im »Gorgias« Kallikles dem Sokrates mit einem *argumentum ad hominem* die Situation vor Gericht ausgemalt, um ihm klar zu machen, dass selbst der, der mit der Rhetorik nicht das Maximum der Macht erstrebt, auf sie angewiesen ist, um das zur Selbstbehauptung notwendige Minimum zu erhalten. Das nicht zu vermögen, sich nicht gegen die juristischen Nachstellungen eines beliebigen Klägers und Sykophanten verteidigen zu können, sondern ihnen hilflos ausgeliefert zu sein, sei schändlich und lächerlich.

Freiheit des Philosophen bedeutet für den platonischen Sokrates, sich diesen Zwängen nicht zu unterwerfen. Das aber heißt nicht weniger, als Grundbedingungen der menschlichen Existenz zu ignorieren. Denn die Situation vor Gericht ist ein Paradigma dessen, was das Leben des Menschen als solches belastet und einengt: dass es endlich, von Entscheidungen anderer abhängig und in seiner Selbsterhaltung gefährdet ist. Die rhetorische Lebensform ist realistisch, insofern sie den wesentlichen Bedingungen, unter denen der Mensch zu leben hat, Rechnung trägt. Indem sie dies tut und reflektiert, ist die Rhetorik die Urform der Anthropologie.[251]

Dagegen ist die philosophische Lebensform, die Platon an ihrem Exponenten Sokrates exemplifiziert, in hohem Grade unrealistisch, ja geradezu phantastisch. Nur der Leib des Philosophen, so heißt es an besagter Stelle im »Theaitetos«, halte sich im Staate auf, während sein Geist, die Niederungen der Politik verachtend, überall umherschweife, »›unter der Erde‹ und was auf ihr ist messend, und ›über dem Himmel‹, die Sterne betrachtend und überall jegliche Natur alles dessen, was ist, im Ganzen erforschend, zu nichts aber von dem, was in der Nähe ist, sich herablassend«.[252] Das ist, mit einer Formulierung Blumenbergs, »der Chorismos der Ideen [...] als Lebensform«.[253]

Diese hat ihren Preis. Weil der Philosoph an den Plätzen, an denen der Rhetor bei der Verfolgung seiner Interessen geschickt agiert, geistig abwesend ist, übersieht er die dort lauernden Gefahren. Er bezahlt seine theoretischen Höhenflüge mit lebensweltlichen Missgeschicken und Niederlagen, im Falle des Sokrates sogar mit dem Leben selbst. Wie der Sternengucker Thales für die thrakische Magd ist der Philosoph für die unphilosophische Menge eine lächerliche Figur. »Mit diesem nämlichen Spotte nun reicht man noch immer aus gegen alle, welche in der Philosophie leben.«[254]

Nun deckt sich das Bild, das der platonische Sokrates nach dem Modell des historischen von dem typischen Philosophen zeichnet, nicht ganz mit dem des platonischen Sokrates selbst; die beiden Gestalten unterscheiden sich im Grad ihrer Reflektiertheit. Der Philosoph, von dem Platon seinen Sokrates reden lässt, hat nicht nur Defizite in tagespolitischen und lebensweltlichen Belangen; er weiß nicht einmal darum. Diese Ahnungslosigkeit lässt ihn straucheln und macht ihn lächerlich; ansonsten würde er sich besser vorsehen und möglichen Gefährdungen aus dem Wege gehen. Dagegen kennt der Sokrates, den Platon darstellt, die Schwächen der philosophischen ebenso wie die der rhetorischen Lebensform und die potentielle Lächerlichkeit beider, und er wägt dazwischen ab. Er nimmt das lebensweltliche Scheitern bewusst in Kauf, weil er es für das geringere Übel hält, das ihm der Preis für den Gewinn der Selbststeigerung in der Philosophie ist. Und so resultiert die Antirhetorik der platonischen »Apologie« nicht, wie vermutlich beim historischen Sokrates, aus rhetorischem Unvermögen, sondern ist bewusste Konterkarierung jener rhetorischen Notwendigkeiten, die im »Theaitetos« als Zwangsbedingungen erscheinen: Der platonische Sokrates weiß, dass er nicht genügend Zeit hat, die Athener von der Unrichtigkeit der über ihn herrschenden Vorurteile zu überzeugen; er schmeichelt den Richtern nicht und buhlt nicht um ihr Mitleid nach den Regeln der Rhetorik, sondern provoziert sie, und überhaupt redet er nicht um sein Leben, im Gegenteil; fast erweckt seine Rede den Eindruck, er betreibe bewusst seine Niederlage vor Gericht. Er bringt seine Richter dazu, ihn zu verurteilen, wodurch die Klage widerlegt wird, dass er »die schwächere Sache zur stärkeren« mache – die Formel des Protagoras für die Macht der Rhetorik; und so wird paradoxerweise aus der Verurteilung ein rhetorischer Sieg.

Neben dem Dualismus dieser beiden »Vorbilder« (*paradeigmata*), des »göttlichen der größten Glückseligkeit und des ungöttlichen des größten Elends«, findet sich bei Platon der Pluralismus unterschiedlicher Lebensformen. Im Mythos von der Lebenswahl am Ende der »Politeia« ist von »Lebensmustern« (*bion paradeigmata*) die Rede, zwischen denen die Seelen wählen können; ihre Zahl übersteigt die der Seelen bei weitem, damit jede, und auch die letzte Seele, noch eine Auswahl hat. Dabei hängt alles davon ab, zwischen guter und schlechter Lebensform zu unterscheiden, so dass sich der Pluralismus im Wesentlichen wieder auf die Alternative von gerechtem und ungerechtem Leben reduziert, wie sie eingangs des zweiten Buches der »Politeia« dargestellt wird.

Zwischen dem Dualismus und der unbestimmten Vielzahl steht die begrenzte Anzahl von neun Lebensformen im Seelenmythos des »Phaidros«; diese bilden eine Rangfolge mit der philosophischen Lebensform an erster und der tyrannischen an letzter Stelle. Die Zahl hat dabei keine unmittelbar sachliche Bedeutung, sondern erklärt sich aus Spekulationen über den Kreislauf der Wiedergeburten. Mit dem philosophischen Leben gleichgestellt befinden sich auf dem ersten Rang das schönheitsliebende, das musische und das erotische Leben – was nur besagen soll, dass Schönheitsliebe, musische Tätigkeit und Eros zur Lebensform des Philosophen gehören und von dem Streben nach Wahrheit und Erkenntnis nicht zu trennen sind.

Schließlich gibt es bei Platon eine Dreizahl von Lebensformen, drei Klassen von Menschen entsprechend, nämlich das Leben im Dienst sinnlicher Begierde und des Gelderwerbs, das Leben für die Ehre sowie das für Erkenntnis und Wahrheit. Jedes hat seine eigene Lust, und wie die an der Erkenntnis die wertvollste, die an sinnlichen Genüssen dagegen die geringste ist, so sind auch die philosophische Lebensform und die gemäß der Begierde die höchste und die niedrigste; dazwischen rangiert die auf Ehre fixierte.[255] Dieses Schema basiert natürlich auf Platons psychologischem Modell dreier Seelenteile und dem entsprechenden politologischen dreier Stände, auf dem die »Politeia« aufbaut. Deswegen ist jene Überlieferung anachronistisch, nach der Pythagoras das Leben mit einer Festversammlung, etwa den olympischen Spielen, verglichen haben soll, an der Besucher dreierlei Art beteiligt sind; »wie nämlich zu einer solchen die einen sich einfänden als Kämpfer um den Preis, die andern als Händler, die Besten aber als Zuschauer, so zeigten sich im Leben die einen als Sklavenseelen, als gierig nämlich nach Ruhm und Gewinn, die Philosophen aber als Forscher nach Wahrheit«.[256] Auch dieses Dreierschema wird auf die Alternative von philosophisch-freier und unphilosophisch-sklavischer Lebensform reduziert. Die Quelle der Überlieferung dürfte dieselbe sein wie die, die Pythagoras zum Schöpfer der Bezeichnung »Philosoph« erklärt, also jener Dialog, in der der Platoniker Herakleides Pontikos den Pythagoras im Gespräch mit dem Tyrannen von Phleius darstellt. Als Aristoteles die »drei bekannten Lebensformen« zu einem der Ausgangspunkte seiner Reflexionen über den Begriff der Glückseligkeit am Beginn der »Nikomachischen Ethik« machte, da hatte er wohl neben Platons Schema vor allem diesen Dialog vor Augen. Denn in seinem »Protreptikos«, der als Ermahnung zur Philosophie Werbung für die philosophische Lebensform war, wählte er Pythagoras als deren exemplarischen Repräsentanten, wobei er sich auf jenes fiktive Gespräch in Phleius bezog.[257]

Schon von Aristoteles ausdrücklich als »bekannt« vorausgesetzt, gehört die Unterscheidung der drei Lebensformen zu »den bekanntesten Lehren, die man mit dem Namen des Aristoteles verbindet«.[258] Aus ihr geht der wirkungsträchtige Gegensatz von *vita activa* und *vita contemplativa* hervor, auf den sich im Grunde schon bei Aristoteles das Dreierschema reduziert, weil für ihn das Leben im Dienst des Genusses nicht Gegenstand einer ernsthaften Wahl sein kann; denn es ist kein menschliches, sondern ein tierisches Leben. So bleibt für ihn als menschenwürdig allein die Entscheidung zwischen der politisch aktiven und der theoretischen Lebensform übrig.

Der Dualismus erinnert an Platon, deckt sich aber nicht mit der Entgegensetzung von rhetorisch-politischer und philosophischer Lebensform etwa im »Gorgias« oder im »Theaitetos«. Platons Einstellung zur Politik und ihrer Lebensform resultiert aus der Spannung zweier Tendenzen: der Abkehr von der realen Politik und dem Ziel einer neuen, durch die Philosophie begründeten; analog verhält es sich mit seiner Einstellung zur Dichtung und zur Rhetorik. Werk und Leben stimmen darin überein – wenn man sich auf die biographischen Überlieferungen und zumal die autobiographischen des »Siebten Briefes« verlassen kann. Darin heißt es, dass er als junger Mensch sich, sobald er selbständig geworden war, den gemeinsamen öffentlichen Angelegenheiten hatte zuwenden wollen, wie es einem Mann seines Standes zukam. Doch die Erfahrung mit den realen Verhältnissen bewogen ihn, davon Abstand zu nehmen. Dennoch war er, wenn auch nicht praktisch und direkt, so doch theoretisch und indirekt, eminent politisch. Nicht zufällig haben die beiden umfangreichsten seiner Werke den Staat und die Gesetze zum Gegenstand, und als sich die Gelegenheit bot, da versuchte er, seine politischen Vorstellungen indirekt, über den Einfluss auf die Tyrannen von Syrakus, zu realisieren, wobei ihm freilich kein Erfolg beschieden war.

Der Einstellung Platons zur Politik entspricht das Bild des platonischen Sokrates. Distanziert zur Realpolitik, versteht er seine philosophische Tätigkeit durchaus politisch. Die Enthaltung von den Staatsgeschäften, so führt er in der »Apologie« aus, war für ihn ein Gebot der Selbsterhaltung; »notwendig muss, wer in der Tat für die Gerechtigkeit streiten will, auch wenn er sich nur kurze Zeit erhalten soll, ein zurückgezogenes Leben führen, nicht ein öffentliches.«[259] Sein zurückgezogenes Leben ist ein Leben für die Gerechtigkeit und damit ein politisches. Er nützt dem Staat, indem er sich um die Besserung des einzelnen Bürgers kümmert. Darin ist er seinem Selbstverständnis nach der wahre Staatsmann, als der er sich im »Gorgias« provokativ in Gegensatz zu allen realen Politikern Athens, selbst zu Perikles, stellt; und darum hält er – ebenso provokativ – in der »Apologie« für sich statt einer Strafe eine Belohnung, nämlich die ehrenhafte lebenslange Speisung auf Staatskosten, für angemessen.

So steht bei Platon der Philosoph zum realpolitischen Rhetor und zum Tyrannen im schärfsten Gegensatz nicht, weil er unpolitisch wäre, sondern weil er ein entgegengesetztes Politikverständnis vertritt, das statt an der Macht an der Gerechtigkeit orientiert ist. Die philosophische Lebensform bedeutet keineswegs die reine *vita contemplativa* des Sinnes, dass über die Versenkung in die Theorie die Belange der Politik vergessen würden, im Gegenteil. Auf die Verbindung der Theorie mit der Politik wird immer wieder Nachdruck gelegt, und es findet sich dafür eine Vielzahl von Formulierungen und symbolischen Ausdrucksweisen. In der Liste der neun Lebensformen im »Phaidros« zum Beispiel rangiert der gesetzeskonforme Herrscher an zweiter Stelle direkt hinter dem Philosophen, während die sophistisch-rhetorische und die tyrannische Lebensform ganz unten, auf den niedrigsten Plätzen angesiedelt sind; wie der Philosoph zum wahren König, so verhält sich der sophistische Rhetor zum Tyrannen. Das Höhlengleichnis endet nicht mit der Ideenschau, sondern mit der Rückkehr des Philosophen in die Höhle aus Verantwortung für die dort Verbliebenen, und umgekehrt ist – in mythologischer Redeweise – das gerechte Leben Voraussetzung für das ungetrübte Glück der reinen Theorie, das auf die philosophischen Seelen im Jenseits wartet; dieses Glück aber ist ein jenseitiges, nicht ein irdisches. Der berühmteste Ausdruck für die Verbindung von philosophischer und politischer Lebensform ist das Postulat des Philosophenkönigtums, das im Zentrum – auch im wörtlichen Sinne: in der Buchmitte – der »Politeia« steht.

Während Platon sich mit seiner Philosophie der Alternative von realpolitischem Anspruch und apolitischer Theorie entzieht, haben vereinfachende Sichtweisen ihn mal mit dieser und mal mit jener Option identifiziert; danach erscheint er entweder als der reine Theoretiker, dessen Reich der Ideen nicht von dieser Welt ist, oder als verhinderter Politiker, der nur auf die Gelegenheit wartet, seine Philosophie politisch umzusetzen, um sie dann in Syrakus begierig zu ergreifen. Ähnliches gilt für die Akademie, die sowohl als eine Gemeinschaft weltabgewandter Gelehrter als auch als »Schule von Tyrannen« und als »politische Macht« gesehen wurde und wird. Dass Platon mit seiner Philosophie politisch ambitionierte junge Männer anzog, erstaunt nicht; und tatsächlich ist aus dem Umkreis der Akademie eine nicht unbeträchtliche Anzahl von Politikern hervorgegangen. Doch waren deren Aktivitäten höchst unterschiedlich; es befanden sich Gesetzgeber, Tyrannen und Tyrannenmörder darunter. Hinter ihrem Wirken lassen sich keine spezifisch platonischen Beweggründe ausmachen. Schließlich gehörten die Platonschüler, die politisch aktiv wurden, durchweg nicht zum engeren Kreis der Akademie; die eigentlichen Philosophen hielten sich von der Politik eher fern.[260]

Philosophische und politische Lebensform vertrugen sich auf die Dauer nicht. Das zeigt das Beispiel Ciceros, der, ein Kritiker der griechischen *vita contemplativa,* selber zur Beschäftigung mit der Philosophie nur kam, wenn er politisch kaltgestellt war. Was die philosophische Lebensweise allenfalls zuließ, waren freundschaftliche Verhältnisse mit Politikern und Machthabern, Beratungstätigkeiten und die Übernahme befristeter Funktionen wie Gesandtschaften. Nicht selten bemühten sich Herrschende um Philosophen ebenso, wie sie Dichter oder Historiker umwarben, und nicht jeder Philosoph hielt es wie der Kyniker Diogenes mit seiner Antwort auf das Angebot Alexanders, ihm jeden Wunsch zu erfüllen. Bei den Überlieferungen dazu muss man allerdings bedenken, dass das Verhältnis von Geist und Macht und ihrer jeweiligen Repräsentanten damals so brisant wie heute war und zu Spekulationen geradezu einlud. Die Erziehung Alexanders durch Aristoteles zum Beispiel ist eine Legende, für die es kaum stichhaltige Indizien gibt; aber es war ein überaus reizvolles Thema: Alexander der Große erfährt seine Bildung durch den großen Aristoteles. Es hat die Phantasie der Nachwelt genauso angeregt wie die Diogenes-Alexander-Anekdote.

Der Vorrang der theoretischen Lebensform bei Aristoteles

Die Art und Weise, wie Aristoteles auf der Grundlage der platonischen Voraussetzung seine Theorie der Lebensformen, und der philosophischen zumal, entwickelt, ist symptomatisch für sein Verhältnis zu Platon überhaupt. Jene Relation, die bei diesem die philosophische Lebensform negativ wie positiv auf das politische Leben hin ausrichtet, als Verneinung der realen Machtpolitik und als Verpflichtung auf eine ideale Politik der Gerechtigkeit, verliert bei ihm ihre Bedeutung. Die beiden Lebensformen verselbständigen sich gegeneinander, wodurch die philosophische zur rein theoretischen wird. Diese Entwicklung lässt sich bei Aristoteles selber im Vergleich der beiden dazu einschlägigen Texte verfolgen, nämlich des »Protreptikos« beziehungsweise der daraus überlieferten Fragmente sowie der »Nikomachischen Ethik«.

Aus den erhaltenen Fragmenten jenes Werkes, schrieb Werner Jaeger, könne man ersehen, dass Aristoteles' »Theorie des philosophischen Lebens der Punkt ist, zu dem seine Ethik und Metaphysik konvergieren. Der *Protreptikos* enthält in der Tat die *Keimzelle* seiner Philosophie. Er ist nicht nur im chronologischen Sinne die erste Manifestation seiner Philosophie. Er ist der strategische Punkt, von dem aus wir uns der Idee des theoretischen Lebens in seinen großen systematischen Werken nähern müssen. Von diesem Ausgangspunkt führt eine gerade Linie zu dem Höhepunkt der *Nikomachischen Ethik* und der *Metaphysik*.«[261] Zugleich aber ist die Konzeption der philosophischen Lebensform in diesem vermutlich frühen Werk noch wesentlich von platonischen Vorstellungen bestimmt, von denen sich Aristoteles in der späten »Nikomachischen Ethik« verabschiedet hat. Davon seien nur zwei – für unseren Zusammenhang einschlägige – erwähnt; die eine betrifft das Wesen jener Erkenntnis, um die es in der Philosophie geht, die andere das Prinzip einer eigenständigen politischen Lebensform.

Die Philosophie ist keine Wissenschaft, die ihren Zweck in irgendeinem Nutzen oder in einem Werk hätte; die philosophische Tätigkeit ist Theorie um ihrer selbst willen, die philosophische Lebensform die theoretische. Für diese aristotelische Grundüberzeugung finden sich schon im »Protreptikos« die klassischen Argumente sowie eine Reihe von Autoritätsbeweisen und symbolischen Ausdrucksweisen. Das vollkommenste Lebewesen, das die Natur hervorgebracht hat, ist der Mensch, das Höchste und Vollkommenste im Menschen ist der Geist. Dessen eigentliche Tätigkeit besteht im Denken und Betrachten um ihrer selbst willen, nicht darin, irgendwelche Bedürfnisse zu bedienen. Stelle man sich vor, man sei auf die Inseln der Seligen versetzt, wo das Leben bedürfnislos ist, so bliebe als einziges »das Denken und Betrachten, also das, was wir auch jetzt das vornehme Leben nennen«.[262] Dieses Leben ist ein göttliches, denn der Geist ist das Göttliche im Menschen, und der Gott ist reiner Geist, dessen Tätigkeit eine rein betrachtende ist, weil sie keine Bedürfnisse zu berücksichtigen hat.

»Es ist also kein Unglück, wenn sich die Erkenntnis nicht als brauchbar oder als nützlich erweist. Denn wir behaupten, daß sie nicht nützlich sei, sondern gut. Man soll sie nicht um eines anderen, sondern um ihrer selbst willen wählen. Wie wir nämlich nach Olympia reisen um des Schauspieles selbst willen, auch wenn wir davon keinerlei Gewinn haben (denn das Zuschauen ist mehr wert als viel Geld) und wie wir die dionysischen Aufführungen betrachten, nicht um etwas von den Schauspielern einzunehmen – sondern wir legen sogar noch dazu –, und wie wir viele andere Schauspiele höher schätzen als eine Menge Geld, so wird man auch die Betrachtung des Alls höher achten als alle Dinge, die als brauchbar gelten.«[263] Die philosophische Lebensform ist nicht wie die des Sophisten und Lehrers der Rhetorik ein Beruf, mit dem man Geld verdient, sondern man muss dafür – für das Leben in der Akademie und im Lykeion – Geld aufwenden, um Theorie betreiben zu können. Der Vergleich der philosophischen Theorie und des Theoretikers mit der Betrachtung und dem Zuschauer bei Festversammlungen und Schauspielen ist uns von dem platonisierten Pythagoras bekannt, und Pythagoras ist denn auch für Aristoteles im »Protreptikos« der paradigmatische Repräsentant der philosophischen Lebensform. Daneben wird noch Anaxagoras mit dem Ausspruch zitiert, den er auf die Frage getan habe, warum der Mensch wünschen könne, geboren zu werden, nämlich: »Um den Himmel zu betrachten und die Sterne an ihm und den Mond und die Sonne.«[264]

Der »Protreptikos« war an einen cyprischen Fürsten namens Themison adressiert. Was bezweckte Aristoteles damit, ausgerechnet einen Herrscher und Politiker zur philosophischen Lebensform als einer theoretischen zu ermahnen und ihm diese als die beste und vollkommenste vorzustellen? Die Antwort darauf liegt in dem Platonismus dieses frühen Werkes, in dem genuin platonischen Gedanken, dass die wahre Politik von der Erkenntnis des Wesens der Dinge angeleitet wird und dass es dieselbe Theorie ist, die dieses Wesen erkennen lässt *und* zu dem für die Politik notwendigen Wissen führt. Der Staatsmann muss »bestimmte Regeln von der Natur selber und vom Sein übernehmen, die ihm zu beurteilen gestatten, was gerecht sei, was edel und was förderlich«. In der ewigen Ordnung der Natur sind die besten Gesetze begründet, und so muss der Politiker, um zu ihnen zu gelangen, auf jene schauen; er muss, wie in Platons berühmtem Postulat, Philosoph sein. Dieser »allein unter allen ahmt die exakten Ursprünge selbst nach. Denn er ist Betrachter der Dinge selbst und nicht ihrer Nachahmungen.«[265]

Für das Verständnis der theoretischen Lebensform im »Protreptikos« ist die Formgeschichte aufschlussreich, aus der sich eine bemerkenswerte Parallele zu Platon ergibt. Dieser hatte das Leben des Philosophen gegen die rhetorische Lebensform profiliert, wobei sowohl im »Gorgias« als auch im »Theaitetos« Anspielungen auf den Rivalen Isokrates erkennbar sind. Wenn Platon in der Episode des »Theaitetos« sehr konkret gegen rhetorisches Fürstenlob polemisiert, in dem sich ihm der sklavische Charakter der Rhetorik offenbart, so zielt er damit auf Isokrates, der mit seinem Enkomion auf den cyprischen König Euagoras dieses rhetorische Genre allererst begründet hatte.[266] Die Rede ist, wie zwei weitere, als Ermahnung an den Sohn und Nachfolger des Euagoras, Nikokles, gerichtet, der ein Schüler des Isokrates war. Aristoteles führte, wie wir wissen, mit seinem Rhetorikunterricht in der Akademie die platonische Rivalität mit dem Erben der sophistischen Rhetorik fort; daher liegt die Vermutung nahe, dass er auch mit seinem an einen cyprischen Fürsten gerichteten »Protreptikos«, entstanden in seiner Akademiezeit, in Konkurrenz zur rhetorischen Protreptik des Isokrates trat. Wie Platon stellt Aristoteles die philosophische Lebensform als eine theoretische dem rhetorischen Pragmatismus des Isokrates entgegen. Ihre Theorie ist zweckfrei, insofern sie nicht wie die rhetorische Empirie auf die Bedürfnisse des Lebens und Überlebens ausgerichtet ist. Gleichwohl ist sie politisch relevant, ja aus ihr allein geht die wahre Politik hervor. Dieser im »Protreptikos« nachdrücklich formulierte Gedanke wirft ein Licht zurück auf die theoretische Lebensform in der Episode des »Theaitetos«, wie sie in der Gestalt des Thales symbolisiert ist, und verbietet, sie unpolitisch zu verstehen.

Ebenso platonisch – und damit antirhetorisch und antiisokrateisch – fällt im »Proteptikos« die Einschätzung dessen aus, was laut »Nikomachischer Ethik« allgemein als »das Ziel eines Lebens für den Staat« angesehen wird; das ist die Ehre. Im Einklang mit dieser gewöhnlichen Ansicht hatte Isokrates in seiner protreptischen Rede an Nikokles den Fürsten ermahnt, seinen Kindern »schönen Ruhm« statt Reichtum zu hinterlassen; dieser sei vergänglich, jener dagegen unvergänglich, und er hatte – ganz pragmatisch – hinzugefügt, dass man wohl mit Ansehen Geld machen, aber nicht umgekehrt mit Geld Ansehen erkaufen könne. Im Gegensatz dazu stellt sich für die Platoniker die Alternative nicht zwischen vergänglichem Reichtum und unvergänglichem Ruhm, sondern zwischen diesen beiden – gleichermaßen als vergänglich angesehenen – Zwecken einerseits und ewiger Wahrheit andererseits. So besagt es der Vergleich des Lebens mit einer Festversammlung, wo die »Sklavenseelen« gierig nach Ruhm und Gewinn sind, die Freien dagegen nach Wahrheit forschen; und ganz in diesem Geist heißt es auch im »Protreptikos«: »Ehre und Ansehen endlich, was man mehr als das Übrige zu erstreben pflegt, besteht aus lauter unbeschreiblichem Unsinn. Wer etwas vom Ewigen erblickt hat, der findet es einfältig, sich um solche Dinge Mühe zu machen.«[267]

Von dieser platonischen Verwerfung der Ehre rückt Aristoteles in der »Nikomachischen Ethik« ab. Zwar wird auch hier die allgemeine Ansicht revidiert, die Ehre bilde das höchste Ziel des politischen Lebens: Sie ist ein äußerlicher Wert, der dem Betreffenden von anderen zuerkannt wird. Daher steht die eigene Vollkommenheit, die eigene Tugend, höher als die Ehre. Aber Aristoteles stellt zwischen beiden eine für die »Nikomachische Ethik« charakteristische Verbindung her, indem er davon ausgeht, dass »man nach Ehre strebt, um sich des eigenen Wertes zu vergewissern«. Während bei Platon die Ehre stets verdächtig ist, sich nicht wirklicher Tugend, sondern rhetorischem Schein zu verdanken und damit moralische Verderbtheit zu verdecken, gewinnt sie bei Aristoteles die legitime Funktion, den tüchtigen Bürger in seiner Haltung zu bestätigen und so die Tugend zu festigen und zu fördern.

Das politisch tätige Leben, dessen Tugenden Aristoteles in der »Nikomachischen Ethik« erörtert, steht außerhalb des platonischen Gegensatzes von rhetorisch-politischer und philosophischer Lebensform. Von jener unterscheidet es sich dadurch, dass es durchaus ein tugendhaftes Leben sein kann, im Unterschied zu dieser ist es kein theoretisches Leben. Als ein potentiell tugendhaftes hat es seine eigene Legitimität, die es nicht der Theorie verdankt. Doch steht es im Rang hinter der rein theoretischen Lebensform zurück, die von zwei positiven, an der Tugend orientierten Möglichkeiten die vorzüglichere bietet.

Die Entwicklung, die Aristoteles selbst vom »Protreptikos« zur »Nikomachischen Ethik« durchläuft, ist in erster Linie an der Veränderung jenes Begriffes ablesbar, der im »Protreptikos« noch »die Einheit von Lebensführung und theoretischem Erkennen bezeichnet« und »im Mittelpunkt der Schrift« steht; das ist der Begriff der Einsicht (*phronesis*). »Während der Protreptikos die *phronesis* ganz platonisch als das philosophische Erkennen schlechthin fasst, kennt die Metaphysik diesen Begriff nicht mehr. Völlig anders ist auch das Bild, welches die Nikomachische Ethik bietet. Sie hat mit der *phronesis* des Protreptikos von Grund auf gebrochen.«[268] Was hier noch einheitlich *phronesis* war, wird in der »Nikomachischen Ethik« in *phronesis* und *sophia*, in praktische Einsicht und Weisheit, geschieden; im Lateinischen lauten die entsprechenden Ausdrücke *prudentia* und *sapientia*. Die praktische Einsicht oder Klugheit gilt dem Handeln und dem jeweiligen Gut, das in ihm intendiert wird. Sie ist ein Vermögen der Reflexion, das sowohl die allgemeinen Bedingungen und Rücksichten des Handelns wie auch seine konkreten und je verschiedenen Umstände erfasst und aufeinander bezieht. Dieses reflektierende Verfahren ist ein Mit-sich-zu Rate-Gehen; die »Vollzugsart« der *phronesis* ist die Wohlberatenheit (*eubulia*).[269]

Darin zeigt sich die Affinität der *phronesis* zur Rhetorik, die in der politischen Beratung eines ihrer Hauptbetätigungsfelder hat; die Beratungsrede ist ja eine der drei rhetorischen Gattungen. Beraten wird über das, was nicht nach ewigen Gesetzen und immer in derselben Weise geschieht, sondern was auch anders sein kann und durch Handeln zustande kommt. Da es für Aristoteles nicht das eine, absolute Gute, die Idee des Guten, gibt, auf die jede Handlung letztlich ausgerichtet ist, ist für ihn die das Handeln leitende Fähigkeit kein Wissen eines solchen höchsten und unveränderlichen Prinzips, sondern Reflexion über veränderliche allgemeine und individuelle Bedingungen.

Im Gegensatz zur praktischen Einsicht hat die Weisheit das Ewige, Unveränderliche zum Gegenstand, das sie in einem Akt geistiger Schau mit dem höchsten intellektuellen Vermögen, dem *nous*, erfasst. Darin sieht Aristoteles den Vorzug der Weisheit vor der praktischen Einsicht: Sie hat es nicht mit veränderlichen menschlichen Angelegenheiten, sondern mit dem Göttlich-Ewigen zu tun. Zwar ist der Mensch unter den Lebewesen das höchste, aber er ist nicht das höchste Wesen überhaupt. Mit den höchsten, göttlichen Wesenheiten befasst sich die Weisheit, die Aristoteles in diesem Sinne als eine rein theoretische Erkenntnis ohne Rücksicht auf menschliche Interessen begreift, während die *phronesis* als praktische Einsicht und Klugheit stets interessegeleitet ist.[270] Wenn Epikur in seinem »Brief an Menoikeus« die *phronesis* als das höchste Gut bezeichnet und sie sogar über die *philosophia* stellt, so ist das nur verständlich aus dem Bezug auf die aristotelische Rangfolge und als deren Umkehrung. Die Philosophie, der Epikur die *phronesis* vorzieht, ist die rein theoretische. Diese Umkehrung ist charakteristisch für die Philosophie des Hellenismus und ihre Differenz zu der des Aristoteles; in der hellenistischen Philosophie gewinnt die Praxis den Vorrang vor der Theorie.

So treten bei Aristoteles Weisheit und Politik auseinander. Bezeichnend sind die Beispiele und die Namen, die für die beiden Vermögen stehen: »Anaxagoras und Thales und Denker ihrer Art als Repräsentanten philosophischer Weisheit, nicht aber der praktischen Einsicht, wenn man beobachtet, wie sie es nicht verstehen, ihren eigenen Vorteil wahrzunehmen – und man schreibt ihnen ein Wissen um bedeutende, großartige, schwer verständliche und unergründlich rätselhafte, fürs Leben aber unbrauchbare Dinge zu, weil sie nicht das suchen, was ein ›Gut für den Menschen‹ ist.«[271] Dagegen war im »Protreptikos« Anaxagoras noch Vertreter einer platonisch verstandenen *phronesis*; und wiederum ist in der »Nikomachischen Ethik« jener Perikles, den Platon im »Gorgias« nicht als wahren, das heißt philosophischen Politiker anerkennen wollte, das Musterbeispiel für die *phronesis* im eigenständigen, von Weisheit verschiedenen Sinne: »Aus diesem Grunde glauben wir, daß Perikles und Männer seiner Art sittliche Einsicht haben, weil sie nämlich einen Blick dafür besitzen, was für sie selbst und für den Menschen wertvoll ist. Einen solchen Blick schreibt man denen zu, die in der Verwaltung des Hauses und des Gemeinwesens tüchtig sind.«[272]

Die theoretische Lebensform ist für Aristoteles die höchste und der politisch-praktischen vorzuziehen, weil sie in vollkommenster Weise das realisiert, was das Ziel des menschlichen Lebens ist, die Glückseligkeit. Von dieser haben die Menschen sehr unterschiedliche Vorstellungen, die sich auf drei Grundtypen reduzieren lassen, denen die drei Lebensformen entsprechen: die Glückseligkeit als Lust und sinnlicher Genuss, als Ehre, die aber recht verstanden in der Tugend begründet ist, die allein der Ehre wert ist, und die Glückseligkeit als die Freude an der reinen Theorie. Dabei ist die mittlere Lebensform die eigentliche humane, insofern sie mit der Natur des Menschen als eines »politischen Lebewesens« (*zoon politikon*) im Einklang steht. Sie wird von den anderen beiden einerseits unter- und andererseits überschritten.

Die sinnliche Lust teilt der Mensch mit den Tieren. Wer in sie seine ganze Glückseligkeit setzt – und das ist die große Menge –, der begibt sich damit unter das humane Niveau und beweist einen »sklavischen Sinn«. Er verfehlt die wahre Glückseligkeit, die von sinnlicher Lust prinzipiell verschieden ist, auch wenn die meisten Menschen sich dessen nicht bewusst sind. Am Begriff der *eudaimonia* gemessen, wie ihn Aristoteles in der »Nikomachischen Ethik« definiert, ist die *sinnliche* Glückseligkeit gar keine *Glückseligkeit*. Wenn Freud das Glück als das Programm des Lustprinzips deklariert und das Wesen des Glücks »im engeren Sinne« mit dem »Erleben starker Lustgefühle« gleichsetzt, so ist er damit am weitesten vom aristotelischen Begriff der Eudaimonie entfernt. »Was man im strengsten Sinne Glück heißt, entspringt der eher plötzlichen Befriedigung hoch aufgestauter Bedürfnisse und ist seiner Natur nach nur als episodisches Phänomen möglich.«[273] Das ist eben jener unwürdige Glücksbegriff, gegen den Aristoteles seinen eigenen definiert: Glückseligkeit resultiert nicht aus passiver Lust, sondern aus aktiver Tugend, und sie ist nicht episodisch, sondern beständig.

Die theoretische Lebensform übersteigt die Weise menschlicher Existenz auf das göttliche Sein hin; in ihr gelangt der Mensch zu jener Selbststeigerung, die Platon gegenüber rhetorischer Selbstbehauptung als den Gewinn der Philosophie mit der Formel *homoiosis theo*, »Angleichung an Gott«, bezeichnet hatte. Sie ist durch die Tätigkeit jenes Vermögens ausgefüllt, das der Mensch mit dem göttlichen Wesen teilt; das ist der Geist (*nous*), der auf das Ewige und Göttliche gerichtet ist; Gott ist nichts anderes als reiner Geist. Der Vorzug dieser Lebensform wird von Aristoteles mit einer Reihe von Kriterien begründet, die ihre Glückseligkeit vollkommener erscheinen lassen als die der politisch-aktiven: Die theoretische Tätigkeit ist die einzige, die um ihrer selbst willen ausgeübt wird; sie gewährt die reinste und höchste Lust, und sie ist Tätigkeit »in der Muße«. Die politische Aktivität dagegen entbehrt der Muße und ist nicht unbedingt als solche erstrebenswert, am wenigsten im Fall der Kriegsführung. Man bezweckt damit anderes wie vor allem Gewinn und Ruhm.

Aristoteles' Charakterisierung der Theorie und des Lebens für diese trifft kaum noch auf die neuzeitliche Wissenschaft zu, die zur Arbeit geworden ist und die vornehmlich im Hinblick auf ihre technische Verwertbarkeit oder ihren gesellschaftlichen Nutzen betrieben wird. Dagegen werden die Eigenschaften und beglückenden Erfahrungen, die Aristoteles der Theorie zuschreibt, in der Neuzeit statt mit der Wissenschaft mit der Kunst verbunden. Sie wird – im Unterschied zum antiken Verständnis – als ein Bereich und eine Tätigkeit entdeckt, die für sich selbst Zweck und an sich lustvoll ist und die Muße voraussetzt. Die Kunst, nicht die Wissenschaft tritt in dieser Hinsicht neuzeitlich an die Stelle der antiken Theorie. Das ließe sich an einem weiteren Kriterium der Theorie und der theoretischen Lebensform geradezu begriffsgeschichtlich exakt verfolgen und belegen, nämlich an dem der Autarkie oder Selbstgenügsamkeit, die in der idealistischen Ästhetik zur Grundbestimmung des Schönen und des im Kunstwerk realisierten Ideals wird. »Wir können in dieser Rücksicht« – heißt es beispielsweise in der Ästhetik Hegels – »die heitere Ruhe und Seligkeit, dies Sichselbstgenügen in der eigenen Beschlossenheit und Befriedigung als den Grundzug des Ideals an die Spitze stellen. Die ideale Kunstgestalt steht wie ein seliger Gott vor uns da.«[274]

Was die Neuzeit nicht in der Wissenschaft, sondern in der Kunst erlebt, das verbindet die klassische griechische Philosophie mit der

Theorie. In ihr finde sich am meisten die Autarkie, so begründet Aristoteles den Vorrang der Theorie und ihrer Eudaimonie vor der politischen Lebensform. Autarkie und Glückseligkeit gehören im griechischen Denken zusammen. Autark sind die Götter und deswegen glückselig. Der Mensch dagegen ist seiner Natur nach nicht autark, sondern auf Gemeinschaft angewiesen – ein »politisches Lebewesen«. Wer nicht in Gemeinschaft leben könne, so schreibt Aristoteles in der »Politik«, »oder in seiner Autarkie ihrer nicht bedarf, der ist kein Teil des Staates, sondern ein wildes Tier oder Gott.«[275] Im Hinblick auf seine Bedürfnisse ist der Philosoph so wenig wie die anderen autark, wohl aber in seiner spezifischen Tätigkeit, der Theorie, während der Mensch des politisch aktiven Lebens auch zur Ausübung seiner ethischen Tugenden auf andere angewiesen ist, im Verhältnis zu denen er sie realisiert, zum Beispiel die Gerechtigkeit; »der Weise dagegen kann sich der geistigen Schau hingeben, auch wenn er ganz für sich ist, und je weiser er ist, desto eindringlicher. Vielleicht gelingt es noch besser, wenn er Freunde hat, die mitwirken, aber gleichwohl wäre er der Unabhängigste« (*autarkestatos*).[276] Weil aber selbst der Weise nicht reiner Geist, sondern auch ein leibliches Wesen ist, kann er nicht permanent in der und für die Theorie leben, und so wird er sich für die Phasen, in denen er das nicht tut, für das zweitbeste Leben der ethischen Tugenden entscheiden, das das Beste für alle ist, denen an der Theorie nichts liegt.

Aristoteles' Auffassung der theoretischen Lebensform und ihres Vorzugs vor der politisch-aktiven war unter seinen eigenen Schülern nicht unumstritten; im Gegenteil. Die »Schule spaltete sich nach seinem Tode in die Vertreter des Ideals des theoretischen Lebens, also die Klassizisten seiner Schule, und die Modernisten, die den Primat der praktischen Vernunft und der *vita activa* behaupteten«.[277] Namentlich zwischen Theophrast und Dikaiarch kam es zur Auseinandersetzung darüber, wobei jener mit Aristoteles die Theorie, dieser dagegen die Praxis favorisierte. Die Kontroverse im Peripatos hat Spuren hinterlassen, wo man sie zunächst nicht vermutet, nämlich in dem widersprüchlichen Bild, das manche Vorsokratiker in dieser Hinsicht bieten, wenn dieselbe Gestalt wie etwa Thales oder Pythagoras mal als weltfremder Theoretiker und dann wieder als lebenstüchtiger Praktiker, als politischer Ratgeber oder gar als politischer Führer erscheint. Das geht, wie Werner Jaeger gezeigt hat, auf die Projektion der gegensätzlichen peripatetischen Ideale auf die vorsokratische Geschichte und die frühen Gestalten der Philosophie zurück, deren Kenntnis wir ja zum größten Teil der aus dem Peripatos hervorgegangenen Philosophiegeschichtsschreibung und Biographie verdanken; jeder Peripatetiker stellte die Gestalten im Lichte seines jeweiligen Ideals dar.

Philosophie als Lebenskunst im Hellenismus

Mit dem Ideal der theoretischen Lebensform peripatetischer Provenienz hat sich die Philosophie weit von jenem Selbstverständnis entfernt, mit dem Sokrates sie betrieben hatte. Er hatte, so der philosophiehistorische Topos Ciceros, »als erster die Philosophie vom Himmel herunter gerufen, sie in den Städten angesiedelt, sie sogar in die Häuser hineingeführt, und sie gezwungen, nach dem Leben, den Sitten und dem Guten und Schlechten zu forschen«.[278] Wo immer die »Zurücknahme der sokratischen Wendung«[279] bei Platon und in der Akademie begann – in der reinen Theorie des Peripatos erreichte sie ihren Höhepunkt. Was darauf im Hellenismus folgte, war gewissermaßen die Zurücknahme der Zurücknahme.

Wir haben gesehen, wie Nietzsche den Sokratismus für die Zerstörung der »großen Lebensform« verantwortlich machte, die für ihn die Signatur der vorsokratischen Philosophie bildet; »mit Sokrates beginnen die Lebensvirtuosen«. Die nachsokratische Philosophie ist »individuell-eudämonologisch« und hat eine »garstige Prätension auf Glück«. Die Sokratiker verdrängen die »höhere Weisheit« ihrer Vorgänger durch »kalt-kluge Tugendhaftigkeit«.[280] Den Ton der Geringschätzung abgerechnet, treffen die Formulierungen noch und vor allem auf die Grundzüge jener Philosophie zu, die im Hellenismus zur Vorherrschaft gelangt und den Geist dieser Epoche repräsentiert. Auch sie verfolgt in erster Linie die »Prätention auf Glück«. Das ist jedoch nicht mehr das Glück der reinen Theorie wie bei Aristoteles; die Theorie ist allenfalls ein Mittel, das dazu beiträgt, nicht aber die Glückseligkeit selber, die vielmehr praktisch realisiert werden soll – bezeichnend, wie erwähnt, Epikurs Bevorzugung der *phronesis* vor der *philosophia* in Umkehrung der aristotelischen Wertung. Andererseits wiederum ist die Glückseligkeit der hellenistischen Philosophie nicht die der politischen Lebensform des Aristoteles, denn sie ist wesentlich individuell orientiert wie auch die Tugend, die zu ihr führt. Im Hellenismus versteht sich die Philosophie der Hauptsache nach als Anleitung zum glückseligen Leben; ihre Aufgabe und ihr wichtigstes Thema ist die rechte Lebensführung.[281] Sie ist *techne tou biou*, Kunst des Lebens, wobei man den Begriff der Kunst im Sinne antiker *techne* begreifen muss, als ein Können, das auf Wissen beruht. Das Leben selber, nicht nur bestimmte Verrichtungen in ihm, soll in dieser Weise gekonnt werden, damit es gelingt und glücklich wird; solches Wissen und Können ist die Tugend.

In diesem Selbstverständnis und Charakter der hellenistischen Philosophie ist die unterschiedliche Resonanz begründet, die sie in der Neuzeit erfahren hat und erfährt. Wo ein emphatischer Begriff von Theorie vertreten wird, da wird sie – wie bei Hegel – wenig geschätzt oder schlicht ignoriert, wie bei Heidegger. Sie steht im Schatten der großen Klassiker Platon und Aristoteles und im Ruch der Epigonalität. Andererseits sind die Namen der drei genuin hellenistischen Schulen und ihrer Anhänger »vielfach zur Bezeichnung überhistorischer Grundhaltungen« geworden;[282] die Attribute stoisch, epikureisch und skeptisch werden nicht nur in philosophiegeschichtlicher Bedeutung verwandt, sie bezeichnen darüber hinaus elementare Verhaltensweisen und Einstellungen zum Leben. Das indiziert eine Wirkung hellenistischer Philosophie und speziell ihrer Ethik über die Grenze akademischer Philosophie hinaus, wie sie sich beispielsweise bei den Humanisten, den Moralisten und den Aufklärern, vor allem den französischen, beobachten lässt. Über individuelles menschliches Glück, seine Bedingungen und Möglichkeiten sind in der hellenistischen Philosophie so fundamentale Einsichten gewonnen und formuliert worden, dass sie im Hinblick darauf durchaus als klassisch gelten darf. Sie ist darin auch nicht von jenen aktuellen Theorien grundsätzlich überholt worden, die gegenwärtig das Glück als Thema wiederentdecken, und an sie können die Konzeptionen einer philosophisch reflektierten Lebenskunst anschließen, die unter diesem Begriff die Tradition von Moralistik und philosophischer Lebensweisheit fortführen.[283]

Dabei scheint die »individuell-eudämonologische« Ausrichtung der hellenistischen Ethik, mit der sie sich vom objektiven, an dem Guten schlechthin oder zumindest an allgemeinen Maßstäben orientierten Glücksbegriff der klassischen Philosophie unterscheidet, der neuzeitlichen Subjektivierung des Glücks entgegenzukommen. Ja, man hat sogar der hellenistischen Philosophie das Patent für jene »Privatisierung des Glücks« zuerkannt, »die das abendländische Denken dann entscheidend geprägt hat«.[284] Die Folge solcher Individualisierung, so stellt es Malte Hossenfelder in seiner Geschichte der hellenistischen Philosophie dar, ist die Verinnerlichung des Glücks. Dieses ist ausschließlich eine Sache der Einstellung und ein Zustand des Bewusstseins, der von äußeren Umständen unabhängig ist. Mit der Verinnerlichung des Glücks geht die Entwertung der äußeren Dinge und Verhältnisse einher, die für das Glück keinerlei Bedeutung haben sollen. Darin sind freilich die Glücksvorstellungen der hellenistischen Philosophie und die der Neuzeit entgegengesetzt. »Wo immer Bedürfnisbefriedigung ein Ziel des Handelns ist, gibt es zwei Wege, dieses Ziel zu erreichen: Man kann versuchen, entweder möglichst viel Befriedigung oder möglichst wenig Bedürfnisse zu haben. Die Neuzeit hat den ersten Weg beschritten, über die Beherrschung der Außenwelt, der Hellenismus den zweiten, über die Beherrschung der Innenwelt, und da sich heute gegen die Richtigkeit des ersten Bedenken erheben und viele in ihm eine Widersprüchlichkeit erkennen, weil die technische Unterwerfung der Natur einerseits die Möglichkeit einer höheren Lebensqualität eröffne, die sie andererseits wieder zerstöre, kommt dem Hellenismus neue Aktualität zu.«[285]

Auch die Antike kannte diese beiden Wege, wobei der der Ermächtigung nicht die technische Beherrschung der Natur, sondern die politische Macht bedeutet. Sie liebte es, die Alternative personalisierend in der Konfrontation des Mächtigen mit dem Weisen und Philosophen darzustellen; die bekannteste und bis in die Neuzeit hinein viel zitierte Version dieses Topos ist die Diogenes-

Alexander-Anekdote, in der der Protokyniker dem König auf dessen Angebot, ihm jeden Wunsch zu erfüllen, mit der Bitte antwortet, er möge ihm aus der Sonne gehen. Die äußere Macht des mächtigsten Herrschers der Antike wird übertroffen durch die Macht, die in der Unabhängigkeit des Weisen liegt, der keine Bedürfnisse hat, die er nicht selber befriedigen könnte. Hatte Aristoteles die Autarkie, die die Antike mit der Glückseligkeit gleichsetzte, am meisten der theoretischen Lebensform zu-, der politisch-aktiven dagegen abgesprochen, so ist es das Bestreben der hellenistischen Philosophie, die Autarkie praktisch, im Umgang mit den Bedürfnissen und ihrer Beherrschung, zu realisieren. Dafür lieferte der Kynismus die einfachste Konzeption, deren suggestive Schlichtheit in der Antike große Überzeugungskraft besaß.

Das historische Verständnis der hellenistischen Philosophie und ihres Prinzips der Autarkie, der Unabhängigkeit und Selbstmächtigkeit des Weisen in Bezug auf die Glückseligkeit, sieht sich auf Sokrates und die Sokratiker verwiesen. Das manifestiert sich am deutlichsten bei den Stoikern, die die diadochographische Philosophiegeschichtsschreibung über die Kyniker mit Sokrates verbindet: Zenon, der Gründer der Stoa, war Schüler des Krates, dieser der des Diogenes von Sinope, dessen Lehrer Antisthenes einer der eifrigsten Schüler des Sokrates war; neben diesem haben die Stoiker die alten Kyniker, allen voran den Diogenes, als Leitbilder ihrer Lebensführung und Muster des Weisen hoch- und in Ehren gehalten. Auch wenn die anderen beiden hellenistischen Neugründungen, die epikureische und die skeptische Schule, keine solche äußere Genealogie aufweisen, sind sie mit ihrer jeweiligen Eudämonologie dem Gedankengut anderer Sokratiker verpflichtet, vor allem des Aristipp, dessen Hedonismus im Epikureismus fortwirkt.

Eine gängige Erklärung für den Vorrang des Individuums im Hellenismus und dessen individualistische Eudämonologie argumentiert politisch-historisch: Die Eroberung und Entmachtung der vormals selbständigen Stadtstaaten durch die makedonischen Herrscher, der »Niedergang der hellenischen Poliswelt«[286], habe den Einzelnen auf sich selbst verwiesen. Im Kynismus zumal erscheint die individuelle Selbstbehauptung als Reaktion auf die Unsicherheit der rechtlichen, politischen und sozialen Verhältnisse;

Philosophie wird zur Kunst des *Über*lebens. Auf die Frage, was ihm die Philosophie gebracht habe, gibt Diogenes die charakterische Antwort, »wenn sonst auch nichts, so doch jedenfalls dies, auf jede Schicksalswendung gefasst zu sein«.[287] Dazu passt die Überlieferung, die Diogenes Laertius diesem Ausspruch hinzufügt und nach der der Protokyniker sich als Erster als »Kosmopolit« verstand; nur muss man dabei beachten, dass die Bezeichnung ursprünglich eine – logisch – negative Bedeutung hat: Der kynische Kosmopolit ist ohne Polis. »Gefragt nach seinem Heimatort, antwortete er: ›Ich bin ein Weltbürger.‹« Auch seinem Schüler Krates war das Vertrauen in die Polis abhanden gekommen. »Als Alexander ihn fragte, ob er seine Vaterstadt wieder aufgebaut zu sehen wünsche, sagte er: ›Wozu das? Denn wer weiß, bald wird wieder ein anderer Alexander kommen und sie zerstören.‹ Sein Vaterland sei die Ruhmesverachtung und die Armut, die gegen jeden Schicksalsschlag gefeit seien, und er sei Mitbürger des vor jedem Neide gesicherten Diogenes«[288]: die kynische Lebensform als Substitut der politischen, Kynismus als Heimatersatz.

Man kann den Begründungszusammenhang auch umkehren und einen gesteigerten Individualismus für die Schwächung der Polis verantwortlich machen: Das Interesse an und die Identifikation mit ihr hatten nachgelassen, so dass man nicht mehr bereit war, das Gemeinwesen mit demselben Einsatz zu verteidigen, wie man es im Jahrhundert zuvor gegen die Perser getan hatte. Letztlich allerdings dürfte die Frage, ob die realen Verhältnisse die Ideen oder umgekehrt die Ideen die Verhältnisse bestimmen, nicht einseitig, sondern nur im Sinne einer komplexen wechselseitigen Beeinflussung zu beantworten sein, im Verlauf derer die beiden Faktoren in permanenter Reaktion einander verstärken; dieser Prozess, nicht der Anfang ist das Entscheidende.

Der antitragische Impuls

Was aber sind die geistigen Voraussetzungen für den eudämonologischen Individualismus beziehungsweise die individualistische Eudämonologie jener Sokratik, in der die hellenistische Philosophie wurzelt? Es sind jene Bewegungen und Ausdrucksweisen, die das geistige Leben in Athen prägen, aus welchem die Sokratik hervorgeht; diese ist ja im Unterschied zur vorsokratischen Naturspekulation eine genuin athenische Erscheinung. Neben und vor der Sophistik ist es die Dichtung und namentlich die Tragödie, in der sich eine Lebensanschauung manifestiert, mit der sich die sokratische Ethik auseinandersetzt und die sie ersetzt. Da diese Voraussetzung nicht eine solche philosophischer Theorie ist, tut sich eine theorie- und begriffsfixierte Sichtweise schwer damit. Dagegen hat Nietzsche den Zusammenhang in seiner Erklärung für den Untergang der griechischen Tragödie erfasst. In seiner Erstlingsschrift hat er ja nicht nur – wie der Titel anzeigt – eine Theorie über die »Geburt«, sondern auch eine zweite über den »Tod« der Tragödie geliefert, und diese zweite Theorie ist historisch sehr viel besser nachvollziehbar als die hochspekulative erste. Sie ist zudem die für den Philosophen und den Historiker der Philosophie weitaus bemerkenswertere und interessantere. Danach sind es der Rationalismus und Optimismus der sokratischen Moral, woran die Tragödie zugrundeging. »Man vergegenwärtige sich nur die Konsequenz der sokratischen Sätze: ›Tugend ist Wissen; es wird nur gesündigt aus Unwissenheit; der Tugendhafte ist der Glückliche‹; in diesen drei Grundformen des Optimismus liegt der Tod der Tragödie.«[289]

Nun muss man das Ergebnis von Nietzsches Ermittlungen über die Schuld am Tod der griechischen Tragödie aus Sicht der *altera pars* betrachten, um seine Tragweite für das Selbstverständnis der Philosophie abschätzen zu können. Aus dieser Perspektive nämlich erscheint das »mörderische Prinzip« des sokratischen Rationalismus als die Selbstbehauptung der Vernunft vor der Bedrohung durch die Unberechenbarkeit tragischer Vor- und Untergänge. Nietzsche selbst regt einen solchen Perspektivenwechsel an. Denke man sich »das große Zyklopenauge des Sokrates auf die Tragödie gewandt«, suggeriert er, so erblicke man darin: »Etwas recht Unvernünftiges, mit Ursachen, die ohne Wirkungen, und mit Wirkungen, die ohne Ursachen zu sein schienen; dazu das Ganze so bunt und mannigfaltig, dass es einer besonnenen Gemütsart widerstreben müsse, für reizbare und empfindliche Seelen aber ein gefährlicher Zunder sei.«[290] Die Tragödie zeigte an, was der philosophische Rationalismus leisten und abarbeiten musste, nachdem er sich auf das Gebiet der Ethik begeben hatte, um sich dort zu bewähren und zu behaupten. Sie wurde zum Abstoßungspunkt philosophischer Moral, deren wesentliche Intention es ist, den Menschen aus einem leidenden, wie ihn die Tragödie darstellt, zu einem handelnden zu machen, zum autarken Souverän seines Glücks, das durch keine äußerlichen Zufälle und durch kein fremdes Schicksal zu gefährden ist.

Das Leid ist der Stoff, aus dem die Tragödie gemacht ist. Zunächst ist das Leid das physische: der Schmerz und der Tod. Als solches gehört es zum menschlichen Dasein, doch nicht immer in gleichem Maße; das eine Dasein ist weniger, das andere mehr davon betroffen. Nicht das gewöhnliche, sondern das außergewöhnliche, übermäßige Leid ist Gegenstand der Tragödie. Gesteigert wird das Leid aber nicht nur physisch, sondern auch moralisch, wenn es nämlich durch menschliches Handeln verursacht und nicht unvermeidliche Wirkung natürlicher Ursachen ist. Solches Leid stellt die Tragödie wiederum als zwangsläufig dar, das heißt nicht als Folge einer freien Tat, für die der Täter zu Recht leidet. Tragisch ist das Leid, an dessen Ursache der Betroffene zwar mitwirkt, an dem er jedoch unwillentlich schuldig wird; das Leid, das er erduldet, ist durch seinen Anteil an dem Geschehen, das zu dem Leid führt, gar nicht oder nicht in vollem Ausmaß gerechtfertigt. Tragisch ist vor allem das Leid, das aus dem Konflikt von Pflichten und Rechten resultiert: wenn die Durchsetzung eines Rechtes einen Unschuldigen leiden lässt, dessen Rechte, einschließlich des Rechts auf Unversehrtheit, dadurch verletzt werden. Die Tragödie ist der Ausdruck eines geschärften Rechtsbewusstseins, das sich vor allem der Sophistik verdankt. Die sophistische Begründung des Rechts, wie sie sich im Mythos des Protagoras findet, denkt und legitimiert das Recht als Mittel der Selbsterhaltung der Menschen: Ohne Recht und Scham sind sie nicht fähig zusammenzuleben; außerhalb der Gemeinschaft aber sind sie nicht überlebensfähig.

Was jedoch, wenn das Recht den Einzelnen verletzt oder zugrunde richtet, und zwar den Gerechten, nicht den Ungerechten – diesen darf es nach der Rechtstheorie des Protagoras als einen Schaden der Gemeinschaft ausschalten. Eben das ist die Situation des Sokrates, der als Gerechter durch das Recht leidet, und es ist diese Problemlage, aus der die sokratische Moral bei Platon hervorgeht. Die bekannte Antwort des platonischen Sokrates lautet: Unrecht leiden ist besser als Unrecht tun. Das größte Übel, das den Menschen betreffen kann, erleidet er nicht von außen, sondern tut er sich selber an: durch Unrechttun. Dadurch zerstört er sich selbst, und nur durch Selbstzerstörung kann er völlig zugrundegehen. Dagegen kann er sich helfen: durch das rechtmäßige Handeln, das aus dem Wissen des Rechten und Guten hervorgeht. Die sokratisch-platonische Moral wird konzipiert als eine Selbsterhaltung, die von bloß physischer Selbsterhaltung verschieden ist. Nicht darin, im bloßen Überleben, liegt das wahre Glück, sondern in jener moralischen Selbsterhaltung, im guten Leben, das in Wahrheit eine ständige Selbststeigerung ist. Nicht in Bezug auf das bloße Leben und Überleben, wohl aber in Bezug auf die Glückseligkeit ist der Einzelne selbstmächtig, autark. Freilich geht diese Konzeption der Moral davon aus, dass der Tod nicht das größte Übel ist, und sie impliziert die Überzeugung von der Unsterblichkeit der Seele, die bei Kant als Idee und als Postulat der praktischen Vernunft wiederkehrt.

Der Konflikt des Sokrates mit der Polis hat die Anlage zur Tragödie, und Platons dramatische Kunst exponiert – in der »Apologie« und im »Phaidon« – das tragische Potential des Konfliktes in virtuoser Weise. Einzigartig ist aber die Verwandlung, die das Potential erfährt. Es wird daraus eben keine Tragödie, sondern philosophische Moral, die Moral des seine Glückseligkeit souverän betreibenden Individuums, darin wird die Tragödie aufgehoben.

Die Idee der Unsterblichkeit hat ambivalente Konsequenzen für das Verhältnis des Einzelnen zum Staat. Einerseits entlastet sie den Staat von der totalen Verantwortung für den Einzelnen und seine Glückseligkeit. Aber diese Entlastung bedeutet andererseits einen Verlust an Einfluss. Die Idee der Unsterblichkeit verschafft dem Einzelnen einen Freiraum, zu dem der Staat keinen Zugang hat. Das bedeutet eine Stärkung des Individuums, die aus der Verinnerlichung des Glücks folgt. Diese geht jener voraus, nicht umgekehrt, wie Hossenfelder annimmt, weil er den Zusammenhang von Tragödie und sokratischer Moral übersieht. Die Gefährdungen des Glücks, die die Tragödie so vielfältig vor Augen führt, motiviert die Verinnerlichung, aus der die Idee des glücksautarken Individuums hervorgeht, das unter der Bezeichnung des Weisen zur Leitfigur der hellenistischen Philosophie wird.

Nicht nur am platonischen Dialog, seiner Form und seinem moralischen Gehalt, bewährt sich Nietzsches Deutung des Sokrates, sondern auch am Kynismus. Auch für ihn ist der antitragische Impuls wesentlich, wie es in Diogenes' Formel für den Gewinn der Philosophie, »auf jede Schicksalswendung gefaßt zu sein«, zum Ausdruck kommt. Das Schicksal wird prospektiv aufgehoben und mit ihm die Tragödie. Von ihr lernt der Kyniker, worauf er sich einzustellen und womit er zu rechnen hat. Krates, so heißt es, habe sich nach Anhörung einer Tragödie der kynischen Philosophie zugewandt. Kyniker zu sein heißt, an keinem Schicksal zu zerbrechen, so wie Diogenes von sich zwar sagte, »die Flüche der Tragiker seien für ihn eingetroffen«, aber auch, er stelle »dem Schicksal den Mut entgegen«.[291]

Platon soll seine frühen Tragödien verbrannt haben, als er sich dem Sokrates anschloss: Der sokratische Dialog ersetzt die tragische Dichtung. Die Kyniker vernichteten die Tragödie durch Parodie, deren Tabuverletzungen den Grad des Zynismus erreichten, wie die spärlichen Überlieferungen dazu und der Abscheu des Kaisers Julian hinreichend erkennen lassen. Mit einem kruden Rationalismus, der sich Argumente naturphilosophischer wie sophistischer Aufklärung angeeignet hat, werden diejenigen Tabus aufgelöst, durch deren – bewusste oder unbewusste – Überschreitung die tragischen Helden sich in Schuld verstricken und zugrunde gehen. Sie figurieren als lächerliche, allenfalls abschreckende Beispiele für fehlende philosophische Reflexion und Haltung. Der »naive Cynismus« gegenüber der Tragödie, den Nietzsche bei Sokrates konstatiert, wird im Kynismus reflektiert und auf die Spitze getrieben. Noch bei dem Stoiker Seneca ist die Tragödie etwas anderes als die alte griechische, nämlich eher Lehrstück dafür, wie unphilosophisches affektbestimmtes Handeln ins Verderben führt, als die Gestaltung einer tragischen Schuld. Auch die stoische Philosophie ist prinzipiell antitragisch und der stoische Weise gegen jedes tragische Schicksal gefeit.

Die politischen Umwälzungen im 4. Jahrhundert v. Chr. bereiten den Boden für die eigentliche Wirksamkeit der antitragischen Eudämonologie der Sokratiker; in den neuen hellenistischen Philosophenschulen kommt ihr impliziter Individualismus zur Entfaltung. Diese verbindet mehr, als die teils heftigen Polemiken vermuten lassen, die sie gegeneinander richten; das ist der Narzissmus der kleinen Differenz. Gemeinsam ist ihnen nicht nur der Primat einer individualistisch orientierten Ethik, die durchweg das Glück des Einzelnen als höchsten Zweck aufstellt. Auch in dem primär negativen Verständnis des Glücks sind sie sich einig: Es geht darum, Unglück zu vermeiden. Darin manifestiert sich der antitragische Ausgangspunkt dieser Moral, und das erklärt ihre teils heroischen, teils resignativen Züge. Darin liegt auch wohl ihre Beschränkung. Sie kann mit den Angeboten und Verheißungen reichen positiven Glücks nicht mithalten, mit denen religiöse Bewegungen auftreten und werben. Das dürfte nicht wenig zur Verdrängung der antiken philosophischen Moral durch das Christentum beigetragen haben.

Konzeptionen der Glückseligkeit: Epikur

Das negative Eudämoniekonzept des Hellenismus bekundet sich sprachlich in jenen Ausdrücken, mit denen der Glückszustand näher bezeichnet wird. Es sind jeweils Bildungen mit dem *Alpha privativum*, das dem deutschen Präfix »Un« entspricht: Für die Epikureer und Skepiker ist es die Ataraxie, die Unerschütterlichkeit, für die Stoiker die Apathie, die Leidenschaftslosigkeit. Glück wird in das Freisein von beunruhigenden Affekten beziehungsweise von den Affekten überhaupt gelegt. Der Unterschied zwischen stoischer und epikureischer Ethik betrifft hauptsächlich die Einstellung zur Lust. Während diese von den Epikureern positiv bewertet und als mit der Glückseligkeit nahezu identisch betrachtet wird, wird sie von den Stoikern als Glücksgefährdung gleich allen Affekten verworfen. Sie folgen dem Antisthenes, der die Maxime vertreten hatte: »Lieber verrückt werden als der Lust erliegen.«[292] Doch auch der Hedonismus Epikurs bleibt negativ auf das Leid fixiert. Die Lust wird deshalb bejaht, weil ein Mangel daran Schmerz bereitet, und sie wird nur in dem Maße erstrebt, in dem sie den Schmerz aufhebt; sie ist ein Analgeticum. »Um dessentwillen tun wir ja alles, damit wir weder Schmerz noch Unruhe empfinden. Sooft dies einmal an uns geschieht, legt sich der ganze Sturm der Seele. [...] Denn nur dann haben wir ein Bedürfnis nach Lust, wenn wir deshalb, weil uns die Lust fehlt, Schmerz empfinden; (wenn wir aber keinen Schmerz empfinden), bedürfen wir auch der Lust nicht mehr.«[293]

Nietzsche durchschaute den epikureischen Hedonismus auf seinen leidvollen Untergrund hin, und er war stolz darauf, damit »den Charakter Epikurs anders zu empfinden als irgend jemand vielleicht«. Dessen mildes, moderates Glück habe nur »ein fortwährend Leidender erfinden können, das Glück eines Auges, vor dem das Meer des Daseins stille geworden ist, und das nun an seiner Oberfläche und an dieser bunten, zarten, schaudernden Meeres-Haut sich nicht mehr sattsehen kann: Es gab nie zuvor eine solche Bescheidenheit der Wollust.«[294] Die epikureische Heiterkeit ist eine Maske, hinter der sich die Erfahrung des Schmerzes verbirgt, die der Betroffene für sich behalten und nicht exponieren will, weil er sie als Auszeichnung begreift. »Das tiefe Leiden macht vornehm; es trennt. Eine der feinsten Verkleidungs-Formen ist der Epikureismus und eine gewisse fürderhin zur Schau getragene Tapferkeit des Geschmacks, welche das Leiden leichtfertig nimmt und sich gegen alles Traurige und Tiefe zur Wehr setzt.«[295] Man missversteht den Epikureismus, wenn man die heitere Oberfläche seines Eudämonismus für sein Wesen hält. In ähnlicher Weise können der »Cynismus« und die »Narrheit« als Masken fungieren – drei »Verkleidungsfomen«, die auch Nietzsches eigene sind. Schließlich sieht er den Epikureismus als die »Erlösungs-Lehre des Heidentums« an, als eine Art vorweggenommenes Christentum mit einer vornehmeren Theologie als der christlichen, da Epikur die Götter nicht für die Belange der Menschen beansprucht.[296]

Von Sokrates wie aus der Ethik Demokrits bezieht die hellenistische Philosophie ihr therapeutisches Selbstverständnis. Die Medizin heile die Krankheiten des Leibes, die Philosophie beseitige die Leidenschaften der Seele, heißt es bei Demokrit.[297] Sowohl der junge Mensch als auch der Greis solle philosophieren, ermahnt Epikur eingangs des Briefes an Menoikeus und fährt fort: »Denn weder ist jemand zu unerwachsen noch bereits entwachsen im Blick auf das, was in der Seele gesunden läßt.« Ohne die Philosophie ist die Seele nicht gesund; Philosophie wird zur Psychotherapie, der Philosoph zum Seelsorger und Seelenarzt, der in nachantiker Zeit vom christlichen Seelsorger verdrängt wird wie gegenwärtig dieser vom Psychotherapeuten. Jede dieser drei Formen von Seelsorge und Psychotherapie hat ihre eigene Vorstellung von der Heilsbedürftigkeit und Krankheit der Seele sowie entsprechende Heilungskonzepte. Das moderne Verständnis ist das medizinische und medizinisch-psychologische. Es führt die psychische Erkrankung auf somatische Ursachen oder auf traumatische Ereignisse zurück; die Kur besteht in der medikamentösen Behandlung oder in einem der zahllosen psychotherapeutischen Verfahren, die versuchen, verdrängte Traumata und Konflikte nachträglich aufzuarbeiten. Die christlich-religiöse Seelsorge betrachtet das Problem als ein moralisches: Die menschliche Seele an sich ist erkrankt, und zwar an der Sünde, wovon sie nicht aus eigener Kraft, sondern durch die oder mithilfe der Gnade und durch den Glauben geheilt wird, der seinerseits auf Gnade beruht; christliche Seelsorge besteht in der Vermittlung der Gnade zur Vergebung der Sünde und in der Stärkung des Glaubens; nur dadurch gelangt der Mensch zum Heil.

Wie nun die religiöse Lehre von der Erlösungsbedürftigkeit des Menschen neuzeitlich durch Medizin und Psychologie substituiert wird, so hat sie ihrerseits in der späten Antike die philosophisch-moralische Konzeption der Selbstmächtigkeit, der Autarkie des Menschen zur Glückseligkeit abgelöst. Auch für die sokratische und hellenistische Ethik ist die Krankheit der Seele nicht das medizinische Sonderproblem einer vom Normalfall der Gesundheit abweichenden Erkrankung, sondern der generelle Zustand vor und außerhalb der Philosophie. Die unphilosophische Seele krankt an falschen Vorstellungen, die zu den beunruhigenden und das Glück verhindernden Affekten führt, nicht umgekehrt. Folglich muss die Kur bei den falschen Vorstellungen ansetzen, über deren Berichtigung und Belehrung die Affekte beseitigt oder ruhig gestellt werden. Es ist dieser auf vernünftiger, autonomer Einsicht beruhende Ansatz, der die antike philosophische Psychotherapie heute nicht nur als Alternative zur christlichen Seelsorge erscheinen lässt, sondern als eine rationale Anleitung zur individuellen Lebensbewältigung, die auch von den modernen Formen medizinischer und psychologischer Therapie gar nicht ersetzt werden kann.

Falsche Vorstellungen verursachen Furcht, ein Haupthindernis der Glückseligkeit: die Furcht vor den Göttern und vor dem Tod zumal. Solche Vorstellungen auszuräumen entwarf Epikur seine Theologie und Thanatologie: Die Götter kümmern sich nicht um die Menschen; sie leben sorglos, ohne sich in den Lauf der Welten einzumischen, so dass der Mensch von ihnen nichts zu befürchten, allerdings auch nichts zu erwarten hat. Wegen dieser aufgeklärten Theologie feierte Lukrez in seinem epikureischen Lehrgedicht den Gründer und Meister der Schule als einen philosophischen Heiland, der die Menschheit von der Bürde der Religion befreite, unter der sie ein qualvolles und schmähliches Dasein gefristet hatte. Den Tod brauchen die Menschen nicht zu fürchten, weil er sie nichts angeht; er berührt sie buchstäblich nicht. »Das schauererregendste aller Übel, der Tod, betrifft uns überhaupt nicht; wenn wir sind, ist der Tod nicht da; wenn der Tod da ist, sind wir nicht. Er betrifft also weder die Lebenden noch die Gestorbenen, da er ja für die einen nicht da ist, die andern aber nicht mehr für ihn da sind.«[298] Wie die Angst vor dem Tod das ganze Leben für die Glückseligkeit vergiftet, so ist umgekehrt die Einsicht in seine Bedeutungslosigkeit eine ihrer wesentlichen Voraussetzungen.

Eine andere ist der richtige Umgang mit den Begierden, der von dem Wissen darum angeleitet wird, was man begehren soll und was nicht. Dazu muss man das Wesen der Bedürfnisse und ihre verschiedenen Arten kennen. Aus der Befriedigung von Bedürfnissen geht die Lust hervor und damit die Glückseligkeit nach epikureischer Lehre. Aber nicht alle Bedürfnisse sind dazu erforderlich, sondern nur die, auf deren Befriedigung man nicht verzichten kann, ohne dauernde Unlust zu erleiden. Verzichten kann man auf die »leeren« Bedürfnisse, die nicht von Natur aus bestehen, sondern durch bloße Meinungen erzeugt werden – wenn man etwa meint, man bedürfe des Luxus oder der Erfüllung seiner eitlen Ansprüche auf Anerkennung. Aber auch unter den natürlichen Bedürfnissen gibt es solche, die bloß natürlich und nicht notwendig sind, und schließlich die notwendigen. Ihre Befriedigung gilt es sicherzustellen. Dazu empfiehlt Epikur in Anlehnung an Demokrit die Autarkie, die Selbstgenügsamkeit, die sich mit möglichst wenig bescheidet und die Bedürfnisse auf die einfachste, natürliche Weise befriedigt. Demokrit stellte die Autarkie den Wechselfällen des launischen Glücks, der *tyche*, entgegen: Sie resultiert aus der Mäßigung (*sophrosyne*). Autark ist die Natur, die mit sicheren Gaben versorgt, wohingegen das Glück zwar verschwenderisch, aber unzuverlässig ist.[299] In diesem Sinne heißt es bei Epikur, dass alles Natürliche leicht zu beschaffen, die Befriedigung der »leeren«, auf bloßer Meinung beruhenden Bedürfnisse dagegen schwierig sei. Die Autarkie sichert die natürliche Basis der Bedürfnisbefriedigung und macht so angstfrei, während der Luxus um die Mittel seiner Befriedigung bangen lässt. Zudem empfindet der, der an das Einfache gewöhnt ist, den Luxus lustvoller, den sich der Epikureer keineswegs versagen muss, von dem er sich aber nicht abhängig machen darf, weil dann die Angst um den Erhalt den Genuss überwiegt.

So bedarf auch der Umgang mit der Lust der Anleitung durch rationale Kalkulation. Obwohl jede Lust an sich ein Gut ist, muss man auch auf Lüste verzichten, wenn sie nämlich größere Unlust zur Folge haben, und man muss Schmerzen in Kauf nehmen, um noch größeren vorzubeugen oder größere Lust zu gewinnen, »durch vergleichendes Messen und den Blick auf Zuträgliches und Unzuträgliches ist dies alles zu beurteilen.«[300] Schließlich glaubt Epikur, selbst dem Schmerz rational begegnen zu können, indem er ihn entweder relativiert dadurch, dass er ihn als Mittel zur Lust begreift, oder ihn bewusst durch Lust kompensiert oder sich mit der Erfahrung tröstet, dass der heftigste Schmerz nur kurz ist, der dauernde dagegen erträglich; jener führt zur Bewusstlosigkeit oder zum Tod, dieser lässt sich durch Lust überlagern.

Stoiker

Die Stoiker lassen die epikureische Unterscheidung der Affekte in negative und positive, also in solche, die die Glückseligkeit gefährden und verhindern, und in die Lust, die glückselig macht, nicht zu. Für sie sind die Affekte insgesamt der Glückseligkeit abträglich, weil sie sich auf das dem Menschen Fremde und Unverfügbare richten und ihn daran fesseln. Die Glückseligkeit aber, so formuliert es Epiktet in einer grundsätzlichen Bestimmung, besteht darin, dass dem Menschen »alles nach Wunsch geht, er nicht gehindert, nicht gezwungen werden kann«. Damit der Wille erreichen kann, was er will, muss er frei sein und mächtig dessen, was er will; das ist er nur, wenn der Mensch sich auf das ihm Eigene als das prinzipiell Verfügbare beschränkt.

Die Affekte resultieren durchweg aus falschen Vorstellungen. Bei ihnen und bei der Vernunft, die dafür verantwortlich ist, muss die Therapie ansetzen; eine gesunde, durch Philosophie kurierte und belehrte Vernunft lässt Affekte erst gar nicht aufkommen. Die Grundannahme sokratischer wie hellenistischer Philosophie, nämlich dass die Menschen und ihre Seelen ohne philosophische Belehrung an falschen Vorstellungen kranken und deswegen unglücklich sind, bekundet sich bei den Stoikern noch eindringlicher als bei den Epikureern; sie sind von der Macht der Vernunft über die Affekte grundsätzlich überzeugt.

Die falschen Vorstellungen sind falsche Bewertungen. Affekte entstehen, wenn einem etwas als gut oder übel erscheint, das man deswegen begehrt oder zu meiden sucht, das sich aber der Anstrengung, es zu erlangen oder zu vermeiden, widersetzt. Was weder gut noch übel und also gleichgültig ist, verursacht keine Affekte; es *lässt* gleichgültig. Ebenso kommt es nicht zu Affekten, wenn sich der Wunsch problemlos erfüllt und so erledigt; in beiden Fällen ist man »wunschlos glücklich«. Um das zu werden, muss man also alles das, worüber man nicht absolut verfügt, von dem unterscheiden, worüber man ohne Einschränkung Macht besitzt, das heißt das Fremde vom Eigenen. Und man darf dem Fremden keinen Wert beimessen, weder einen positiven noch einen negativen, damit sich der Wille darauf nicht kapriziert und man nicht Gefahr läuft, durch

Scheitern des Begehrens Affekte aufkommen zu lassen. Gesund ist die Vernunft, wenn sie das Eigene vom Fremden zu unterscheiden weiß und eingesehen hat, dass die äußeren Dinge, das Fremde, gleichgültig sind und Wert allein dem Eigenen, den Vorstellungen über die Dinge, zukommt, dass gut allein die Tugend ist, die eben auf der Einsicht in die Gleichgültigkeit aller äußeren Dinge beruht, schlecht aber die entgegengesetzte Ansicht, aus der die Affekte hervorgehen; dabei zählen zu dem unverfügbaren Fremden nicht nur alle materiellen Dinge, sondern auch die übrigen Menschen samt den eigenen Angehörigen, ja selbst der eigene Leib und das eigene Leben. »Die Tugend ist ausreichend zur Glückseligkeit«: Diese ethische Formel des Antisthenes haben die alten Stoiker Zenon, Chrysipp und Hekaton übernommen.

Der Bereich des Eigenen ist das Innere der Person; er allein ist der Bereich völliger Verfügbarkeit. Darin kann nicht einmal Zeus, so heißt es bei Epiktet in einer fundamentalen Aussage, die die entscheidende Differenz zur christlichen Anthropologie und Theologie markiert, den Menschen enteignen. In der Feststellung dieses Bereichs und in der Abgrenzung von dem, was dem Menschen nicht eigen, sondern fremd ist, liegt die zentrale Aufgabe der Philosophie. In dem Rückzug auf sein Inneres wird der Mensch weise und autark: Er wird gottgleich. Er gewinnt jene Autarkie, die nach traditionellem griechischem Verständnis Vorzug der göttlichen Existenz ist, das heißt genauer jener einzigen göttlichen Existenz, die in ihrer absoluten Autarkie gegen jede Vernichtung gefeit ist. Damit vergleicht Seneca die Autarkie des Weisen im neunten der »Moralischen Briefe«, der die Vereinbarkeit von Selbstgenügsamkeit und Freundschaft thematisiert: »Wie mit dem Leben Jupiters, wenn die Welt sich aufgelöst haben, alle Götter in Einen übergegangen sein werden, die Natur einen Stillstand machen und Jupiter, seinen Gedanken hingegeben, in sich ruhen wird. So auch der Weise: er birgt sich in sich selbst, er ist mit sich allein.«[301] Der defensive Charakter und die Selbstbehauptungsfunktion der stoischen Autarkie bekunden sich noch einmal deutlich bei dem späten Stoiker Marc Aurel in seinen Selbstermahnungen zum Rückzug auf den Bereich des Inneren, den der eigenen Vorstellungen: »Zieh dich in dich selbst zurück. Das vernünftige Leitvermögen hat die

Eigenheit, an sich selbst Genüge zu haben, wenn es recht handelt und eben deswegen Frieden hat.« Oder: »Denke daran, daß unbezwinglich das Leitvermögen wird, wenn es in sich zusammengezogen an sich selbst Genüge findet und nicht tut, was es nicht will.«[302]

Die Lehre von der Tugend als dem einzigen Gut und der Gleichgültigkeit alles Übrigen wirft die Frage auf, wie der Stoiker sich damit praktisch verhalten, ja wie er damit überhaupt leben kann. Von der Tugend allein kann man nicht leben. Dazu bedarf es äußerer Mittel, und diese sind für das Leben keineswegs indifferent, im Gegenteil: Manche sind zuträglich und sogar lebensnotwendig, andere abträglich, manche freilich auch gleichgültig. Wie kann der Stoiker sich zwischen ihnen entscheiden, wenn ihm dabei der Maßstab des einzigen Gutes, das er kennt, nicht hilft? Auf diese Frage antwortet die stoische Philosophie mit der Formel »in Übereinstimmung mit der Natur leben«. Die Natur hat alle Wesen und so auch den Menschen mit dem Trieb der Selbsterhaltung und -aneignung ausgestattet, und diesem Trieb gilt es zu folgen; er wählt zwischen den Dingen, die in Bezug auf das Leben nicht indifferent sind. Aber ihr Wert für das Leben bedeutet nicht auch einen Wert für die Glückseligkeit, weil das Leben als solches dafür gleichgültig ist. Man muss dem Trieb und damit der Natur, die selber von Vernunft durchwirkt ist, die Auswahl der Dinge überlassen. Wer sie gegen den Trieb bewertet und aufgrund solcher Wertung begehrt oder zu meiden sucht, provoziert Affekte. Dabei macht der Trieb der Selbstfürsorge nicht beim Individuum Halt, sondern schließt in abgestufter Rangfolge von den nächsten Angehörigen bis zur gesamten Menschheit die anderen ein.

Skeptiker

»Der Skeptiker will aus Menschenfreundlichkeit nach Kräften die Einbildung und Voreiligkeit der Dogmatiker durch Argumentation heilen«,[303] resümiert der spätantike Arzt Sextus Empiricus, dem wir die umfassendste Darstellung der pyrrhonischen Skepsis verdanken und der zu der therapeutischen Metaphorik aufgrund seines Berufes ein besonderes Verhältnis haben musste. Pyrrhon von Elis hatte – etwa zeitgleich mit Epikur und Zenon – die skeptische Schule gegründet; für sie ist die falsche Vorstellung, durch die sie die Glückseligkeit zuhöchst gefährdet sieht, die gemeinsame Grundüberzeugung der beiden anderen, nämlich dass das Gut, in dem die Eudaimonie besteht, erkannt und durch Erkenntnis erlangt und beständig gesichert werden könne. Nicht an den verschiedenen Inhalten und Positionen der konkurrierenden philosophischen Lehren entzündet sich ihre Kritik, sondern an der dogmatischen Form und Prätention, die sich aus der Grundüberzeugung herleitet, das wahre Gut gefunden zu haben und zu besitzen. Dem Skeptiker reicht es zur Seelenruhe, in der auch er die Glückseligkeit sieht, nicht aus, die unsicheren äußeren Güter zu entwerten und als gleichgültig zu behandeln; für ihn sind auch die vermeintlich unverlierbaren inneren Güter der Stoiker und Epikureer nicht gewiss und sicher. Es gibt für ihn kein Gut an sich, auch nicht im Inneren des Menschen. Die Suche danach verschärft sogar die Gefährdung, die aus dem vorphilosophischen Streben nach Glücksgütern resultiert. Die Anstrengung und Angespanntheit dogmatischer Philosophie ist die höchste Bedrohung der Glückseligkeit und der dogmatische Philosoph von dieser am weitesten entfernt. Erst aus dem Verzicht auf die Erkenntnis des Guten geht jene Seelenruhe hervor, der die Glückseligkeit folgt; man muss sich des Urteils enthalten und so jede Überzeugung vermeiden, um zur Ruhe zu finden.

Diese Erfahrung bildet den Ausgangspunkt der skeptischen Schule, wie es Sextus Empiricus' Rekonstruktion des Ursprungs der Skepsis besagt. Danach begann der Skeptiker zunächst wie der Dogmatiker zu philosophieren, das heißt, er wollte in der richtigen Beurteilung des Guten und im Besitz der Wahrheit Ruhe finden. »Dabei geriet er in den gleichwertigen Widerstreit, und weil er diesen nicht entscheiden konnte, hielt er inne. Als er aber innehielt, folgte ihm zufällig die Seelenruhe in den auf dogmatischem Glauben beruhenden Dingen. Wer nämlich dogmatisch etwas für gut oder übel von Natur hält, wird fortwährend beunruhigt: Besitzt er die vermeintlichen Güter nicht, glaubt er sich von den natürlichen Übeln heimgesucht und jagt nach den Gütern, wie er meint. Hat er diese erworben, gerät er in noch größere Sorgen, weil er sich wider alle Vernunft und über alles Maß aufregt und aus Furcht vor dem Umschwung alles unternimmt, um die vermeintlichen Güter nicht zu verlieren. Wer jedoch hinsichtlich der natürlichen Güter oder Übel keine bestimmten Überzeugungen hegt, der meidet oder verfolgt nichts mit Eifer, weshalb er Ruhe hat.«[304]

So radikalisiert die pyrrhonische Skepsis, indem sie sich der Anerkennung eines jeden Gutes enthält, die Gleichgültigkeit, die die stoische Philosophie den äußeren Dingen gegenüber verlangt. Das kommt in einer Reihe von Anekdoten zum Ausdruck, in denen Pyrrhon als das Muster einer gleichgültigen und unerschütterlichen Haltung schlechthin erscheint. Beispielsweise habe er sich, als sein Lehrer Anaxarch einmal in einen Sumpf gefallen war, um ihn nicht gekümmert, sondern sei seinen Weg weitergegangen, was »ihm manchen Tadel zuzog, während Anaxarch selbst diese Gleichgültigkeit und Teilnahmslosigkeit an ihm lobte«.[305] Mit Anaxarch soll er den Indienfeldzug Alexanders des Großen begleitet und dabei die indischen Gymnosophisten, die »nackt« lebenden brahmanischen Weisen, kennen gelernt haben, deren asketische Lebensweise sie sich zum Vorbild nahmen, wie das auch der zeitgleiche Kynismus tat; das sind die am besten bezeugten Überlieferungen zu einem indischen Einfluss auf die griechische Philosophie.

Wie bei den Stoikern, ja mehr noch als bei ihnen, drängt sich bei den Skeptikern die Frage nach der Praktikabilität und Lebbarkeit ihrer Philosophie auf; entsprechende Einwände gab es wohl von Anfang an, was missgünstige biographische Überlieferungen zum Gründer vermuten lassen. Da Pyrrhon nichts als Übel anerkennen wollte, kannte er auch keine Gefahren, und wenn seine Gleichgültigkeit ihn in bedrohliche Situationen gebracht hatte, verdankte er regelmäßig seinen ihn begleitenden Schülern die Errettung daraus.[306] Andererseits lassen manche Anekdoten ihm seinen Gleichmut abhanden kommen. So habe er seine Kontenance verloren, als er wegen seiner Schwester, mit der er zusammenlebte, in Zorn geriet, und ein andermal, als ein Hund auf ihn lossprang; beides wurde ihm als Inkonsequenz vorgehalten. Seine Antwort im ersten Fall war, bei einem Weib sei der Beweis der Gleichgültigkeit nicht angebracht, im zweiten, »es sei schwer, den Menschen vollständig abzulegen«.[307]

Sextus Empiricus setzt sich mit dem Einwand explizit auseinander: Die Kritiker verständen nicht, dass der Skeptiker nicht nach der philosophischen Erwägung lebe – danach sei er untätig –, dass er aber nach der unphilosophischen Erfahrung das eine wählen und das andere meiden könne. Um die ethischen Theorien der dogmatischen Philosophen zu widerlegen, zeigt der Skeptiker, dass sich den Entscheidungsgründen, die diese aus ihrer Theorie und ihrem Begriff des Guten herleiten, ebenso gute Gründe entgegenhalten lassen. Also kann man sich der Skepsis zufolge philosophisch gar nicht entscheiden und folglich nicht handeln, weil immer gleich gute Gründe dafür und dagegen sprechen. Daraus zieht der Skeptiker nun aber nicht die Konsequenz, auf das Handeln und auf das Leben zu verzichten – auch das wäre ja eine Entscheidung –, sondern er handelt nach vor- beziehungsweise außerphilosophischen Kriterien. Das sind für ihn die Erscheinungen und die alltägliche Lebenserfahrung. »Wir halten uns also an die Erscheinungen und leben undogmatisch nach der alltäglichen Lebenserfahrung, da wir gänzlich untätig nicht sein können«, heißt es programmatisch zur skeptischen Lebensweise bei Sextus Empiricus.[308] Der Skeptiker bezweifelt nicht die »Erscheinungen«, die subjektiven Vorstellungen wie die, dass ihm der Honig süß schmeckt oder ihm kalt ist; er »hebt die Phänomene nicht auf«. Aber er schließt von ihnen nicht auf die Dinge und eine Natur an sich. Die Erscheinungen sind unwillkürlich, sie widerfahren uns ohne unser Zutun; und wie sie selber, so erleben wir die Belästigungen, die damit einhergehen können, als Zwang. Das Erleiden der Erscheinungen kann zum Leiden im eminenten Sinne werden; uns belästigen zum Beispiel Hunger und Durst. Alles kommt nun für den Skeptiker darauf an, solches aufgezwungene Leid nicht dadurch zu vergrößern, dass man es als ein Übel erachtet, das die Glückseligkeit gefährdet, sondern es in Maßen zu halten, und überhaupt das Leid nicht durch Übel zu vermehren, die allein im Glauben an sie existieren, sei es ein vorphilosophischer Glaube oder vor allem der einer dogmatischen Philosophie. »Wir sagen nun, bis jetzt sei das Ziel des Skeptikers die Seelenruhe in den auf dogmatischem Glauben beruhenden Dingen und das maßvolle Leiden in den aufgezwungenen.«[309] Selbst das Ziel ist skeptisch, nämlich undogmatisch und nicht endgültig, formuliert.

Der Zwang, der von den Erlebnissen ausgeht, ist ebenso wie die natürliche Veranlagung zum Wahrnehmen und Denken Teil der alltäglichen Lebenserfahrung, die außerdem noch die Tradition der Gesetze und Sitten sowie die Unterweisung in den Kunstfertigkeiten beinhaltet. Der Skeptiker hält sich an die überlieferten Gesetze und Sitten, und er bleibt bei seinem erlernten Beruf, nicht, weil er sie für gut befunden hätte, sondern weil sie zu verlassen und sich anders zu orientieren eine Entscheidung erfordern würde, die er nicht treffen kann, da bei jeder Entscheidung – philosophisch-skeptisch betrachtet – die Gründe dafür und dagegen gleich viel gelten; um dem zu entgehen, überlässt er sich der Tradition. Damit ist die skeptische Haltung das Gegenteil Heideggerscher Entschlossenheit und Eigentlichkeit oder existentialistischer Wahl.

Das leitende Selbstverständnis der hellenistischen Philosophie ist das einer philosophischen Lebenskunst, die eine entsprechende Lebensform hervorbringt und gestaltet. Das wird indirekt bestätigt durch die Widerlegung der dogmatischen Ethik bei Sextus Empiricus, die zu einer Widerlegung der zugehörigen Lebenskunst wird. Die pyrrhonische Skepsis radikalisiert das hellenistische Programm, indem sie aus philosophischer Reflexion heraus das Konzept philosophischer Lebenskunst und Lebensform aufhebt und durch die alltägliche Lebenserfahrung ersetzt, so dass sich das Leben des Skeptikers äußerlich durch nichts von einem normalen nichtphilosophischen unterscheidet; seine Auffälligkeit ist – paradox formuliert – seine völlige Unauffälligkeit. Darin differiert die skeptische Lebensform am meisten von der kynischen, die im Gegensatz dazu den Nonkonformismus kultivierte und unter den Lebensformen der antiken Philosophie die auffälligste darstellt. Bei beiden war sich die antike Doxographie bezeichnenderweise nicht sicher, ob es sich bei ihnen überhaupt um eine ethische »Sekte« der Philosophie handle oder nicht bloß um eine bestimmte Lebensweise, da beide die theoretische Lehre als irrelevant beziehungsweise unvermögend in Bezug auf die Lebenspraxis kritisieren und das philosophische Motiv bei ihnen in der Aufhebung systematischer Theorie besteht. Die Anhänger der pyrrhonischen Skepsis, erklärt Sextus Empiricus dazu, hätten keine Lehrmeinung, wenn man darunter »das Hängen an vielen Dogmen« verstehe, »die untereinander und mit den Erscheinungen in logischem Zusammenhang stehen«, sowie die Zustimmung zu Verborgenem. »Nennt man ›Lehrmeinung‹ aber eine Lebensform, die gemäß dem Erscheinenden einer bestimmten Lehre folgt, wobei diese Lehre vorzeichnet, wie es möglich ist, daß man recht zu leben scheine (das ›recht‹ hier nicht nur in bezug auf die Tugend genommen, sondern schlichter), und wenn sich die Lehre auf die Möglichkeit der Zurückhaltung« – der Zurückhaltung des Urteils nämlich, der Epoché, mit der jede theoretische Setzung vermieden wird – »erstreckt, dann behaupten wir, eine Lehrmeinung zu haben.«[310] – Skeptiker und Kyniker unterscheiden sich in dem bevorzugten Medium ihrer Kritik: Bei diesen ist es die Satire, bei jenen der Begriff und die intellektuelle Reflexion; doch bedienten auch sie sich des satirischen Mediums, wie die »Sillen« des Pyrrhonschülers Timon belegen, »in denen er als Skeptiker in der Form der Parodie alle Dogmatiker durchhechelt und verspottet«.[311]

Es gibt in der antiken Rhetoriktheorie die Diskussion über das Verhältnis von Kunst und Natur, in der sich die Auffassung findet, dass die vollendete Kunst in der Natürlichkeit des Redens oder ihrem Anschein bestehe. Die höchste Kunst vermeidet jede Künstlichkeit, die bloße Kunst wird durch eine Natürlichkeit zweiten Grades überboten. Ähnlich ist das Verhältnis der pyrrhonischen Skepsis zur philosophischen Lebenskunst, die vollendet wird durch ihre Aufhebung in die Gewohnheit – die »zweite Natur« – zweiten Grades, da jede künstliche Bemühung um Gelassenheit und Seelenruhe nach skeptischer Ansicht eben diese gefährdet. Das Ziel der Glückseligkeit erfordert, dass man sich selbst ihm gegenüber noch gleichgültig verhält. Erst wenn man auf alle künstlichen Anstrengungen, es zu erreichen, verzichtet hat, stellt sich die höchste Kunst als Resultat ein: »Dem Skeptiker geschah dasselbe, was von dem Maler Apelles erzählt wird. Dieser wollte, so heißt es, beim Malen eines Pferdes dessen Schaum auf dem Gemälde nachahmen. Das sei ihm so mißlungen, daß er aufgab und den Schwamm, in den er die Farben vom Pinsel abzuwischen pflegte, gegen das Bild schleuderte. Als dieser auftraf, habe er eine Nachahmung des Pferdeschaums hervorgebracht.«[312]

Man muss diese Anekdote vom antiken Begriff der *techne* aus verstehen, um das beabsichtigte Paradox zu begreifen; man darf ihr nicht das moderne Verständnis ästhetischer Kunst unterstellen. Die philosophische Ästhetik der Neuzeit macht die Kunst zur genialen Produktion, die rational nicht erklärbar und somit auch nicht lehr- und erlernbar ist; als solche ist sie geradezu das Gegenteil von Wissenschaft. Dagegen ist die antike *techne* ein von Wissen angeleitetes Tun, dessen Können sich wesentlich systematischer Unterweisung verdankt, wie zum Beispiel die Medizin oder die Rhetorik. Zwar findet sich in der Antike vereinzelt der Vergleich der philosophischen Lebens- und Selbstgestaltung mit der Arbeit eines Bildhauers; dennoch ist es zumindest fragwürdig, von der antiken philosophischen Lebenskunst als einer »Ästhetik der Existenz« zu sprechen.[313] Ihr Paradigma sind nicht die schönen Künste der neuzeitlichen Ästhetik, sondern Techniken wie die Heilkunst oder die Kunst der Seelenführung, der Psychagogik, als die Platon im »Phaidros« die Rhetorik bezeichnet.

Übung

An diesen Künsten, und vor allem an der Rhetorik, konnte die Philosophie ersehen, dass Kunst nicht nur aus Wissen besteht, sondern auch Übung erfordert. Zum vollkommenen Redner, so konstatiert Platon im »Phaidros«, gehören Veranlagung (*physis*), Wissen (*episteme*) und Übung (*melete*);[314] diese Dreiheit bestimmt denn auch den antiken Begriff der Kunst. Ebenso wird man das Diktum des Protagoras, es gebe weder eine Kunst ohne Übung noch eine Übung ohne Kunst,[315] auf die Rhetorik beziehen müssen; denn um sie ging es den Sophisten in erster Linie. Jenem Diktum entsprechend baute der rhetorische Unterricht außer auf der Vermittlung theoretischer Regeln wesentlich auf Übungen auf, wozu umgekehrt die Übungen systematisiert und technisiert wurden.

Wollte die hellenistische Philosophie Lebens*kunst* sein, so musste sie mehr als ethische Theorie, sie musste auch Übung sein. In der stoischen Literatur ist dieser Anspruch explizites Thema. Im Schriftenverzeichnis der älteren Stoiker taucht der Titel »Von der Übung« wiederholt auf; erhalten sind zwei Diatriben aus der Stoa der Kaiserzeit, die die Übung zum Gegenstand haben, nämlich von Musonius, dem Lehrer Epiktets, und von Epiktet selber. Musonius »pflegte seine Jünger mit großem Nachdruck zur ›Askese‹ anzuspornen, indem er stets gewisse Gedanken folgender Art dafür entwickelte. Die Tugend, so pflegte er zu sagen, ist nicht nur ein theoretisches Wissen, sondern auch eine praktische Verwirklichung, gerade wie die Heilkunst und die Musik. Denn gerade wie der Arzt, wie der Musiker nicht nur die Grundsätze ihrer Kunst im Kopfe haben, sondern auch geübt sein müssen, nach diesen Grundsätzen zu handeln, so muß auch der, der ein wahrhaft tugendhafter Mensch werden will, nicht nur die Sätze auswendig wissen, die den Menschen zur Tugend hinführen, sondern er muß auch diesen Sätzen gemäß mit heißem Bemühen und zähem Eifer üben.«[316]

Hier wird ersichtlich, dass die Bedeutung der Übung in der hellenistischen Philosophie ursprünglich weitaus größer ist, als ihre explizite Behandlung in eigenen Schriften zum Thema vermuten lässt. Die Übung beziehungsweise die Aufforderung dazu begleitet pragmatisch den theoretischen Unterricht und ist so stets präsent, auch wenn sie nicht Hauptthema ist. Ebenso verhält es sich mit den Schriften der hellenistischen Philosophie, so weit wir sie im Originalzustand kennen; auch da bildet die Ermahnung zur Einübung und praktischen Umsetzung den Grundton der theoretischen Erörterung. Moraltheorie und Moralpredigt sind nicht getrennt, was den modernen Leser bisweilen befremden kann, der an dem rhetorischen Gestus Anstoß nimmt.

Für die Übung hat das Griechische verschiedene Ausdrücke; der im Zusammenhang mit der Rhetorik verwendete ist *melete*, der im Titel der stoischen Traktate *askesis*. Die lateinischen Entsprechungen sind *meditatio* und *exercitatio*. »Askese«, »Meditation« und »Exerzitien« sind als Übungen in die christliche Lebensform eingegangen, wo sich freilich ihre Bedeutung durch die transzendente Zielsetzung veränderte. So hat die christliche Askese zwar wie die griechische *askesis* eine wesentliche Beziehung auf den Leib – wohingegen *melete* eher die Gedanken- und Redeübungen meint; während aber die Askese im Christentum die »Abtötung« des Fleisches und seiner Begierden erstrebt, um dem Heil der Seele, das im Jenseits liegt, zu dienen, will die *askesis* den Leib abhärten und ertüchtigen, damit er den Bedingungen der erstrebten Autarkie genügt.[317] Bezeichnend ist der vielfach ausgezogene Vergleich mit der Sphäre des Sports: das Leben ein Wettkampf, der Philosoph ein Athlet, der, um den Sieg zu erringen, trainieren muss, die ganze Philosophie eine solche Übung etc.

Dieser Vergleich erfreut sich besonderer Beliebtheit außer bei den Stoikern schon in der kynischen Sokratik, aus der jene ihren Begriff der *askesis* beziehen. Bei Diogenes Laertius findet sich unter dem Namen des Diogenes von Sinope ein Referat der kynischen Lehre von der Übung, das deren zentrale Bedeutung für die kynische Ethik und Lebensform belegt. »Nichts, sagte er, gerate wohl im Leben ohne Übung; diese sei imstande, alle Hindernisse zu überwinden.« Die Effektivität der Übung zeige sich in den Handwerken wie in den höheren Künsten; auf das Beispiel der Athleten und der Musiker wird verwiesen, doch deren Einseitigkeit kritisiert: Sie üben nicht die Seele. Ausgangspunkt des Traktats ist die Dichotomie von körperlicher und geistiger Übung, wobei jene auf diese bezogen wird; regelmäßig betrieben, befördere sie die zur Tugend notwendige Denkweise. »Zur vollkommenen Bildung sei die eine so unentbehrlich wie die andere; denn Wohlsein und Kraft gehören zu den Forderungen für die Seele so gut wie für den Körper.« Vor allem müsse man üben, die Lust zu verachten, woraus dann die größte Lust resultiere.[318]

Musonius übernimmt in seiner Diatribe die kynische Dichotomie und unterscheidet zwei Arten von Übungen: die eine, die Leib und Seele gemeinsam ist, die andere, die die Seele für sich allein praktiziert. »Die beiden gemeinsame Übung erfolgt, wenn wir uns zugleich an Kälte und Hitze, Hunger und Durst, einfache Kost und ein hartes Lager gewöhnen sowie an Enthaltungen von Genüssen, Ertragen von schweren Anstrengungen. Denn durch Übungen dieser und ähnlicher Art wird der Körper gestählt und an Beschwerden gewöhnt und abgehärtet, überhaupt tüchtig zu jeder Leistung. Es wird aber auch die Seele gestählt, indem sie sich durch das Ertragen von Mühsal in Tapferkeit übt und durch die Enthaltung von Lüsten in Selbstzucht.«[319]

Die philosophische Lebensform der Antike – und die stoische zumal – impliziert ein bestimmtes Verhältnis zum Leib und seinen

Bedürfnissen, in dem die vorphilosophischen Gewohnheiten abgelegt werden und das erlernt und eingeübt werden muss. So beschäftigen sich die stoischen Unterweisungen, von denen uns die Diatriben des Musonius und Epiktet einen lebendigen Eindruck vermitteln, mit der Sexualität, mit Essen und Trinken, Schlafen und Wachen, Hygiene, Reinlichkeit, Kleidung und anderem mehr. »Über die Ernährung pflegte er« – nämlich Musonius – »oft zu sprechen und mit großem Nachdruck, in der Meinung, daß es sich nicht um eine kleine Sache handle, auf die nur wenig ankomme.«[320] Schon in der pythagoreischen Lebensform spielt die Ernährung eine große Rolle, was sich vor allem im Verbot bestimmter Speisen manifestiert; die Enthaltung von Fleischspeisen hat ihre Begründung in der Lehre von der Metempsychose. Später wird Plotins Schüler Porphyrios in einer Schrift »Über die Enthaltung von Beseeltem« dies in den Mittelpunkt der asketischen Lebensweise des Neuplatonismus stellen. Wenn Musonius dagegen die vegetarische Lebensweise empfiehlt, begründet er das mit der stoischen Lehre vom naturgemäßen Leben: Fleischliche Nahrung sei wilden Tieren angemessen, nicht dem Menschen, der Fleisch schwerer vertrage und dadurch träger im Denken werde.

Die philosophische Lebensweise verlangt eine Übung des Leibes, die zugleich mit diesem die Seele übt. Damit ist die einseitige Kultivierung des Leibes, die auch schon die Antike mit ihren vielfältigen gymnastischen, hygienischen und diätetischen Veranstaltungen kannte, als unphilosophisch qualifiziert. Man soll den Leib trainieren, nicht indem man sich auf ihn konzentriert, sondern um ihn zu einem brauchbaren und gefügigen Instrument der ethischen Anforderungen zu machen. »Es verrät geistige Armut, sich dauernd mit dem Körper zu beschäftigen, zum Beispiel zu viel Sport zu treiben, zu viel zu essen, zu viel zu trinken, zu oft seine Notdurft zu verrichten und seiner Sexualität freien Lauf zu lassen. Nein, diese Bedürfnisse sollte man nur nebenbei befriedigen, und die ganze Aufmerksamkeit gelte der Entfaltung der geistigen Anlagen.«[321]

Die geistigen Übungen betreffen die grundlegenden ethischen Lehren. Das Tugendwissen selber bedarf der Übung, damit es zur sittlichen Einsicht, zur festen persönlichen Überzeugung wird, die in allen Situationen des Lebens und jeder Herausforderung standhält. Nur solche gefestigte praktische Einsicht ist Tugendwissen. Das gilt schon für die vermeintlich einseitig intellektualistische Ethik des Sokrates, zumindest des platonischen, wie an einer Stelle des »Gorgias« sehr schön deutlich wird, als nämlich Kallikles gegen Ende des Gesprächs bekennt, er wisse nicht, wie ihm gewissermaßen gut vorkomme, was Sokrates sage, aber er glaube ihm nicht. Er ist intellektuell von der logischen Überlegenheit des sokratischen Standpunkts beeindruckt, aber dieser Eindruck reicht nicht in die Tiefe der persönlichen Überzeugung. Dem steht, wie Sokrates bemerkt, Kallikles doppelte Leidenschaft, die demagogische und die erotische, entgegen; »aber vielleicht, wenn wir öfter und besser dasselbe erwägen, wirst du überzeugt werden«.[322] Nicht aus einer einmaligen logischen Demonstration, sondern aus beharrlichen und wiederholten Erwägungen geht das Tugendwissen hervor; denn es muss außer den Verstand auch die Affekte überzeugen beziehungsweise überreden, und je hartnäckiger deren Widerstand ist, umso größer muss die Beharrlichkeit sein.

So hat die geistige Übung eine intellektuelle und eine affektive Intentionalität. »Die der Seele eigentümliche Übung«, heißt es bei Musonius, »besteht erstens darin, daß sie sich die Beweise dafür einprägt, daß die Scheingüter keine wirklichen Güter sind und ebenso daß die scheinbaren Übel in Wahrheit gar keine sind, und daß sie sich so gewöhnt, die wirklichen Güter zu erkennen und von den nichtwirklichen zu unterscheiden und sich dann zu üben, vor keinem der scheinbaren Übel Angst zu haben und nach keinem der scheinbaren Güter zu trachten und die wirklichen Übel mit jeder Faser zu verabscheuen, den wirklichen Gütern aber mit allen Kräften nachzujagen.«[323]

Was hier als Abfolge dargestellt ist, die intellektuelle (Einprägen der Beweise) und affektive (keine Angst haben, nicht trachten, verabscheuen, nachjagen) Ausrichtung der geistigen Übung, ist in Wirklichkeit ineinander verschränkt und bedingt sich gegenseitig. Die Erkenntnis beeinflusst die Affekte, und das umso mehr, je mehr sie Gewohnheit wird, die an die Stelle der alten, unphilosophischen Denkgewohnheit tritt; aber umgekehrt muss man auch, um zur sittlichen Erkenntnis zu gelangen, die Affekte beherrschen. Diese Verschränkung lässt sich wiederum exemplarisch am platonischen

Sokrates beobachten. Die Erörterung über die Unsterblichkeit der Seele im »Phaidon« ist keine rein theoretische, akademische Disputation; sie findet nicht in irgendeinem Schul- oder Seminarraum statt, sondern in der Zelle des Gefängnisses, in der Sokrates am Ende des Gesprächs sterben wird; und den Umständen entsprechend bezweckt sie die Bekämpfung der Todesangst. Die philosophisch mustergültige Gelassenheit des Sokrates und sein Mut, mit dem er in den Tod geht, verdanken sich der Überzeugung von der Unsterblichkeit der Seele, zu der ihn der *logos* geführt hat, den er mit seinen Freunden und Schülern, um auch ihnen Mut zu machen, noch einmal durchexerziert. Aber damit der *logos* von der Unsterblichkeit der Seele zustandekommen und aufrechterhalten werden kann, muss immer wieder die Angst beherrscht und überwunden werden: Zunächst wird, damit der *logos* überhaupt beginnen kann, das schiere *pathos*, der reine Jammer in Gestalt der klagenden Xanthippe und der unmündigen Kinder, aus dem Raum geschickt; dann ist, wenn die Beweisführung ins Stocken gerät und zu scheitern droht, Mut erforderlich, damit dennoch an ihr festgehalten und sie fortgesetzt wird. Und schließlich muss der Mut ergänzen, was die Argumentation, der ja nicht die letzte Schlüssigkeit eines mathematischen Beweises eignet, noch offen lässt.

Wie für Sokrates gilt für die auf ihn folgende philosophische Lebenskunst, dass Philosophieren bedeutet, auf die rechte Weise zu leben, dass aber richtig zu leben vor allem zu sterben lernen bedeutet. Die schwierigste Übung besteht darin, dem vermeintlich größten Übel, dem Tod, gegenüber gleichgültig und gelassen zu werden; denn hier hat die Übung den stärksten Affekt, die größte Angst, zu bekämpfen. »Tod, Verbannung und alles andere, was furchtbar erscheint, halte dir täglich vor Augen, vor allem aber den Tod, und du wirst niemals schäbige Gedanken haben oder etwas maßlos begehren.«[324]

Zwar ist uns keine systematische Darstellung der seelisch-geistigen Übungen überliefert, aber die Hinweise dazu in den Schriften aus hellenistischer und römischer Zeit lassen auf ein reichhaltiges Arsenal schließen, dessen Spektrum von der Theorie zur Praxis reicht. In theoretisch-intellektuellen Übungen geht es darum, die ethischen Lehren der Schule kennen zu lernen und sich fest einzuprägen, damit man sie jederzeit zur Verfügung hat. Aber nicht nur die bloßen Grundsätze, sondern auch ihre Gründe und Beweise muss man kennen und sich einprägen, um sie argumentativ vertreten und mit ihnen eigenständig Untersuchungen anstellen zu können. Methodisch geschieht das beispielsweise durch Lektüre, Anhören von Vorträgen, Memorieren und Disputieren. Die Epikureer lernen die Hauptlehren ihres Meisters auswendig, die zu diesem Zweck in knappe, prägnante Merksprüche gefasst und katechismusartig zusammengestellt werden.

Die praktischen Übungen sind hauptsächlich solche der Selbstbeherrschung, wie sie vor allem die Kyniker und Stoiker praktizieren. Sie gelten dem Ertragen von Schmerz und Entbehrungen sowie dem Widerstehen der Lust. Wie in einer Verhaltenstherapie verordnet man sich, seinen Willenskräften entsprechend, Gelegenheiten der Entbehrung; ferner meidet man Versuchungen der Lust, denen man erfahrungsgemäß nicht widersteht, bis man sich so sehr der Lust entwöhnt hat, dass man den Trieben wie etwa dem sexuellen nachkommen kann, ohne dabei von Lust überwältigt zu werden.[325] Hier sind die Übergänge zu jenen Übungen fließend, an denen auch der Leib aktiv beteiligt ist wie beispielsweise Gewöhnung an Hunger und Durst. Dagegen ist die Fähigkeit, Verachtung zu ertragen, die für den Kynismus von zentraler Bedeutung ist, eine rein seelische Angelegenheit. Kynismus ist Kunst der Verachtung im doppelten Sinne des Wortes, in seiner aktiven und passiven Bedeutung. »Besonders stark war er darin, anderen seine Verachtung kundzugeben«, heißt es über Diogenes von Sinope.[326] Aber der Kyniker muss auch stark darin sein, die Verachtung anderer auszuhalten. Wem an der Achtung und Anerkennung durch die anderen gelegen ist, der macht sich von ihrer Meinung abhängig. Völlige Unabhängigkeit davon gehört wesentlich zur kynischen Konzeption von Autarkie; und so übt sich der Kyniker regelrecht darin, die Verachtung zu ertragen, die er eigens dazu durch sein Verhalten provoziert. Die passive Verachtung ist ein Hauptbestandteil der kynischen Askese.

Zwischen den intellektuellen und den praktischen Übungen liegt ein weites Feld der Übergänge. Es ist der eigentliche Bereich der Meditation, der vertiefenden Erwägung der sittlichen Grundsätze;

das deutsche Wort »beherzigen« ist dafür ein treffender Ausdruck, weil damit gemeint ist, dass etwas nicht nur theoretisch zur Kenntnis genommen, sondern im praktischen Vorsatz verankert wird. Eine solche Meditation ist keine angewandte Übung; sie wird außerhalb der aktuellen Situation rein gedanklich vollzogen. Aber sie bezieht den jeweiligen Grundsatz auf die konkreten Anwendungsfälle, die in Gedanken vorgestellt werden. Ein herausragendes Beispiel dafür ist der Gedanke an den Tod. Sowohl die Epikureer als auch die Stoiker fordern dazu auf, sich mit der eigenen Sterblichkeit vertraut zu machen. Sich den Tod täglich vor Augen zu halten, lautet die schon zitierte Aufforderung Epiktets, und Epikur mahnt: »Gewöhne dich ferner daran zu glauben, der Tod sei nichts, was uns betrifft.«[327] Einerseits soll die meditative Beschäftigung mit dem Tod ihm den Schrecken nehmen, der das Leben verdüstert; und so soll man es mit jedem vermeintlichen Übel halten: Man soll es in Gedanken vorwegnehmen, weil man dadurch für die Bewältigung besser gerüstet ist, wenn es akut wird. Wer darauf gefasst ist, erträgt es gefasster. Andererseits soll der ständige Gedanke an das Ende die Konzentration auf die Gegenwart und das Bewusstsein dafür schärfen, dass man im Hinblick auf das Lebensziel die Zeit nicht verstreichen lassen darf. Der Wahn, dafür unbegrenzt viel Zeit zur Verfügung zu haben, verleitet zur Nachlässigkeit und Bequemlichkeit; man schiebt die zur Realisierung des Ziels notwendigen Anstrengungen hinaus und gewöhnt sich an die Vertagung. Wer sich dagegen permanent bewusst ist, dass schon der gegenwärtige Tag der letzte sein kann, wird diesen so intensiv wie möglich nutzen. »Geboren sind wir nur einmal; zweimal ist es nicht möglich, geboren zu werden. Notwendig ist es, die Ewigkeit hindurch nicht mehr zu sein. Du aber bist nicht Herr des morgigen Tages und schiebst dennoch das Erfreuliche auf. Das Leben geht unter Zaudern verloren, und jeder einzelne von uns stirbt in seiner Unrast.«[328] Wie bei Heidegger das Bewusstsein der Endlichkeit das Dasein aus der Uneigentlichkeit in die Eigentlichkeit ruft, so motiviert der Gedanke an den Tod in der epikureischen und stoischen Ethik die Konzentration auf das Wesentliche, das Ziel des Lebens. Jede Leichtfertigkeit soll dadurch abgelegt, jede Entscheidung und Handlung mit dem vollen ethischen Ernst und Gewicht belastet und auf die eigene Vollkommenheit ausgerichtet werden. Besonders prägnant hat der Stoiker Marc Aurel das in Formulierungen wie diesen zum Ausdruck gebracht: »Im Gedanken an die Möglichkeit, gleich jetzt aus dem Leben zu scheiden, alles tun, sagen und denken.« Oder: »Dies bringt die Vollkommenheit des Charakters mit sich, jeden Tag, als ob er der letzte wäre, zu durchleben.«[329]

Man muss sich die Konsequenzen eines solchen Anspruchs vor Augen halten, um die Kritik der Skeptiker zu verstehen, die Dogmatiker, und zumal die Stoiker, gefährdeten die Glückseligkeit mit ihren Prinzipien mehr als alles andere, anstatt sie herbeizuführen; denn die stoische Grundhaltung ist die einer permanenten Anspannung. Sie verlangt die ständige Wachsamkeit, die Aufmerksamkeit auf sich selbst, das heißt die Achtsamkeit auf die sittlichen Grundsätze und ihre Einhaltung. Schon das Aussetzen der Aufmerksamkeit gilt als schwer zu korrigierende Verfehlung, die weitere Sünden nach sich zieht. »Wenn du für kurze Zeit die Achtsamkeit auf dich selbst aufgibst, so bilde dir nicht ein, daß du sie, sobald du nur willst, wieder aufnehmen kannst; sondern denke immer daran, daß du wegen des Fehlers, den du dir heute nachsiehst, notwendigerweise auch sonst in deinem Verhalten nachlässiger wirst.«[330]

Satirische Widerspiegelung

Dass die antike Philosophie Lebenskunst und -form sein will, wird durch ihre Darstellung in komischer und satirischer Literatur bestätigt, die sie von ihrem ersten Auftreten in Athen bis in die Spätzeit der hellenistischen Schulen begleitet. Aristophanes war nicht der einzige Komödienautor, der Sokrates auf die Bühne brachte, und Sokrates nicht der einzige Philosoph, dem dies widerfuhr. Mit dem Anwachsen der Philosophie in Athen nahm auch ihre komische Traktierung zu; »in der mittleren Komödie, in der kein Raum mehr ist für die Behandlung politischer Zustände und Persönlichkeiten, wächst ja die Beziehung auf die Philosophen überhaupt«.[331] Vor allem Platon und seine Schule zogen, ihrer Prominenz entsprechend, die Aufmerksamkeit der Komiker auf sich, wie viele Zitate belegen, die unter anderen Diogenes Laertius überliefert; ganze Stücke sind leider nicht erhalten, aber zumindest eines trug Platons Namen im Titel. Spaß wird getrieben mit den bekannten platonischen Lehren, mit dem Unterricht in der Akademie und Platons Umgang mit seinen Schülern, nicht zuletzt auch mit der äußeren Erscheinung des Meisters und seiner Anhänger. »O Platon,/Dass du doch ewig finster blickst und sonst nichts kennst,/ Der Schnecke gleich die Brauen runzelnd feierlichst.«[332] Die Mitglieder der Akademie zeichnen sich durch ihre vornehm-schlichte Kleidung und das auf Würde bedachte, distinguierte Auftreten aus. »Ich glaub', ich hab' die Akademie selbst vor Augen«, heißt es beispielsweise angesichts eines Greises, der mit weißem Obergewand, braunem Leibrock, weichem Filzhut und zierlichem Spazierstock daherkommt.[333] Das ist nicht mehr der Philosoph als suspektes Subjekt wie in den »Wolken«; man spürt geradezu die seitdem verstrichene Zeit – die Philosophie in Athen ist älter geworden.

Die Lust an der Verspottung, die auch den platonischen Dialogen nicht fremd ist, geht auf den Kynismus über. Hatte Platon das komische Mittel der Ironie vornehmlich gegen die Sophisten eingesetzt, um ihre unphilosophischen Antriebe wie Eitelkeit und Gewinnsucht anzuprangern und die Diskrepanz zwischen angemaßter Allwissenheit und faktischem Unwissen bloßzustellen, so wird im Kynismus der Spott philosophieintern. Er richtet sich gegen alles, was der kynischen Konzeption von Philosophie als einer radikalisierten sokratischen Lebensweise nicht entspricht, so gegen die Theorie um ihrer selbst willen und das Streben nach ethisch irrelevantem und existentiell unnützem Wissen. Als ein solches verhöhnt Diogenes die platonische Ideenlehre samt der Lehre von der Teilhabe der wahrnehmbaren Dinge an den Ideen. »Ein andermal begegnete er, getrocknete Feigen essend, dem Platon und sagte: ›du kannst auch teilnehmen.‹ Und als jener zulangte und aß, sagte er: ›Teilnehmen, sagte ich, nicht aufessen.‹«[334] Das Wichtige an den Dingen ist nicht, dass sie an den Ideen teilnehmen, sondern dass man an ihnen teilnehmen, sie gebrauchen kann. Bezeichnend ist die antiplatonische Umkehrung der Thales-Anekdote, mit der der Kyniker einen Rollentausch vornimmt, durch den er sich in die Position der lachenden Magd begibt: Bion von Borysthenes sagte, »am lächerlichsten seien die Astronomen, die vor ihren Füßen die Fische an den Stränden nicht sehen, aber von sich behaupten, sie am Himmel zu erkennen«; damit ist das Sternbild der Fische gemeint. Das kommentiert Hans Blumenberg: »Unter den Schulen der hellenistischen Zeit ist die der Kyniker am ehesten disponiert, sich an die Stelle der spottenden Magd zu setzen und die Theoretiker aller anderen Denominationen aus dieser Position heraus verächtlich zu machen.«[335] Diogenes spricht »sein Befremden aus über die Grammatiker, die des Odysseus Fehler aufspürten, die ihrigen aber unbeachtet ließen, und daß die Musiker zwar die Saiten der Leier zum Einklang stimmten, ihre eigene Seelenverfassung aber dem Mißklang preisgäben. So schauten auch die Mathematiker nach Sonne und Mond, aber was ihnen vor den Füßen läge, das übersähen sie, und die Redner würden nicht müde, von dem zu sprechen, was recht sei, es aber zu tun, unterließen sie.«[336]

Hier überlagert ein anderes Motiv die Kritik an der reinen Theorie. Nicht deren Nutzlosigkeit ist das Hauptärgernis des Diogenes, sondern die Diskrepanz zwischen Lehre und Leben, zwischen Reden und Handeln. Eben diesen Punkt macht Lukian, der größte Spötter der späteren Antike, zum zentralen Thema seiner Philosophensatire und bezeugt damit indirekt den Anspruch der antiken Philosophie, Lebensweise gemäß der Theorie zu sein. Die Satire setzt diesen Anspruch voraus und bezieht daraus ihre Verve. Sie wäre weithin gegenstandslos unter der neuzeitlichen Bedingung einer auf die Theorie beschränkten Philosophie und jenes philosophischen Selbstverständnisses, das in dem Satz eines Moraltheoretikers zum Ausdruck kommt, der Wegweiser selber müsse den Weg nicht gehen, den er weist; diesen Satz hätte kein antiker Philosoph unterschrieben.

»In den Satiren Lucians nimmt die Philosophenverspottung den größten Raum ein. Der Typus des Philosophen als einer komischen Figur tritt uns dabei mit einer gewissen Gleichmäßigkeit und völlig entwickelt entgegen.«[337] Lukian ist der Erneuerer der von Menipp kreierten kynischen Satire; daneben beruft er sich auf das

Vorbild der alten Komödie, namentlich auf Aristophanes und Eupolis, der wie jener Sokrates auf die Bühne gebracht hatte. Obwohl dadurch bestimmte Stereotype vorgegeben sind, reflektieren die Satiren Lukians doch auch die Entwicklung seit den Tagen der alten Komödie; sie spiegeln in satirischer Verzerrung die spätere Realität der Philosophie, und man erfährt aus ihnen darüber manche konkreten Details. Hatte Aristophanes unter dem Namen und der Gestalt des Sokrates ganz allgemein den neuen Geist seiner Zeit in Athen, repräsentiert durch Naturspekulation, Sophistik und Sokrates selber, verspottet, so differenziert Lukian zwischen den längst etablierten Schulen und Richtungen und karikiert jede in ihrer spezifischen Eigenart wie in dem einschlägigen »Verkauf der Lebensweisen« (*bion prasis*), das heißt der *philosophischen* Lebensweisen.

In öffentlicher Versteigerung werden als Sklaven die Gründer- und Galionsfiguren der einzelnen Sekten preisgeboten, von den Kaufinteressenten nach ihren jeweiligen Fähigkeiten und Qualitäten befragt und zu unterschiedlichen Preisen losgeschlagen: der gleichsam überirdische Pythagoras mit seinem wunderbaren Wissen und einem goldenen Schenkel und als Gegentyp der schmutzige, übellaunige Kyniker Diogenes; der betrunkene Weichling und Stutzer Aristipp, der lachende Demokrit und der weinende Heraklit; der päderastische Platoniker Sokrates (Käufer: Dion von Syrakus); der gottlose, aber gut gelaunte Epikur, ein »Erzleckermaul«, Schüler des Lachers und Bruder des Trinkers; der »Sauertopf von der Stoa«, der rabulistische Chrysipp; der exoterisch-esoterische Alleswisser aus der peripatetischen Schule und schließlich ein Pyrrhonist, der nichts weiß und an allem zweifelt, selbst an der Realität der Versteigerung. Aristipp, Demokrit und Heraklit finden keine Käufer, was nur heißen kann, dass es zur Zeit Lukians Anhänger dieser Richtungen nicht mehr gibt, wohl aber Pythagoreer, Kyniker, Platoniker, Epikureer, Peripatetiker und Skeptiker. Der Streit der Schulen untereinander und ihre widersprüchlichen Erklärungen der Welt bilden einen Hauptangriffspunkt der lukianischen Satire.

Ein zweiter Unterschied ist dieser: Zur Zeit des Aristophanes ist die Philosophie in Athen noch eine neue und als solche verdächtige Bewegung, der die Konservativen, zu denen Aristophanes gehört, mit Misstrauen begegnen, weil sie von ihr gesellschaftliches Unheil befürchten; daher will Aristophanes sie mit seinem Spott vernichten. Ganz anders dagegen die Stellung und das öffentliche Ansehen der Philosophie in der römischen Kaiserzeit. Sie ist seit Jahrhunderten eine etablierte und feste Größe und neben der Rhetorik traditionelles Element der höheren Bildung. In vielen größeren Städten des Reiches kann man Philosophie studieren und sich mit den Lehren der Klassiker vertraut machen. Es gibt öffentliche Lehrstühle. Zu Lebzeiten Lukians stiftet Marc Aurel in Athen vier Professuren für die vier großen Schulen; Lukian verfasst eine Persiflage auf die Bewerbung zweier Kandidaten um den vakanten aristotelischen Lehrstuhl. Der Philosoph ist schon äußerlich eine gewohnte Erscheinung: grober Mantel, Bart, ernste Miene und gemessener Gang, so wird er von Lukian immer wieder karikiert. Mögen auch die Kyniker mit ihrer notorischen Parrhesie, die auf viele nur unverschämt wirkt, Aufsässigkeit selbst gegenüber dem Kaiser demonstrieren, insgesamt ist die Philosophie gesellschaftlich integriert und von ihr keine Störung der bestehenden Verhältnisse zu befürchten. Die droht vielmehr vom Christentum, und als das im 4. Jahrhundert evident ist, da glaubt der Kaiser Julian, mit einer philosophischen Tradition, die Platon und Diogenes vereint, und mit dem Mythos ein Bollwerk gegen die christliche Revolution errichten zu können; weil er im zeitgenössischen Kynismus Verwandtschaft zum Christentum sieht, erregt dieser sein Ärgernis, und er spielt dagegen die alten Kyniker aus.

Auch Lukians Satiren setzen die Philosophie als eine gesellschaftlich akzeptierte und respektierte Größe voraus und bezeugen dadurch indirekt ihr öffentliches Ansehen. Nicht sie selber, sondern ihre unwürdigen Repräsentanten will der Verfasser erklärtermaßen mit seiner satirischen Polemik treffen. Die Achtung, die die Philosophie genießt und die der Bildungsbürger Lukian teilt, führt dazu, dass sie falsche Adepten anzieht, die »nicht aus wirklicher Liebe zur Philosophie, sondern bloß um des Ansehens willen« sich den äußeren Anschein des Philosophen geben, »durch ihr Leben und Betragen hingegen ihre Außenseite Lügen« strafen; so heißt es im »Fischer«[338], mit dem Lukian Vorwürfen, er mache die Philosophie verächtlich, entgegentrat, die ihm der »Verkauf der philosophischen Lebensweisen« eingetragen hatte. Den versammelten wieder auferstandenen Patriarchen Sokrates, Platon, Diogenes, Aristoteles, Chrysipp und allen anderen, die ihn deswegen zur Rechenschaft ziehen, schildert er zu seiner Verteidigung das schändliche Verhalten ihrer würdelosen Nachfolger; diese, nicht er diskreditierten die Philosophie. »Übrigens läßt sich schwerlich etwas Ungereimteres erdenken, als daß ebendiese Leute, die sich größtenteils so viele Mühe um das, was ihr gelehrt habt, geben, nicht anders leben, als ob sie euere Schriften bloß studierten, um das Gegenteil zu tun. Alles was sie zum Exempel von Verachtung des Reichtums und des Ruhms predigen, und daß nichts gut sei, was nicht recht ist, und daß man ohne Leidenschaften sein und über die schimmernden Herren, die sich so viel auf erborgte Vorzüge einbilden, wegsehen und sich mit ihnen nicht anders als auf gleichen Fuß einlassen müsse: das alles ist schon, bei Gott, vortrefflich und bewundernswürdig. Aber das sagen sie – um Lohn, staunen die Reichen mit Ehrfurcht an, hungern und dursten nach Geld, sind jähzorniger als die kleinen Hunde, furchtsamer als die Hasen, zudringlicher und schmeichelhafter als die Affen, geiler als die Esel, diebischer als die Krähen, streitsüchtiger und hartnäckiger als die Gockelhähne. Was ist also billiger, als daß sie zum Gespött werden.«[339] Die Diskrepanz zwischen Anspruch und Realität, zwischen Lehre und Leben ist das Grund- und Leitmotiv in Lukians Philosophensatire; es ist das, was ihn mehr noch als die Widersprüche in den Systemen und Lehren provoziert. »Wie ungereimt dir dies« – nämlich dass die philosophischen Systeme sich so eklatant widersprechen – »auch immer vorkommen mag, so entdeckte ich doch bei genauerer Aufmerksamkeit etwas noch weit Ungereimteres: und das war der grobe Widerspruch zwischen ihrem Leben und ihren Lehrsätzen«, lässt er sein *alter ego* Menipp über die Philosophen sagen.[340]

Von da aus erklärt sich Lukians auf den ersten Blick schwankende und widersprüchliche Stellung zum Kynismus. Kynisch in der Satire, verschont er die Kyniker nicht, im Gegenteil; keine andere philosophische Richtung wird von ihm so häufig und so heftig vorgenommen. Der Spott wird kynismusintern und erreicht dabei, wie in der Satire auf den Kyniker Peregrinus, den Grad des Zynismus. Gerade weil der Kynismus wie keine andere philosophische Schule die Philosophie auf die Lebensführung reduziert, wird er daran gemessen. Mehr als alle anderen ist der Kyniker als Philosoph unglaubwürdig, wenn er nicht lebt, was er lehrt. Während Lukian in den meisten seiner Philosophiesatiren fiktiv und im Rahmen des Grotesken bleibt, ist die Schrift über Peregrinus zynisch in ihrem Realismus; sie gilt einer historischen Gestalt und ist durch ein historisches Ereignis veranlasst.

Peregrinus, der sich auch Proteus nannte, hatte sich vor großem Publikum demonstrativ selber verbrannt. Lukian nimmt ihm die Begründung, er wolle damit die Menschen lehren, den Tod zu verachten, nicht ab. Er sieht in dem Akt wie in dem ganzen Leben des Peregrinus keineswegs den Ausdruck kynischer Unabhängigkeit, Unerschütterlichkeit und Autarkie, sondern vielmehr Eitelkeit und Ruhmsucht, von der gepeitscht Peregrinus sich jede gefällige und sensationsträchtige Gestalt zulegt, darin den mythologischen Namen Proteus rechtfertigend. Er ist ein zynischer Scharlatan, der sich zeitweise den Christen anschließt und zuletzt auf die mystifizierende Wirkung der Selbstverbrennung setzt. In ihm, so stellt es sich Lukian dar, ist das kynische Ideal zu einem geltungssüchtigen Opportunismus pervertiert, den der Satiriker mit zynischer Komik entlarvt.

Das Gegenstück dazu bildet die Lebensbeschreibung des Demonax, der ebenfalls eine historische Gestalt und ein zeitgenössischer Kyniker ist. Darin zeichnet Lukian die ideale Verwirklichung der kynischen Lebensform. Nicht gegen den Kynismus an sich, sondern nur gegen seine Usurpation durch Schmarotzer und egomanische Proselytenmacher, die sogar den Hang der Zeit zum Aberglauben schamlos ausnutzen, richtet sich der Spott seiner aufklärerischen Satire. Demonax dagegen ist jedem Mystizismus abhold, und er treibt die Nachahmung des Diogenes nicht so weit, »daß er in seiner Lebensweise etwas Besonderes affektiert hätte, um Aufsehen zu erregen und von dem großen Haufen angestaunt zu werden«. Er praktiziert einen gemäßigten Kynismus, mit dem er »denen, die ihn sahen und hörten, das schönste Beispiel dessen [gab], was Wahrheit im Philosophieren ist«. Und so zählt er für Lukian zu den wenigen denkwürdigen Männern, die seiner Zeit vom Schicksal gegönnt wurden, »um mit einem Muster sowohl außerordentlicher körperlicher Tugend als eines philosophischen Charakters in der strengsten Bedeutung dieses Wortes prangen zu können«.[341] Christoph Martin Wieland, Lukians kongenialer Übersetzer, schrieb über dessen Demonax-Porträt, er wisse nicht, »ob rührend-schönere Züge von Humanität und Gutherzigkeit in der ganzen Geschichte des Menschengeschlechts zu finden« seien.[342]

Idealisierende Philosophenbiographie und Philosophensatire gehören zusammen. Beide setzen die Philosophie als Lebensform voraus und werden durch diese veranlasst. Beide gehen als repräsentative literarische Formen mit der antiken Philosophie unter. Neuzeitliche Philosophiesatire bezieht sich überwiegend auf die Lehre und ihre Präsentation, auf abstruse Theorien etwa oder auf einen unverständlichen Jargon. Wiederum ist es bezeichnend, dass Äquivalente der antiken Formen sich im religiösen Bereich wiederfinden, als Hagiographie und Klerikersatire. Das ist ein Indiz dafür, dass die Religion anstelle der Philosophie den Anspruch und die Funktion der Lebensform vertritt. »Andre Völker haben Heilige, die Griechen haben Weise.«[343]

Gelebter Neuplatonismus: Plotin

Auch die letzte große Ausprägung der antiken Philosophie, der Neuplatonismus, hat ihre Lebensform, die wir beispielsweise der Biographie ihres bedeutendsten Repräsentanten entnehmen können. Zu keiner anderen herausragenden Gestalt der antiken Theorie besitzen wir ein so lebensnahes Portrait ihrer philosophischen Persönlichkeit wie zu Plotin; die Vita, die Porphyrios seiner Ausgabe der Werke Plotins hinzugefügt hat, ist Biographie im antiken Sinne, das heißt typisierende Beschreibung eines exemplarischen Individuums. Sie ist die idealisierende, nahezu hagiographische Darstellung des Lehrers und Meisters durch den Schüler, in der Plotins Leben nach antikem Philosophieverständnis seiner Lehre ganz entspricht. Es ist gelebter Neuplatonismus und damit ein Paradigma neuplatonischer Lebensform.

Die Biographie Plotins enthält zum einen allgemein-typische Elemente der philosophischen Lebensform wie die Hinwendung zur Philosophie, die Plotin als Erwachsener im Alter von 28 Jahren in einer Art Bekehrung vollzieht. Über das vorherige Leben erfährt man nichts, nur ein merkwürdiges Detail aus der Kindheit, das er dem Schüler mitgeteilt hat – allein das philosophische Leben zählt, das aus einem Bruch mit dem früheren hervorgegangen ist. Typisch auch die Suche nach dem Lehrer, zunächst enttäuschungsreich, bis er auf denjenigen trifft, von dem er momentan, wie durch Erleuchtung, weiß, dass er der richtige ist. Ihm schließt er sich an und bleibt elf Jahre sein Schüler und Jünger. Erst im Alter von vierzig Jahren beginnt er zu lehren, erst mit fünfzig, seine Vorträge aufzuzeichnen. – Das ist ein Curriculum, mit dem er im heutigen Wissenschafts- und Universitätsbetrieb kaum Karriere gemacht hätte.

Die spezifisch neuplatonischen Züge, die zum anderen die Biographie Plotins bestimmen, entsprechen dem komplexen Wesen dieser Spätform der antiken Philosophie, die einen Synkretismus aus Früherem darstellt: aus überwiegend platonischem Gedankengut, versetzt mit aristotelischen und stoischen Elementen. Das gilt wie für die Theorie so auch für die Lebensform. Schon im Vorfeld des Neuplatonismus, bei dem hellenistisch-jüdischen Theologen Philon von Alexandrien, der philosophisch am ehesten dem mittleren Platonismus zuzurechnen ist, findet sich die Darstellung einer platonisch-stoisch kombinierten Lebensweise. Darin ist zunächst Platons Beschreibung des Philosophen aus der Gegenüberstellung von philosophischer und rhetorischer Lebensform im »Theaitetos« zitiert: Wer sich in der Weisheit übt und gerecht lebt, meidet die Orte des geschäftigen Lebens; er befindet sich nur mit dem Leib auf der Erde, mit der Seele aber schwingt er sich zum Himmel auf, um das All zu erforschen. Dann folgen die typischen Merkmale des stoischen Weisen: Er ist Weltbürger, reich an Tugend, gleichgültig gegenüber dem Gleichgültigen, den Leidenschaften und der Lust widerstehend, unbeugsam gegenüber dem Schicksal etc.[344]

Was hier den Eindruck einer eher äußerlichen Zusammenfügung erweckt, das verbindet sich bei Plotin zu einer originellen Einheit, in der die verschiedenen Einflüsse nicht bloß eklektisch aufgenommen, sondern zu einer eigenständigen neuen Form geprägt werden. Sein

Leben ist in der literarischen Darstellung seines Biographen wesentlich eines in der und für die Theorie, das die höchste Glückseligkeit in der Vereinigung mit dem höchsten Gegenstand erfährt, zu dem die Theorie führt, dem Einen oder dem Guten. Das ist die exemplarische Realisierung der *vita contemplativa*, der theoretischen Lebensform, jedoch in einer Art, die zu den Konzeptionen Platons und Aristoteles' Differenzen aufweist, die nicht zuletzt auf die veränderten historischen Umstände zurückzuführen sind. In der Philosophie Plotins spielt, anders als bei Platon, die Politik keine Rolle; die Koppelung der theoretischen Lebensform an die intermediäre Erfüllung politischer Aufgaben in der »Politeia« entfällt und damit das Postulat des Philosophenkönigtums. Während in Platons Höhlengleichnis die Rückkehr in die Höhle nach dem Aufstieg zu den Ideen so etwas wie eine Verpflichtung ist, die aus der Schau der höchsten Idee, der des Guten, resultiert, ist es bei Plotin dem zum höchsten Ziel der Theorie Gelangten freigestellt, ob er sich politisch betätigt oder nicht; »und ist man so mit Jenem vereint und hat genug gleichsam Umgang mit ihm gepflogen, so möge man wiederkehren und wenn mans vermag auch andern von der Vereinigung mit Jenem Kunde geben; [...] oder man möge, hält man das Politische seiner nicht für würdig, oben verweilen wenn man will – und das wird dessen Haltung sein, der viel geschaut hat«.[345]

Der historisch-politische Hintergrund des Neuplatonismus und seiner Lebensform ist das römische Kaiserreich, nicht die griechische Polis. Zwar hat Plotin in Rom, wo er seit Beginn seiner Lehrtätigkeit lebt, Beziehungen zu höchsten politischen Kreisen, selbst zum Kaiserhaus. Aber die nutzt er nicht, um politischen Einfluss auszuüben wie Platon angeblich in Syrakus; vielmehr lebt er unpolitisch unter dem Schirm solcher Beziehungen. So wird man auch den – gescheiterten – Plan, mit Unterstützung des Kaisers eine Stadt nach platonischem Vorbild, Platonopolis, zu gründen, nicht im Sinne eines politischen Reformprogramms deuten dürfen; vielmehr handelte es sich dabei »um eine Art heidnischer Klosterwirtschaft. Offenbar steht dahinter eine Flucht. Eine Flucht nämlich aus den sicher oft drückenden Verpflichtungen gegenüber römischen Gesellschaftskreisen, die ihn zugleich trugen und menschlich ausbeuteten.«[346]

Die theoretische Lebensform Plotins ist in einer Weise verinnerlicht und vergeistigt, wie sie der klassischen Philosophie trotz mancher Ansätze dazu fremd ist; man kann sich Plotin beispielsweise nicht als einen Naturforscher wie Aristoteles vorstellen. Bezeichnend ist die Einstellung zum Leib, die im Hinblick auf Äußerungen bei Platon »platonisch« genannt werden könnte, die aber der platonische Sokrates, der mit seiner Hässlichkeit kokettiert, so nicht lebt. Plotin war, so beginnt Porphyrios seine Biographie, »die Art von Mann, die sich schämt, im Leibe zu sein«.[347] Deswegen sprach er vor seinen Schülern nicht von seiner Herkunft, so dass sie nicht einmal den Tag seiner Geburt kannten; wir wissen darüber hinaus sogar nicht einmal, welcher Nationalität er war. Er wollte auch nicht, dass von ihm ein Portrait hergestellt würde, was die Schüler mit List hintergingen. Plotin litt buchstäblich und sehr konkret an seinem Leib, wie die Krankheitsgeschichten belegen, die in der Biographie auffallen. Er starb an einer entstellenden Krankheit, die den Kontakt mit den engsten Schülern abbrechen ließ, die er zuvor mit einem Kuss zu begrüßen pflegte. Es bedarf keines psychoanalytischen Tiefsinns, um einen Zusammenhang zwischen der Einstellung zum Leib und den Erkrankungen zu vermuten.

Diese Einstellung ist ebenso unter dem Aspekt stoischer Askese zu sehen, deren Einfluss sich namentlich in der Ausübung der *prosoche* bekundet, die der Biograph an ihm rühmt; »in dem Aufmerken auf sich selber ließ er niemals nach, außer im Schlaf, und den verscheuchte ihm meist noch die geringe Nahrungsmenge – oft nahm er nicht einmal Brot zu sich – und seine vollständige Hinkehr zum Geiste«.[348] Ein römisches Senatsmitglied, das sich zur Philosophie Plotins bekehrt, verzichtet auf die politische Laufbahn, die für den Mann die höchsten Ämter vorsieht; durch die neue, asketische Lebensführung wird er von seiner schweren Gicht geheilt. Plotin schätzt ihn besonders und hält ihn den anderen Schülern als nachahmenswertes Beispiel vor Augen.

Vor allem aber ist Plotin ein großer Menschenkenner, ein Psychagoge und Psychotherapeut gemäß hellenistischem Philosophieverständnis. Das exemplifiziert der Biograph am eindringlichsten durch seine eigene Geschichte. Er war in tiefe Depressionen verfallen und dem Selbstmord nah. Der Lehrer diagnostizierte die Melancholie und verordnete die richtige Kur: Er schickte ihn auf Reisen und damit von sich fort, wodurch Porphyrios, der ihn nicht wiedersah, geheilt wurde. Er hatte offensichtlich das Klima in der Umgebung Plotins nicht ausgehalten, sei es nun die erdrückende Autorität des Meisters oder die Konkurrenz der Jünger. Ähnlich neurotisierende Strukturen lassen sich noch heute im Universitätsbetrieb an manchen Lehrstühlen beobachten.

Plotin habe, so berichtet der Biograph, »ein ganz ungewöhnliches Übermaß der Fähigkeit der Menschenkenntnis«[349] besessen; und er belegt das mit Geschichten, die ans Wunderbare grenzen. In zwei weiteren Erzählungen über Begebenheiten, bei denen Plotin an magischen und spiritistischen Praktiken beteiligt ist, scheint die Grenze zum Übernatürlichen überschritten. So sei bei einer Séance im Isis-Tempel, zu der Plotin sich »gern« bereitfand, sein Dämon beschworen worden, der sich als Gott und nicht als Dämon der niederen Klasse gezeigt habe. Die Dämonen stehen, als Zwischenwesen, unter den Göttern; im Christentum werden sie zu Engeln. Dass Plotin von einem Gott und nicht von einem Dämon begleitet wird, zeichnet ihn aus und verleiht ihm selber etwas Dämonisches; er »hatte nämlich von Geburt an etwas Besonderes vor allen andern«.[350]

Die Séance wird durch einen komisch anmutenden Zwischenfall gestört, der die Befragung des Gottes verhindert. Darüber hätte Lukian, der im Jahrhundert zuvor solche Mystifikationen als Scharlatanerie gegeißelt hatte, seinen Spott ausgegossen; an seinem idealen Philosophen Demonax hebt er das Freisein von jeglichem Aberglauben anerkennend hervor. Diese Abstinenz war in der Philosophie der Zeit nicht selbstverständlich, im Gegenteil: Nur die Epikureer widerstanden dem Aberglauben, gegen den Platoniker, Stoiker und Pythagoreer nicht gefeit waren. Aus der neupythagoreischen Bewegung gingen Gestalten hervor, die sich mit dem Nimbus des Wunderbaren und Übernatürlichen umgaben wie Apollonios von Tyana, der im 1. Jahrhundert n. Chr. das Leben des Pythagoras nachzuahmen versuchte; seine Verehrung als einer Art heidnischen Heilands erreichte in der ersten Hälfte des 3. Jahrhunderts ihren Höhepunkt. Dieser Zeitgeist hat auf die Biographie Plotins abgefärbt, wobei es dahingestellt sein mag, was dabei auf Plotin selber und was auf den Biographen und seine hagiographische Tendenz zurückzuführen ist.

Man darf die magischen und spiritistischen Praktiken nicht mit den theurgischen gleichsetzen oder gar verwechseln, die im späteren Neuplatonismus überhand nehmen und die philosophische Lebensform allmählich in eine religiöse transformieren. »Das Wort ›Theurgie‹ taucht erst im 2. Jahrhundert unserer Zeitrechnung auf. Es scheint vom Autor oder von den Autoren der *Chaldäischen Orakel* zur Bezeichnung von Riten geprägt worden zu sein, die imstande sind, die Seele und ihr ›unmittelbares Fahrzeug‹, den Astralleib, zu reinigen, und sie zur Schau der Götter zu befähigen. Diese Riten umfaßten Waschungen, Opfer und Anrufungen der Götter in oft unverständlichen rituellen Worten. Was die Theurgie von der Magie unterscheidet, ist die Tatsache, daß sie nicht vorgibt, die Götter zu zwingen, sondern daß sie sich im Gegenteil ihrem Willen unterwirft, indem sie die Riten vollzieht, als deren Urheber die Götter angesehen werden. Nicht die theoretische Philosophie, sagt Iamblichos, sondern einzig uns unverständliche Riten können unsere Einheit mit den Göttern bewirken.«[351] Nun wird zu Plotin berichtet, er habe die Einladung eines engen Schülers, der »ein eifriger Opferer war und von den Gottesdiensten beim Neumond und den Kultfesten keines ausließ«, an solchen Opfern teilzunehmen, mit der Begründung ausgeschlagen: »Jene« die Götter – »müssen zu mir kommen, nicht ich zu jenen«, was Porphyrios mit dem ratlosen Satz kommentiert: »Aus welcher Gesinnung er aber dies stolze Wort sprach, haben wir weder von uns aus zu verstehen vermocht noch hatten wir das Herz ihn danach zu fragen.«[352]

Diese Geschichte ist aufschlussreich nicht nur für das Verhältnis der Schüler zum Lehrer und Meister, das trotz der persönlichen Note von distanzierender Scheu bestimmt ist. Ihre Bedeutung liegt vor allem in der Grenze, die sie aufzeigt, der Grenze, die die »stolze Gesinnung« Plotins von dem Unverständnis der Schüler scheidet. Es ist im Grunde dieselbe Linie, die die antike Philosophie und ihre Lebensform von der christlichen trennt: auf der einen Seite die Selbstmächtigkeit des glücksautarken philosophischen Individuums, das das höchste Ziel des Lebens aus eigener Kraft und Tugend erreicht; auf der anderen die Erlösungsbedürftigkeit des religiösen Menschen, seine Abhängigkeit von der göttlichen Gnade, ohne die er nicht glückselig werden und nicht einmal moralisch sein kann.

Das Ende der antiken Philosophie und der Aufstieg des Christentums

Wie der Anfang, so ist auch das Ende der antiken Philosophie kein eindeutiges Faktum, das sich schlicht feststellen ließe. Die Frage danach rührt an kaum weniger komplexe Zusammenhänge als die nach dem Beginn, und wie diese ist sie für das Verständnis der antiken Philosophie von nicht geringer Bedeutung. Eine solche Größe geht nicht grundlos unter, und sie löst sich nicht in Nichts auf. Nur für das, was externer Zerstörung anheim fällt, ist das Ende zufällig und unwesentlich. Wenn die antike Philosophie nicht das Opfer einer äußeren Katastrophe wurde, woran ist sie dann zugrunde gegangen? An Erschöpfung oder einer Art Altersschwäche? Oder ist sie von einer rivalisierenden Kraft verdrängt worden? Die Philosophiegeschichtsschreibung hat die Fragen, die hier zu stellen sind, nur selten reflektiert, weil sie sich über die Bedingungen des Endes gewöhnlich noch weniger als über die des Anfangs Gedanken macht, und so sind jene noch weniger als diese geklärt.

Aber was bedeutet in diesem Zusammenhang überhaupt die Rede vom Ende? Die antike Philosophie ging ja nicht und ist nicht zu Ende, insofern viele ihrer Werke fortexistieren und ihre Wirkung bis in die Gegenwart hinein ausüben. Ihr Studium und die Auseinandersetzung mit ihnen gehören auch heute noch zum philosophischen Schulbetrieb, in dem sie ihren festen Platz besitzen, gegenwärtig vielleicht noch mehr als je in der Neuzeit. Ein durchschnittlich ausgebildeter Philosophiestudent hat in unserer Zeit gewöhnlich mehr von Platon gelesen als beispielsweise Kant, was nicht heißt, dass er auch mehr davon verstanden hätte. Mit ihren überlieferten Werken hat die antike Philosophie die überzeitliche Geltung des Klassischen. Wie alles Klassische provoziert sie die Abkehr und den Widerspruch des jeweils Modernen und Aktuellen. Hinzu kommt das Missverständnis eines Gegensatzes zwischen historischer und systematischer Philosophie, welches die Beschäftigung mit älteren Philosophen und Philosophien als »Philosophiegeschichte« rubriziert, um sie als »bloß historisch« abzuqualifizieren. Aber man kann sicher sein, dass nach einer gewissen Zeit der Abstinenz von der antiken Philosophie stets ihre Wiederentdeckung erfolgt, ob man nun etwa an die aristotelische Tugendethik oder an die Glückslehre der hellenistischen Philosophie und ihre Konzeptionen von Lebenskunst anschließt. Es ist noch gar nicht so lange her, dass sogar die Vorsokratiker bei Heidegger und in seinem Gefolge eine zuvor undenkbare Renaissance erlebten.

Das Ende der antiken Philosophie ist das der philosophischen Aktivitäten und des philosophischen Lebens, dessen Teil die Werke waren, aus denen sie hervorgegangen und wofür sie bestimmt waren; das heißt der Untergang der philosophischen Lebensformen und des Schulbetriebs, was dazu führte, dass auch keine neuen Werke und Theorien mehr entstanden. In dieser Hinsicht ist das Jahr 529 n. Chr. mit zwei Vorgängen signifikant. Wenn in historischen Darstellungen das Ende der antiken Philosophie, ja das des antiken Geisteslebens überhaupt, konkret bestimmt wird, so durchweg mit diesem Datum. Da nämlich erließ der christliche Kaiser Justinian ein Edikt, das den Zweck hatte, die Lehrtätigkeit von Nichtchristen zu unterbinden. Das bedeutete nicht die Aufhebung der philosophischen Schulen oder auch nur der platonischen Akademie, die bis dahin mehr als acht Jahrhunderte ununterbrochen existiert habe, wie man gewöhnlich liest. Denn die im 4. Jahrhundert v. Chr. in Athen gegründeten Schulen bestanden als Institutionen schon lange nicht mehr, auch die platonische nicht. Zwar war das Ende dieser Institutionen nicht gleichzeitig auch das der von ihnen vertretenen philosophischen Richtungen, da sich die Schulen ja über ihre ursprünglichen Gründungslokale ausgeweitet hatten. Aber spätestens im 3. Jahrhundert n. Chr. erloschen, so viel wir wissen, außer der platonischen die großen Richtungen der hellenistischen Philosophie, das heißt die epikureische, die stoische und die aristotelische. Von da an gab es nur noch jenen Platonismus, den wir Neuplatonismus nennen, der aber manches stoische und peripatetische Gedankengut in sich aufnahm. Er allein repräsentiert die antike Philosophie in ihrer letzten Phase. Die Neuplatoniker sahen sich in der Nachfolge Platons und wollten an die

Akademie anknüpfen; aber ihre Schule in Athen war eine Neugründung.[353]

So waren es Neuplatoniker, die von dem Edikt Justinians betroffen waren. Sieben von ihnen verließen Athen und folgten einer Einladung an den persischen Königshof, von wo sie allerdings nach einiger Zeit wieder zurückkehrten. Wenn also das Edikt in seinen Konsequenzen weniger rigoros und historisch weniger gravierend war, als es die dramatisierende Formulierung von der Schließung der Philosophenschulen besagt, so ist es doch *das* Symbol für das Ende des philosophischen Unterrichts und damit der antiken Philosophie insgesamt. In der Mitte des 4. Jahrhunderts hatte Kaiser Julian per Dekret Christen die Lehrtätigkeit untersagt, um das alte Griechentum und seine Bildung vor dem andrängenden Christentum zu retten – ohne Erfolg; das Verbot musste bald darauf wieder aufgehoben werden. Anderthalb Jahrhunderte später war das Christentum so etabliert, dass die entsprechende Maßnahme des christlichen Kaisers keinen Widerstand zu gewärtigen hatte.

Der andere signifikante Vorgang des Jahres 529 n. Chr. ist die Gründung des Klosters Monte Cassino durch Benedikt von Nursia. Mit dem Klosterwesen entsteht jene Institution, die die folgenden Jahrhunderte und das Mittelalter hindurch Ort der Schule und Träger der Bildung sein wird und die direkt und indirekt entscheidenden Anteil daran hatte, dass und wie die antike Literatur einschließlich der philosophischen überliefert wurde. Zugleich ist das Mönchstum die konsequenteste Realisierung dessen, was das Christentum wesentlich auch ist, nämlich eine spezifische Lebensführung und -form.

Zumeist wird das Verhältnis zwischen spätantiker Philosophie und frühem Christentum im Hinblick auf den Einfluss betrachtet, den jene auf dieses ausgeübt hat. Dementsprechend ist es ein Thema in erster Linie für Theologen und Historiker der christlichen Theologie- und Kirchengeschichte, die wissen möchten, wie der Kontakt mit der Philosophie das ursprüngliche Christentum verändert und die Ausbildung der christlichen Lehre bestimmt hat. Philosophischerseits steht gewöhnlich der ideengeschichtliche Ansatz im Vordergrund, der die frühen christlichen Theologen und Kirchenväter auf philosophische Gehalte untersucht, um die Wirkungsgeschichte von Begriffen und Theorien zu verfolgen. Weil nun aber die Philosophiegeschichte überwiegend als Ideen- und Theoriengeschichte betrieben wird, wird selten die Frage gestellt, ob und inwiefern der Aufstieg des Christentums Anteil hatte am Untergang der antiken Philosophie.

Diese Frage, die schon durch den Parallelismus der beiden Vorgänge nahegelegt wird, drängt sich angesichts einer Bemerkung des Kirchenvaters Augustinus geradezu auf, der sich vorstellt, Platon lebe noch; er, der gelehrt habe, dass die Wahrheit und das Heil der Seele nur in der Abkehr von der sinnlichen Welt und der Hinwendung zu der geistigen Sphäre der unwandelbaren Formen der Dinge lägen, wozu die vernünftige Seele sich vom Leib befreien müsse, der sie mit seinen Lüsten und trügerischen Bildern daran hindere, zur Wahrheit durchzudringen. Und weiter stellt sich Augustinus vor, er könne Platon eine Frage vorlegen oder vielmehr von einem der Schüler des Philosophen vorlegen lassen, die Frage nämlich, ob er, Platon, nicht denjenigen für göttlicher Ehren wert hielte, der das große, der Erkenntnis unfähige Volk zum Glauben an diese Wahrheit überreden sowie die Wenigen, die sie zu begreifen in der Lage seien, dazu bringen könnte, an ihrer Einsicht festzuhalten und sich daran nicht von einer im Irrtum befangenen Masse beirren zu lassen. Dann würde Platon antworten, kein Mensch könne das bewirken, es sei denn, er sei durch göttliche Kraft und Weisheit über die menschliche Natur hinausgehoben, und es sei klar, dass ihm dann auch dieselbe Ehre wie dieser Kraft und Weisheit gebühre. Eben dieses Wunder der Bekehrung hat sich für Augustinus in Christus ereignet: Er habe erreicht, was Platon nicht einmal anzustreben dachte, weil der es für unmöglich hielt, die große Masse zum Glauben an die Wahrheit zu bringen. Die christlichen Kirchen seien voll und die heidnischen Tempel verlassen. Kehrten die Platoniker wieder und sähen das und sähen auch, wie das Menschengeschlecht von dem sinnlichen Verlangen nach zeitlichen Gütern weg und hin zu den geistlichen gerufen wird und dem Ruf auch folgt, so würden sie wohl bekennen: »Das ist's, was wir nicht wagten, den Leuten ernsthaft nahezulegen. Haben wir uns doch statt dessen lieber ihren üblen Gewohnheiten angepaßt, statt sie zu dem, was wir glaubten und wollten, hinzuführen.« – Christentum sei

»Platonismus fürs Volk«, wird Nietzsche später sagen. – Die wiedergekehrten Platoniker bräuchten »nur wenige Worte und Ansichten zu ändern, um selbst Christen zu werden«. Und dann die historisch aufschlussreiche Bemerkung: »So haben es ja die meisten Platoniker unserer jüngsten Zeit gemacht«,[354] das heißt die Neuplatoniker, die allein noch die Philosophie vertraten. »Es gelang während eines Jahrhunderts, nahezu alle Platoniker für das Christentum zu gewinnen.«[355]

Am Untergang der antiken Philosophie, so macht das Augustinus-Zitat deutlich, war das Christentum als verdrängende *und* konkurrierende Kraft entscheidend beteiligt; dazu musste es von der Philosophie sowohl prinzipiell verschieden als auch ihr ähnlich sein. Als etwas anderes verdrängte es die Philosophie; aber um das zu können, musste sie diese in wesentlichen Funktionen ersetzen. In seinen Ursprüngen der Jesus-Bewegung hatte es mit der Philosophie keinerlei Berührung. Es gibt keinen stoischen Einfluss in den Evangelien, der früher bisweilen angenommen wurde; und auch die These, dass Jesus dem Kynismus nahe gestanden habe, von dem seine Lehre geprägt sei, und er selber ursprünglich ein kynischer Weiser gewesen sei,[356] ist nicht stichhaltig. Der Zustand der Beziehungslosigkeit änderte sich, als das Christentum seine Missionstätigkeit über die Grenzen Palästinas hinaus ausweitete und in eine hellenistisch geprägte Welt eintrat, wo es nicht nur die unteren Schichten, sondern auch die Gebildeten ansprach; das machte die Berührung mit der Philosophie wie mit griechischer Bildung allgemein unvermeidlich.

Die Positionen des Christentums zur Philosophie: Ablehnung, taktisches Entgegenkommen, Rezeption

Die Stellungen, die das Christentum zur Philosophie bezog, erscheinen sehr unterschiedlich. Das Spektrum reicht von scharfer Abgrenzung und schroffer Ablehnung über ein taktisches Entgegenkommen bis zu wirklicher Rezeption. Die erste Position wird beispielsweise von Tertullian um die Wende zum 3. Jahrhundert vertreten. Der lateinische Kirchenvater zitiert die Warnung des Apostels Paulus: »Sehet zu, daß euch niemand täusche durch die Philosophie und durch leeren Trug, nach der Überlieferung der Menschen«; Paulus sei in Athen gewesen, wo er »diese Menschenweisheit« kennen gelernt habe, »diese Nachäfferin und Verfälscherin der Wahrheit, die selbst auch vielgeteilt ist in ihre Häresien durch die Mannigfaltigkeit der Schulen, welche einander bekämpfen.« Effektvoll fährt der rhetorisch versierte Anwalt, der Tertullian von Beruf vermutlich war, fort: »Was hat also Athen mit Jerusalem zu schaffen, was die Akademie mit der Kirche, was die Häretiker mit den Christen? Unsere Lehre stammt aus den Säulenhallen Salomos, der selbst gelehrt hatte, man müsse den Herrn in der Einfalt seines Herzens suchen. Mögen sie meinethalben, wenn es ihnen so gefällt, ein stoisches und platonisches und dialektisches Christentum aufbringen! Wir indes bedürfen seit Jesus Christus des Forschens nicht mehr, auch nicht des Untersuchens, seitdem das Evangelium verkündet worden. Wenn wir glauben, so wünschen wir über den Glauben hinaus weiter nichts mehr. Denn das ist das erste, was wir glauben: es gebe nichts mehr, was wir über den Glauben hinaus noch zu glauben haben.«[357]

Der prinzipielle Unterschied zwischen Philosophie und Christentum, den Tertullian zum ausschließenden Gegensatz macht, liegt in dem Verständnis und der Einschätzung des Glaubens. Für die Philosophie ist der Glaube minderwertig gegenüber dem Wissen, das die höhere und höchste Form des Fürwahrhaltens darstellt. Die Minderwertigkeit resultiert teils aus den Quellen, teils aus den Gegenständen und Inhalten des Glaubens. Während das Wissen sich dem höchsten Erkenntnisvermögen, der Vernunft (*nous*) verdankt, resultiert der Glaube aus den niedrigeren Vermögen der Wahrnehmung und der Meinung. Wie die Meinung kann er wahr und falsch sein. Aber selbst der wahre Glaube ist defizitär; ihm fehlen die Sicherheit und Unerschütterlichkeit des Wissens, das sich immer seiner selbst gewiss ist. Um zu solcher Gewissheit zu gelangen, muss der Glaube geprüft und begründet werden. Das Wissen geht aus der Prüfung der geglaubten Meinungen hervor. Doch kann der Glaube in vielen Fällen nicht zum Wissen erhoben werden, weil seine Gegenstände nicht wissensfähig sind. Gegenstand des Wissens ist das schlechthin Seiende, das sich immer auf dieselbe Weise verhält; nur davon ist Wissen möglich. Über das, was sich nicht einheitlich verhält, das Veränderliche, gibt es nur Meinungen, die so schwankend sind wie die Gegenstände, auf die sie sich beziehen. Daher muss man, um zum Wissen zu gelangen, sich von dem Veränderlichen ab- und dem Unveränderlichen zuwenden. Die Wahrheit des Wissens ist höher als die des Glaubens; das Wissen ist, als die höchste Form des Fürwahrhaltens, Zweck der Philosophie, die die Meinung und den Glauben, *doxa* und *pistis*, der Rhetorik überlässt. Diese ist nach der Definition des Aristoteles »das Vermögen, bei jedem Gegenstand das möglicherweise Glaubenerweckende zu erkennen«.[358]

Das Christentum hat eine einzigartige Aufwertung des Glaubens betrieben, die sich in der Singularisierung des Begriffs manifestiert, der dadurch von dem, was rhetorisch *pistis* bedeutet, abgehoben wird. Die »Rhetorik« des Aristoteles untersucht die Mittel, viele verschiedene Überzeugungen zu bewirken; sie kennt nicht die eine ausschließliche *pistis*. Im Christentum dagegen geht es um den Glauben im Singular, um den *einen*, allein selig machenden Glauben. Das ist der Glaube im »eminenten Sinne«, mit Søren Kierkegaard zu reden, dessen einzigartiger Inhalt für den Christen über all dem steht und von dem grundsätzlich verschieden ist, was man sonst so glaubt und glauben kann. Sein Hauptgegenstand, Gott, hat wesentliche Merkmale dessen, was bei Platon Gegenstand des Wissens ist, der Idee, nämlich das vollkommene Sein sowie die Transzendenz, so dass der Glaube wie bei Platon die Erkenntnis die Abkehr von dem unvollkommenen Sein der sinnlichen Gegenstände und die Loslösung von der Sinnlichkeit verlangt. Die entscheidende Differenz zur Philosophie besteht darin, dass der Glaube nicht wie das Wissen durch Vernunft erlangt wird, sondern auf Offenbarung beruht, die gläubig entgegengenommen werden muss. Es gibt nicht die Transformation des Glaubens in ein Wissen, das höher als er wäre; der Glaube bleibt Glaube, und daher »ist das erste, was wir glauben: es gebe nichts mehr, was wir über den Glauben hinaus noch zu glauben haben«.

Die christliche Aufwertung des Glaubens geht mit einer entsprechenden Abwertung des Wissens einher: Je höher der Wert des

Glaubens, umso niedriger wird der des Wissens angesetzt. Die Verabsolutierung von jenem führt zur Verwerfung von diesem; der totale Glaube macht forschende Erkenntnis überflüssig, sie wird als illegitime Neugierde diskreditiert. Der Glaube hat nicht die höhere, er hat die ganze Wahrheit, und der »Menschenweisheit« kommt nicht eine niedere, sondern überhaupt keine zu. Tertullian diffamiert die Philosophie – wie diese zuvor die Sophistik – als Trug und Täuschung; allein im Glauben liegt die wahre Liebe zur Weisheit.

Dabei wird der Philosophie die Wahrheit mit einem Argument abgesprochen, das aus der Philosophie selber stammt, nämlich dem des Dissenses der philosophischen Schulen oder »Häresien«. Dort hatte es die Skepsis befördert, die entweder dogmatisch die Möglichkeit von Erkenntnis und Wahrheit bestritt oder praktisch den Verzicht darauf zur notwendigen Bedingung der Seelenruhe und damit der Glückseligkeit machte. Tertullian spielt mit dem Argument den Glauben gegen die Philosophie aus: Weil die Wahrheit eine ist, kann sie nicht bei den darüber zerstrittenen Philosophen, sondern nur in dem einen Glauben an den einen Gott sein. Das Argument setzt die Einheit des Glaubens voraus, ohne die es ungeachtet seiner sonstigen Valenz sofort hinfällig wird. Hier zeigt sich das wohl stärkste Motiv für die christliche Ablehnung der Philosophie: die Angst, von dem häretischen Bazillus infiziert, ihr Schicksal zu erleiden und in ein »stoisches«, »platonisches« und »dialektisches Christentum« zerspalten zu werden. Die Philosophie, so sahen es ihre christlichen Gegner, rüstete die gefährlichsten Häresien aus: Valentinus zum Beispiel war Platoniker, Markion Stoiker. »Dieselben Gegenstände werden bei Häretikern und bei Philosophen behandelt, dieselben verwickelten Verhandlungen werden angestellt: Woher das Böse und warum ist es da? Woher der Mensch und wie ist er beschaffen? und Woher ist Gott?«[359]

Die Philosophie war dem Christentum durch die spirituelle Alimentierung der Häresien gefährlicher als durch Polemik, die es auch gab wie die überwiegend platonisch beziehungsweise neuplatonisch motivierten Angriffe des Kelsos, des Porphyrios und des Kaisers Julian; das verlorene Werk des Kelsos ist aus der detaillierten Gegenschrift des Origines weitgehend rekonstruierbar. Platonikern mussten zentrale Lehren des Christentums inakzeptabel, ja anstößig sein, zum Beispiel die von der Auferstehung des Fleisches; für die Menschwerdung Gottes in Jesus Christus und für die Bindung des Heils an ein geschichtliches Faktum hatten sie kein Verständnis. Die Vorstellung, dass Gott die Welt untergehen lassen würde, widersprach der griechischen Vorstellung vom Kosmos. Die Christen erschienen als Aufrührer, als Revolutionäre, die mit der überkommenen Ordnung brachen. Ihr jüdischer Hintergrund und ihr Ursprung in einer Bewegung von ungebildeten Leuten wie Handwerkern und Fischern wurden despektierlich gesehen, vor allem aber die Qualität ihrer Schriften, die sich ästhetisch wie philosophisch mit den autoritativen Schriften der Platoniker, allen voran den Werken Platons, überhaupt nicht messen konnten. Diesem Vorbehalt, der gebildeten Christen nicht wenig zu schaffen machte, begegneten sie mit dem rhetorischen Topos, dass die Wahrheit schlicht und einfach am besten sei und dass alle ästhetische Verfeinerung und Ausschmückung nur der sophistischen Verfälschung Vorschub leisteten.

Wie die Philosophie dem Christentum nicht so sehr durch ihre Polemik als vielmehr durch den Einfluss auf die Häresien bedrohlich war, so ging umgekehrt vom Christentum die größere Gefahr für die Philosophie nicht von der rigoros ablehnenden Haltung etwa eines Tertullian, sondern von scheinbarer und wirklicher Annäherung und Anpassung aus. Der Hellenismus stellte, wie Heinrich Dörrie schreibt, »– als Lebensführung wie als Bildungskomplex – die eigentliche Klippe dar, an der das Bekehrungswerk scheitern konnte«. Es musste der christlichen Missionstätigkeit darum gehen, dem »Hellenismus Gebildete abzugewinnen und dem Christentum zuzuführen«.[360] Das aber wäre mit einer provokanten Abgrenzung gewiss nicht gelungen.

Wie es das Christentum schaffte, sich in einer hellenistisch geprägten Welt durchzusetzen, darüber gibt es unterschiedliche Theorien. Die übliche Erklärung ist die, dass es so viel hellenistisches Gedankengut und damit so viel hellenistische Philosophie rezipierte, dass es den Gebildeten akzeptabel wurde; das freilich um den Preis der Hellenisierung, durch die das Urchristentum verformt worden sei. Dieser Ansicht von der Rezeption der Philosophie durch das Christentum ist Dörrie entschieden entgegengetreten mit der These, dass eine substantielle Übernahme der Philosophie, und namentlich des Platonismus, nicht stattgefunden habe. In der Substanz gebe es keinen »christlichen Platonismus«. Der Platonismus, der in der Kaiserzeit auch Religion war, habe eine ganz »andere Theologie« als die christliche, welche die Christen niemals akzeptiert hätten. Lediglich aus Propagandagründen habe man christlicherseits platonische Redeweisen und Vorstellungen verwendet. »›Platonismus‹ als ein Eingehen auf die Denkgewohnheiten der ›Griechen‹ war ein Mittel, das dazu diente, die Bereitschaft, Christ zu werden, zu vermehren; es diente dem, was man heute gern ›Hermeneutik‹ nennt, und das man früher weit treffender dem Komplex *de propaganda fide* zurechnete. [...] Mit ›Platonismus‹ wirkt man auf solche, die der gewohnten Denk- und Sprachregelung (vorerst) nur schwer entraten können. Um es ganz krass zu sagen: ›Platonismus‹ ist eines der Mittel, deren sich die Mission unter den Gebildeten mit großem Erfolg bediente. Was aber seine Substanz betrifft, so ist das Christentum damals wie heute einem jeden Platonismus – ganz gleich, was von Jahrhundert zu Jahrhundert darunter zu verstehen war – gänzlich fremd, ja inkommensurabel«[361]; es sei geradezu antiplatonisch. Nachdem die Platoniker für das Christentum gewonnen worden waren, sei der so genannte christliche Platonismus erloschen, weil er seinen Propagandazweck erfüllt hatte. Solches prompte Verschwinden wäre unmöglich gewesen, hätte sich der Platonismus substantiell im Christentum festsetzen können. Dieses habe sich nur äußerlich auf die hellenistische Philosophie und den Platonismus zumal eingelassen, sich im wesentlichen Gehalt davon jedoch freigehalten; es habe sich im Kontakt damit nicht wirklich gewandelt – das bezeichnet Dörrie mit dem Begriff der »Pseudomorphose«. Mehr noch: Die scheinbare, nur äußerliche Hellenisierung und Platonisierung habe dazu gedient, Hellenismus und Platonismus abzuwehren. Nicht das Christentum sei im Wesentlichen platonisch, vielmehr sei umgekehrt die griechisch-römische Welt christlich geworden.

Es ist ein wichtiger und zu selten beachteter Aspekt, dass das Christentum sich im Verhältnis zur antiken Philosophie von taktischen Erwägungen leiten ließ, deren Diplomatie man nicht missverstehen darf; wenn dies geschieht, so liegt das vor allem an einem mangelnden Sinn für Rhetorik, der uns heute leicht vergessen lässt, dass der Erfolg des Christentums nicht zuletzt ein rhetorisches Phänomen darstellt. Nicht umsonst war der größte Kirchenvater, Augustinus, Lehrer der Rhetorik, und die Predigt, in der das Christentum verkündet wurde und wird, ist eine rhetorische Form. Der von Dörrie betonte Aspekt findet darin Bestätigung, dass ein weiter gehendes Sich-Einlassen auf die Philosophie leicht Gefahr lief, als Häresie gebrandmarkt zu werden. Das Christentum war, seitdem es mit der Philosophie in Kontakt kam, stets darauf bedacht, Distanz zu wahren, damit es nicht in weltliche Philosophie transformiert würde. Das gilt bis heute.

Dennoch darf man den Aspekt nicht verabsolutieren. Das Verhältnis des frühen Christentums zur antiken Philosophie war nicht nur offene oder freundlich kaschierte Ablehnung, in beiden Fällen also eine prinzipielle Anti-Haltung. Es gab durchaus auch »Formen einer *geglückten Symbiose*«[362] und Synthesen in den Bereichen, in denen das Christentum mit der Philosophie konkurrierte: der Theologie sowie der Ethik und Lebensform. Theologie im engeren Sinne, das heißt Lehre von Gott oder den Göttern, war Teil der Philosophie von Anfang an; alle Schulen hatten ihre eigene, und zumal der mit dem frühen Christentum zeitgleiche Platonismus ist stark theologisch und religiös ausgerichtet. Zwar steht bei den Christen die Kritik an den Theologien der Philosophen im Vordergrund: zunächst grundsätzlich und allgemein die an der Uneinheitlichkeit und Widersprüchlichkeit, dann die an einzelnen Ausprägungen und Lehren. Besonders vehement wurde die epikureische Götterlehre abgelehnt; sie kam für die Christen dem Atheismus gleich, weil sie bestreitet, dass die Götter Sorge für Welt und Menschen tragen. Da war es fast schon sekundär, dass die Epikureer von Gott auch noch im Plural sprachen. Im Gegensatz zur epikureischen Theologie war die stoische Lehre von der *pronoia,* der Vorsehung Gottes, mit der christlichen konform. Diese konnte sich in ihrem Kampf gegen den heidnischen Polytheismus auch auf die Mythenkritik beziehen, mit der die vorsokratische Philosophie einsetzt und der die Tendenz zum Monotheismus eigen ist. Dabei warf man den Philosophen nur vor, dass sie von dem Monotheismus, den sie theoretisch vertraten, praktisch abwichen, indem sie sich an polytheistische heidnische Kulte anschlossen. Während allerdings der philosophische Monotheismus auf ein abstraktes göttliches Prinzip hinauslief, war der christliche Gott personal gedacht, mit personalen Beziehungen zur Welt und zu den Menschen. In dem Mythos des platonischen »Timaios« von der Erschaffung der Welt durch den Demiurgen, den Weltbaumeister, konnte man eine Ähnlichkeit mit der Schöpfungsgeschichte der Bibel konstatieren. Freilich erschafft der platonische Demiurg die Welt nicht wie der jüdisch-christliche Gott aus dem Nichts, sondern nach Vorgabe der Ideen; aber der spätere Platonismus kam dem Christentum entgegen, indem er die Ideen zu Gedanken Gottes machte. Der Neuplatonismus schließlich leistete mit seiner Lehre von den drei Hypostasen der intelligiblen Welt Hilfestellung bei der Konzeption der Trinität, der Dreieinigkeit beziehungsweise Dreifaltigkeit Gottes.

Der Erfolg des Christentums beruht auf einer der philosophischen Theologie fremden Verbindung, die der christliche Gottesglaube mit der Lebensform eingeht. Der Glaube durchdringt die Lebensführung, deren ethische Richtlinien er vorgibt und begründet. Zwar ist die Frömmigkeit für die meisten Philosophen eine Tugend. Erklärter Atheismus ist selten; auch die Epikureer verehren die Götter als vollkommen glückselige Wesen. Eine tiefe Frömmigkeit findet sich in der Philosophie der Kaiserzeit zum Beispiel bei Epiktet, bei dem selbst der Kynismus religiöse Züge annimmt, und der spätantike Platonismus war, wie erwähnt, nicht nur Philosophie, sondern auch Religion.[363] Doch die Heilsbedeutung, die der Glaube im Christentum erhält, besitzen philosophische Theologie und Frömmigkeit nirgendwo.

Philosophie und Christentum haben die Moralvorstellungen des Abendlandes geprägt; das Spannungsverhältnis zwischen diesen beiden Traditionen bestimmt noch die moralischen Kontroversen unserer Tage. Mit dem Christentum setzte sich ein Moralverständnis durch, das für anderthalb Jahrtausende in der abendländischen Kultur maßgeblich war. Darin ist die Moral letztlich nicht wie in der Philosophie rational, sondern religiös, durch den Willen Gottes, begründet. Dieser Wille, nicht die eigenmächtige Tugend des Menschen entscheidet über dessen Heil; und die moralische Verfehlung ist in erster Linie eine solche vor Gott, das heißt Sünde, und nicht bloß ein Irrtum im Hinblick auf die eigene Glückseligkeit. Erst in der Aufklärung wird wieder damit begonnen, die Moral rational und ohne Rekurs auf den göttlichen Willen zu begründen. Seitdem ist die christliche Moral von einer ständig fortschreitenden Erosion betroffen, die ihre Fundamente und manche ihrer Inhalte angreift; andere Inhalte dagegen sind zum moralischen Allgemeingut geworden.

Als das Christentum sich durchsetzte, war es umgekehrt: Eine Moral, die sich religiös begründete, verdrängte die philosophische. Diese hatte immer nur eine intellektuelle Minderheit angesprochen; die großen Schulen eigneten sich lediglich für Intellektuelle, und selbst eine antiintellektuelle Richtung wie der Kynismus war aufgrund seiner Exzentrizitäten nicht massentauglich. Das Christentum dagegen schlug weitere Kreise; es erfasste Gebildete wie Ungebildete. Es lehrte eine Moral, die in ihren Inhalten mit der stoischen in vielen Punkten übereinkam. Mit dem Platonismus teilte es den Glauben an die Unsterblichkeit der Seele, aus dem die transzendente Zielsetzung resultiert, die das Leben auf die »Verähnlichung mit Gott (*homoiosis theo*) so weit als möglich« ausrichtet; die Formulierung aus Platons »Theaitet« wurde auch bei Christen zur feststehenden Wendung für die Bezeichnung des Lebenszieles. Von den Epikureern trennte die Christen zwar die Moral wie die Theologie; aber wie für die Anhänger Epikurs war für sie die Gemeinde wesentliches Element ihrer Lebensweise. Wie die Kyniker predigten sie Askese und legten Unerschrockenheit gegenüber den Mächtigen an den Tag, wobei sie die notorischen kynischen Schamlosigkeiten verwarfen. So präsentierte sich das Christentum als Lebensform in Konkurrenz und als Alternative zur philosophischen. Als »eine Art Philosophie« und nicht als »eine göttliche Sache«, beklagt sich Tertullian, werde es von jenen Hartgläubigen angesehen, die die alltägliche Lebensweise der Christen dazu nötige einzuräumen, dass deren »Genossenschaft etwas Gutes« sei. »Zu eben denselben Tugenden, sagt man, bekennen sich und ermahnen auch die Philosophen, zur Sittlichkeit, Gerechtigkeit, Geduld, Mäßigkeit und Keuschheit. Wenn wir also mit ihnen hinsichtlich unserer Lehre verglichen werden,« so fragt er in apologetischer Absicht, »warum werden wir nicht sofort auch in Bezug auf

Erlaubtheit und Freiheit der Lehre ihnen gleichgestellt?«[364] Dabei bezogen die Christen nicht geringe Überzeugungskraft aus der Konsequenz und der Ernsthaftigkeit, mit der sie ihren Glauben und ihre moralischen Grundsätze lebten und die sie mit der Bereitschaft zum Martyrium bewiesen. Die Diskrepanz von Lehre und Leben der Philosophen dagegen war notorisch, wie Lukians Satiren zeigen, und auch die Christen wiesen gern darauf hin. Erst später wird der Vorwurf auf sie zurückfallen und zum beliebten Thema der Klerikersatire werden.

Das Christentum als die »wahre Philosophie«: Clemens von Alexandrien

Um zu verstehen, dass – und wie – das Christentum in Konkurrenz zur Philosophie treten und sie dadurch verdrängen konnte, muss man es in der Gestalt betrachten, die es bei dem griechischen Kirchenvater Clemens von Alexandrien annimmt, für den es die »wahre Philosophie« enthält. Damit will er nicht sagen, dass die nichtchristliche, griechische Philosophie unwahr und deswegen zu verwerfen sei. Clemens, der um die Mitte des zweiten bis zum zweiten Jahrzehnt des 3. Jahrhunderts lebte und somit ein Zeitgenosse Tertullians war, teilte dessen ablehnende Position keineswegs; vielmehr kritisierte er sie wiederholt, und manchmal könnte man meinen, er habe dabei Tertullian selber vor Augen, so wenn er etwa schreibt: »Einige Leute aber, die sich für besonders begabt halten, erklären es für richtig, daß man sich weder mit Philosophie noch mit Dialektik beschäftigt, und fordern einzig und allein den Glauben. Das ist aber gerade so, wie wenn sie, ohne irgendwelche Mühe auf die Pflege des Weinstocks verwendet zu haben, gleich von Anfang an die Trauben ernten wollten.«[365] Doch ist Tertullians Verdikt nur der eloquente Ausdruck eines weit verbreiteten christlichen *horror philosophiae*, den uns Clemens anschaulich schildert: »Die meisten aber fürchten sich vor der griechischen Philosophie wie die Kinder vor Gespenstern, und sie haben Angst, sie könnten sie mit sich fortnehmen.«[366] Clemens vergleicht sie mit den Genossen des Odysseus, die sich vor den Sirenen die Ohren verstopften: Ebenso machten sich die Christen ohne Sinn für Bildung an die Wissenschaften heran und verstopften sich durch Ablehnung des Lernens die Ohren, »weil sie wissen, daß sie den Weg nach Hause nicht finden würden, wenn sie nur einmal ihre Ohren der griechischen Wissenschaft geöffnet hätten«.[367]

Clemens' Verhältnis zur griechischen Philosophie und Bildung besteht aber auch nicht in jener lediglich äußerlichen Aneignung aus taktisch-propagandistischen Gründen, die Heinrich Dörrie mit dem Begriff der Pseudomorphose bezeichnet. Zwar findet sich eingangs seines Hauptwerkes, der »Teppiche«, ein Bild, das das Verhältnis in diesem Sinne darzustellen scheint. Das Werk, so heißt es programmatisch, werde »die Wahrheit stets mit den Lehren der Philosophie vermischt enthalten, vielmehr in sie verhüllt und in ihnen verborgen, wie in der Schale der eßbare Kern der Nuß steckt«.[368] Die Philosophie also doch bloß das unwesentliche Äußere der substantiellen christlichen Wahrheit? Man muss das Bild anders verstehen: Wie man nur durch die Schale hindurch an die Frucht gelangt, so nur durch die Philosophie zur vollendeten Wahrheit des christlichen Glaubens; diese ist ohne jene nicht zu haben. So verstanden passt das Bild zu dem vom Weinstock und den Trauben, in dem die griechische Philosophie und Bildung die landwirtschaftlichen Kenntnisse, Verrichtungen und Geräte bedeuten, mit denen der Weinstock gepflegt werden muss, damit er Früchte trägt.

Beide Bilder entsprechen Clemens' Verständnis des Christentums als der wahren Gnosis, von dem er sich nicht durch die Existenz der gnostischen Häresien abbringen lässt, mit denen er sich ausführlich auseinandersetzt und die er eindeutig verwirft. Das Ideal der Gnosis aber ist für ihn durch sie nicht erledigt. Darin sind Philosophie und christlicher Glaube vereinigt. Wie die Philosophie – im Gegensatz zur Rhetorik – sich mit der Meinung (*doxa*) und dem Glauben (*pistis*) nicht begnügt, sondern über sie hinaus zum Wissen strebt, so verlangt Clemens die Überführung des Glaubens in Wissen; dieses gilt ihm mehr als jener. Der Unterschied dieser theologischen Lehre zur Philosophie liegt darin, dass die Prüfung der Meinung, aus der nach sokratisch-platonischem Verständnis das Wissen hervorgeht, diese als falsch erweisen kann, während die Wahrheit des christlichen Glaubens für Clemens von vornherein feststeht. Die Gnosis prüft nicht den Glauben, sondern macht ihn vollkommen. Der Glaube, und zwar konkret der jüdisch-christliche Offenbarungsglaube des Alten und Neuen Testamentes, ist die Grundlage, auf der die Gnosis aufbaut. Erst durch sie erfährt er seine Vollendung und mit ihm der Gläubige, der zum Gnostiker wird; denn die Gnosis ist ebenso Lebensform wie Betrachtung. Der Gnostiker vollzieht, wie Clemens mit seiner von Platon, und zwar aus dem »Theaitetos«, entlehnten und immer wiederholten Lieblingsformel sagt, die *homoiosis theo,* die Verähnlichung mit Gott, so weit es möglich ist. »Die Gnosis ist ja sozusagen eine Vollendung des Menschen als Menschen, welche durch das Wissen der göttlichen Dinge in bezug auf die Sinnesart, die Lebensführung und das Reden zustande kommt, und in Übereinstimmung und im Einklang mit sich selbst und mit dem göttlichen Wort bleibt. Durch sie wird der Glaube vollendet, da durch sie der Gläubige allein vollendet wird. Der Glaube nun ist ein im Innern niedergelegtes Gut; auch ohne Gott zu suchen bekennt er, daß er ist, und lobpreist ihn als den Seienden. Daher soll man von diesem Glauben ausgehend und durch die Gnade Gottes in ihm vermehrt die Erkenntnis von Gott, soweit es möglich ist, erlangen.«[369]

Die Legitimation zu seinem gnostischen Verständnis des Christentums entnimmt Clemens dem Glauben selbst, nämlich dem Wort Jesu »Suchet, und ihr werdet finden«, das er wiederum in bezeichnender Differenz zu Tertullian auslegt. Dem zufolge wendet sich das Wort lediglich an die Juden; Jesus habe es geäußert, als er, am Anfang seiner Lehrtätigkeit stehend, noch nicht als Christus erkannt war. Für die Christen aber, die an ihn als den Messias glauben, hat sich das Wort erledigt, und man darf es nicht als Aufforderung zu innerchristlichen Grübeleien oder gar häretischen Zweifeln missbrauchen.[370] Für Clemens dagegen hat es nicht eine bloß situative und historisch überholte, sondern allgemeine, überzeitliche Geltung. »Wir behaupten also, daß der Glaube nicht untätig, sondern zusammen mit der Forschung fortschreiten müsse.«[371] So wendet sich Clemens in der programmatischen Erklärung eingangs der »Teppiche« gegen den christlichen *horror philosophiae*, gegen die ängstliche Beschränkung auf den Glauben in der Meinung, alles Weitere sei überflüssig und führe nur vom Ziel ab, wie gegen die explizite Verteufelung der Philosophie. »Ich aber werde in meinen ganzen ›Teppichen‹ zeigen, daß das Schlechte von Natur schlecht ist und nie irgend etwas Gutes hervorbringen kann; dabei werde ich zugleich andeuten, daß auch die Philosophie in gewisser Hinsicht ein Werk göttlicher Vorsehung ist.«[372]

Das ist sie, insofern auch sie dem Christentum den Weg bahnt. Sie hat für die Heiden die Funktion, die im Judentum das Alte Testament im Hinblick auf das Neue besitzt; sie bereitet die Heiden auf das Christentum vor, indem sie sie zu einem Leben gemäß der Tugend anhält. Ja, im Grunde stammt sogar die griechische Philosophie aus dem Alten Testament; denn die Griechen haben, so die historische Erklärung, die Clemens von Philon von Alexandrien übernimmt, die »Philosophie« des Moses, die er die »barbarische« nennt, plagiiert. Man sollte diese Theorie, auf deren Verifizierung Clemens viel Mühe verwendet oder vielmehr verschwendet, nicht so sehr im Hinblick auf ihren abstrusen Gehalt als vielmehr im Hinblick auf ihre Funktion beurteilen, die darin besteht, den Christen die Angst vor der Philosophie zu nehmen und ihnen das Bewusstsein zu vermitteln, dass sie sich in ihr zu Hause fühlen dürfen und sich daher vor ihr nicht wie die Gefährten des Odysseus vor den Sirenen die Ohren verstopfen müssen.

Er selber war in ihr so sehr zu Hause und mit ihr so vertraut, dass er sich von den christlichen Berührungsängsten nicht anstecken ließ. Wie er zu seiner philosophiefreundlichen Einstellung gekommen ist, aus der heraus er zum Apologeten der Philosophie im Christentum wurde, wissen wir nicht; denn seine Lebensumstände sind uns fast gänzlich unbekannt. Wahrscheinlich stammte er aus einem heidnischen Elternhaus, war also Konvertit. Ob er seine philosophische Ausbildung noch als Heide erhielt oder ob er in frühen Jahren konvertierte und die Philosophie erst studierte, als er schon Christ war – in jedem Fall müssen ihm das Christentum und die christliche Theologie in einer Weise nahe gebracht worden sein, die ihn nicht daran hinderte, an der Philosophie festzuhalten beziehungsweise in sie einzudringen, ja die seine philosophischen Interessen eher beförderte oder sogar allererst weckte. Von seinem

Hauptwerk, den »Teppichen«, sagt er, es sei »geradezu ein Bild und Gemälde jener anschaulichen und lebensvollen Reden und jener seligen und wahrhaft bedeutenden Männer, die zu hören ich gewürdigt wurde«.[373] Das ist eine Anspielung auf die Schriftkritik Platons im »Phaidros« und eine Bescheidenheitsformel zugleich, die man nicht wörtlich so verstehen darf, als habe Clemens lediglich die Vorlesungen seiner Lehrer niedergeschrieben; das hat er wohl so wenig getan wie Platon die Unterredungen des Sokrates. Dennoch wird man davon ausgehen dürfen, dass das Werk dem Geist nach und in seiner Grundtendenz, zu der die Verbindung von Philosophie und Christentum gehört, im Sinne seiner Lehrer und vor allem des einen Lehrers war, den er besonders hervorhebt. Dieser war ein gewisser Pantainos, Leiter der Katechetenschule von Alexandreia, dessen Nachfolger Clemens wurde. Der Kirchenhistoriker Eusebios bemerkt über die Schule, die noch zu der Zeit existierte, als er in der zweiten Hälfte des 3. Jahrhunderts seine Kirchengeschichte verfasste, sie sei mit »guten philosophischen und theologischen Kräften besetzt« gewesen, unter denen Pantainos sich »ganz besonders hervorgetan« habe. »Er war aus der Philosophenschule der sogenannten Stoiker hervorgegangen.«[374] Man darf also annehmen, dass Clemens sich mit seinem Programm der Verbindung von Philosophie und Christentum im Einklang mit seiner Schule befand; das wird ihm die souveräne Sicherheit verliehen haben, mit der er das Programm durchführte. Clemens' Nachfolger war der große Origenes, in dem der Geist dieser Schule fortlebte.[375]

Symptomatisch erscheint der Umstand, dass Pantainos vom Stoizismus zum Christentum kam; denn es zeigt an, wie dessen Konkurrenz zum Untergang der stoischen Schule im 3. Jahrhundert beitrug. Mag auch die Konkurrenz nicht ganz so erdrückend gewesen sein wie die, der später der Neuplatonismus erlag, weil am Beginn des 3. Jahrhunderts immer noch die Möglichkeit der Wahl zwischen diesem und dem Christentum – und manchen christlichen Häresien – gegeben war, so war doch das Christentum als Lebensform für Stoiker und die, die zu werden es in Erwägung zogen, die bevorzugte Alternative, weil in vielen konkreten Punkten große Affinität zwischen der stoischen und der christlichen Ethik bestand; der von der Stoa Konvertierte konnte einen guten Teil seiner moralischen Maximen und Verhaltensweisen beibehalten, wodurch ihm der Übertritt erleichtert wurde.

Die Gestalt, die Clemens mit seiner philosophischen Bildung dem Christentum verleiht, unterscheidet sich deutlich von der, die ihm diejenigen lateinischen Apologeten und Theologen aufprägen, deren Bildungshintergrund ein primär rhetorischer ist wie der des Juristen Tertullian, bei dem man noch die alte Unversöhnlichkeit zwischen Rhetorik und Philosophie vermuten möchte, und sogar der des Augustinus. An dessen spekulative Kraft reicht Clemens zwar nicht heran; aber er hat ihm dafür die umfassenderen Kenntnisse der philosophischen Literatur voraus. Verglichen mit den beiden nordafrikanischen Lateinern und ihrer je eigenen Rhetorik wirkt der alexandrinische Grieche geradezu rhetorikabstinent. Sein Stil ist der einer philosophischen Gelehrsamkeit, überreich an Zitaten, die bezeichnenderweise je zur Hälfte aus der christlichen Überlieferung, vor allem der Bibel, und der heidnisch-griechischen Literatur, und hier vor allem der philosophischen, stammen. Dennoch ist es kein trockener, unlebendiger Stil; er hat seine eigene Rhetorik, die von einem Ethos getragen wird, das man anachronistisch als das eines frühchristlichen Humanismus bezeichnen könnte.

Clemens' philosophische Prägung zeigt sich nicht zuletzt in den Formen und ihrer Verbindung, die wir als wesentlich für die antike Philosophie kennen gelernt haben und die wir bei ihm in christlicher Umwidmung wieder antreffen: die literarische, die schulische und die Lebensform. Er war, wie gesagt, Leiter der christlichen Katechetenschule in Alexandreia. Dieser Umstand ist bezeichnend, auch wenn wir über die Institution nur wenig wissen. Clemens war in erster Linie Lehrer und kein Kirchenfunktionär. Er war Lehrer, wie es ein antiker Philosoph war, der nicht nur theoretisch ein System vertrat, sondern auch zu einem Leben gemäß der Lehre anhielt, und das nicht zuletzt durch das Vorbild, das er mit seiner eigenen Lebensführung gab.

Als ein solcher Lehrer bekundet sich Clemens in der literarischen Form. Sein überliefertes Werk steht in enger Beziehung zum Unterricht und zur Schule. Er schreibt als Schüler seiner Lehrer, denen er nach eigenem Eingeständnis verdankt, *was* er schreibt, und von denen zumindest Pantainos nichts Schriftliches hinterlassen hat. Aber *wie* er schreibt, darin ist er selber ganz Lehrer.

Man könne das Werk des Clemens »vielleicht das kühnste literarische Unternehmen in der Geschichte der Kirche nennen«, urteilte in seiner grundlegenden Abhandlung »Über die Anfänge der patristischen Literatur« der Theologe und Kirchenhistoriker Franz Overbeck, in Basel Nietzsches Universitätskollege, Hausgenosse und bester Freund, dessen Liebling unter den Kirchenvätern der Alexandriner war.[376] Erst mit ihm finde das Christentum nach den tastenden Anfängen in der Apologetik endgültig den Anschluss an die »profane oder die Weltliteratur«. Clemens schreibt nicht mehr nur aus dem situativen Anlass der Verteidigung des Christentums gegen das Heidentum und gegen die Häresien, sondern darüber hinaus, um die christliche Lehre umfassend darzustellen; er wendet sich schon an ein christliches Publikum. Das aber ist die Bedingung dafür, dass die literarische Form im Christentum sich bleibend etabliert; wäre sie nur zu apologetischen Zwecken benutzt worden, so wäre sie mit dem Anlass wieder verschwunden. Die »Kühnheit« der literarischen Unternehmung des Clemens liegt für Overbeck über diese Neuerung hinaus in der Weite ihrer Intention. Im Grunde, so schreibt er, habe »kein Kirchenvater jemals mehr das Christentum in einem so umfassenden Sinne in Form eines Literaturwerks behandelt. Selbst der etwa zweihundert Jahre jüngere Gottesstaat des Augustinus muss an Dimension der Absichten zurückstehen.«[377]

Dieses »Literaturwerk« besteht aus drei einzelnen Werken: der »Mahnrede (*protreptikos*) an die Heiden«, dem »Erzieher« (*paidagogos*) und den »Teppichen« (*stromateis*). Das erste, dem Umfang nach kleinste, hat zum einen ein Vorbild in den philosophischen *protreptikoi*, den Ermahnungen zur Philosophie, von denen der *protreptikos* des Aristoteles und der Ciceros, der »Hortensius«, besonders einflussreich waren. Zum anderen steht Clemens damit in der Tradition der christlichen Apologetik, indem er für das Christentum dadurch wirbt, dass er das Heidentum, seine religiösen Vorstellungen und Praktiken bestreitet.

Dem »Protreptikos« schließt sich der aus drei Büchern bestehende »Paidagogos« an, so wie der Bekehrung zum Christentum die Erziehung zur christlichen Lebensführung folgen muss; dafür liefert der »Paidagogos« detaillierte Anweisungen. Nur wer christlich lebt, kann in den Wahrheiten der christlichen Lehre erfolgreich unterrichtet werden. Die Lehre ist nicht abgelöst vom Leben als eine rein theoretische zu haben; dieses muss jener entsprechen. Der christliche Gnostiker kann ein solcher nur sein als ein christlich Handelnder und Lebender.

Das frühe Christentum hat mit der Forderung nach der Einheit von Leben und Lehre praktisch Ernst gemacht; darin war es, wie gesagt, überzeugender als die zeitgenössische Philosophie, deren Vertreter sich allzu oft unglaubwürdig machten, indem sie das von ihnen postulierte Ideal der Lebensführung praktisch verrieten. Clemens hat diese Einheit mit seinem Verständnis der christlichen Gnosis darüber hinaus neu begründet, und auf jenem Grund baut er selbst seine Lehre auf. Die Unterweisung in der Wahrheit des christlichen Glaubens bildet den Abschluss jenes Werdeganges, der mit der Bekehrung beginnt. So verfährt der göttliche, in Christus personifizierte Logos selber, der die Menschen zur Vollkommenheit führt, »indem er zuerst ermahnt, dann erzieht und zuletzt lehrt«.[378] Die Dreiheit der Funktionen der Ermahnung, Erziehung und Belehrung weist eine so unübersehbare Analogie zu Clemens' dreiteiligem literarischen Werk auf, dass sich die Vermutung einer Trilogie geradezu aufdrängt, deren erste beiden Teile in der »Mahnrede« und in dem »Erzieher« vorliegen. Wie aber steht es mit dem dritten Teil, der dann ja der »Lehrer« sein müsste? Ein solches Werk haben wir nicht und hat Clemens auch nie verfasst. Stattdessen besitzen wir die »Teppiche«. Sie sind – schon im Hinblick auf den Umfang – ohne Zweifel Clemens' Hauptwerk, die Summe seiner literarischen Tätigkeit, bestehend aus sieben Büchern, und trotzdem nicht vollendet. Das Werk gibt mit seiner formalen Beschaffenheit Rätsel auf; es erscheint völlig planlos und unsystematisch, so dass nicht abzusehen ist, wie es hätte zu Ende geführt werden können – es konnte offenbar nur abgebrochen werden.

Damit enttäuscht es die Erwartung einer systematischen Darstellung der christlichen Lehre, die sich mit dem erhofften dritten Teil der Trilogie, dem »Lehrer«, verbindet. Das hat die stärksten Bedenken dagegen hervorgerufen, die »Teppiche« als diesen Teil zu blev

nehmen; demzufolge könnten sie allenfalls so etwas wie die Vorarbeit zu dem geplanten, aber nicht zustande gekommenen systematischen »Lehrer« sein. Doch hätte es einen solchen »Lehrer«, eine solche systematische Darstellung der christlichen Lehre überhaupt geben können?

Der Alexandriner war unzweifelhaft imstande, Bücher zu konzipieren. Das zeigt der »Protreptikos«, »der sich gerade durch seine Form vor allen sonst erhaltenen apologetischen Schriften der griechischen Väter auszeichnet und namentlich beweist, wie schön Clemens einen Gegenstand durch Steigerung zu seinem Schlusse hinanzuführen versteht«.[379] Umso ernster muss man die auffällige Formlosigkeit der »Teppiche« nehmen, die nicht aus mangelnder Gestaltungskraft, sondern in voller Absicht geschieht.

Der Titel verweist auf die literarische Gattung der »Buntschriftstellerei«, in der in »bunter« Mischung Lesefrüchte unterschiedlichster Art und Herkunft dargeboten werden. Clemens selber reiht sein Werk in diese Gattung ein, die er dabei literarisch charakterisiert. »So haben manche Schriftsteller auch Schriften mit den Titeln ›Wiesen‹ oder ›Helikonberge‹ oder ›Honigwaben‹ oder ›Prachtkleider‹ verfaßt, indem sie gelehrte Sammlungen mit bunten Blüten ausschmückten. Und auch unser eigenes Werk, das wir ›Teppiche‹ genannt haben, gleicht einer Wiese, da wir in ihnen absichtlich in bunter Mannigfaltigkeit das bringen, was uns gerade in den Sinn kam und was wir weder nach einem genauen Plan ordnen noch stilistisch sorgfältig ausfeilen wollen.«[380] Doch erhebt er sich durch seine literarische Reflektiertheit hoch über das Niveau der Gattung, wie wir sie beispielsweise aus dem »Sophistenmahl« des Athenaios oder den »Attischen Nächten« des Aulus Gellius kennen.

Clemens beginnt die »Teppiche« mit Überlegungen zur Schrift und ihrer Rechtfertigung im Hinblick auf das in Angriff genommene Werk, und er vergleicht dabei die Leistungen von mündlicher und schriftlicher Lehre. Da fließen nicht zufällig und nicht nur, weil Clemens in Platon belesen ist, immer wieder Reminiszenzen an dessen Schriftkritik ein. Deren Erneuerung bei dem Alexandriner ist höchst bezeichnend, wenn man bedenkt, dass der Stand der christlichen Literatur bei ihm vergleichbar demjenigen ist, den die philosophische bei Platon hat. Beide stehen vor dem entscheidenden Schritt, die Schrift in den ihnen je eigenen Bereichen, der Philosophie und dem Christentum, über die Anfänge ihrer Vorgänger hinaus zu etablieren, und beiden kommen dabei Bedenken, die ihre Vorgänger noch nicht hatten, hinsichtlich dessen, was die Schrift für das erstrebte Ziel der philosophischen Einsicht beziehungsweise der christlichen Gnosis zu leisten und was sie nicht zu leisten vermag. Beide entscheiden sich für die Schrift, obwohl sie deren Beschränktheit erkennen, die in dem Unvermögen liegt, Einsicht oder Gnosis zu enthalten und zu übermitteln. Clemens unterscheidet »zwischen Erkenntnis und der durch Unterricht vermittelten Weisheit. Denn insofern etwas Erkenntnis ist, ist es durchaus auch Weisheit; insofern aber etwas Weisheit ist, so ist es nicht durchaus Erkenntnis.«[381] Schriften – und das gilt ebenso für Reden – können allenfalls in dem beschränkten, nicht aber in dem vollen Sinne des Wortes Weisheit bieten; denn diese, die Erkenntnis (*gnosis*) beginnt mit dem Glauben und endet mit der Liebe. Verfehlt und gefährlich sind solche Schriften, die den Unterschied zwischen Weisheit und Erkenntnis vergessen machen, indem sie den Leser dazu verführen, sich mit ihrer Weisheit zu begnügen und nicht weiter nach Erkenntnis zu streben. So ist es die Aufgabe des wahren Schriftstellers, eine literarische Form zu finden, die dieser Gefahr dadurch entgeht, dass sie nicht die definitive Lehre und ultimative Weisheit zu enthalten scheint, obwohl sie den Leser dahin führen soll – eine Aufgabe, die ans Paradoxe grenzt, wie sich Clemens bewusst ist, wenn er eingangs schreibt, seine Schrift werde »versuchen, etwas verborgen zu sagen und verhüllt auszusprechen und schweigend deutlich zu machen«.[382] Daher die Form der »Teppiche«, die dem Leser die Wahrheit nicht auf dem Präsentierteller darbieten, sondern ihn nötigen, sie in ihnen zu suchen.

Reflexionen dieser Art durchziehen das Werk, und wie der Autor mit ihnen beginnt, so schließt er damit das siebte und letzte vollendete Buch. »Unsere ›Teppiche‹ gleichen aber wohl nicht jenen sorgfältig angelegten Gärten, in denen zur Ergötzung der Augen alles in schöner Ordnung angepflanzt ist, sondern eher einer schattigen Berghalde, auf der Zypressen und Platanen, Lorbeer und Efeu dicht beieinander wachsen und auf der zugleich auch Apfelbäume und Ölbäume und Feigenbäume angepflanzt sind, indem wegen der Leute, die das Obst heimlich wegnehmen und stehlen wollen, mit Absicht Obstbäume und Bäume ohne genießbare Früchte untereinander gepflanzt sind; ebenso wollte der eigentliche Inhalt meiner Schrift verborgen bleiben. [...] Die ›Teppiche‹ legen also keinen Wert auf sorgfältige Gliederung oder auf den sprachlichen Ausdruck, da sie ja mit Absicht auch dem sprachlichen Ausdruck nach nicht wie die Griechen sein, sondern die Lehren in verborgener Weise hineinstreuen und nicht ganz offen an den Tag legen wollen, um auf diese Weise die Leser, wenn sich solche finden sollten, dazu anzuhalten, daß sie die Mühe nicht scheuen, sondern sich anstrengen, um etwas zu finden.«[383]

Nimmt man Clemens' Schriftkritik und literarische Selbstcharakteristik ernst, so kann man ebenso wenig wie von Platon ein System der Ideenlehre von ihm eine systematische und definitive Darstellung der christlichen Glaubenslehre erwarten, zu der die »Teppiche« bloß die Vorarbeit wären. Eine solche ultimative Dogmatik hätte auch eine Schrift »Der Lehrer« nicht enthalten können, denn so doktrinär zu lehren wäre mit Clemens' Begriff der christlichen Gnosis wie mit seinem platonischen Verständnis von der Leistung der Schrift nicht vereinbar gewesen. Der »Lehrer« – wenn denn Clemens ihn neben beziehungsweise nach den »Teppichen« noch beabsichtigt haben sollte – hätte auch nicht viel anders als diese verfasst sein können, und daher wird man sie, da es den »Lehrer« nicht gibt, als den dritten Teil der Trilogie nehmen dürfen, ja müssen, wie dies auch Overbeck tut.

Clemens habe, so bemerkt er treffend, den Plan der Trilogie gewissermaßen dem Leben selbst entnommen und »den idealen Lebensgang eines Christen der damaligen Zeit in die Form eines Buches« übersetzt. Der Gang beginnt – im »Protreptikos« – mit der Abwendung vom Heidentum und der Bekehrung zum Christentum. Danach gilt es, den Bekehrten im christlichen Sinne zu erziehen; das ist die Aufgabe des »Paidagogos«. Denn nur, wer christlich lebt, kann die christliche Lehre adäquat begreifen. Sie wird in den »Teppichen« in der beschriebenen bewusst unsystematischen Weise vermittelt, damit der Schüler sie sich durch eigene Anstrengung aneigne und sich nicht bloß rezeptiv dazu verhalte.

Indem Clemens mit der Trilogie »den idealen Lebensgang des Christen« in die Form des Buches übersetzt, fordert er den Christen auf, »die Wanderung zu wiederholen, um ihn nun bis zu den höchsten Zielen derselben zu geleiten«.[384] Sein eigentliches Anliegen und Thema ist die christliche Lebensform. Clemens ist ein Moralist, bei dem wie in der hellenistischen Philosophie die Ethik im Vordergrund steht und den die sokratische Frage, »auf welche Weise man leben soll«, umtreibt. Die Antwort darauf gibt er mit einer Verbindung von spezifisch christlicher und philosophischer Moral; sein Synkretismus aus Christentum und Philosophie ist hauptsächlich ein solcher auf diesem Gebiet. Hier ist die Anlehnung an die Philosophie am stärksten, hier entlehnt er ihr am meisten.

Die christliche Lebensform ist »eine neue andere Lebensweise, die Lebensweise Christi«, die sich von den traditionellen Lebensformen unterscheidet. »Wie es aber eine andere Lebensführung für die Philosophen, eine andere für die Redner und wieder eine andere für die Ringkämpfer gibt, so erwächst aus der Erziehung Christi eine edle, dem tugendhaften Streben entsprechende Haltung.« Diese bekundet sich in allen Lebensbereichen: »Durch die Erziehung in ihrer ganzen Erscheinung beeinflußt, zeichnen sich durch ein würdiges Wesen aus Gehen und Liegen und Essen und Schlafen und Ruhen und Lebensführung und die übrigen Gebiete der Erziehung.« So heißt über Erziehung reden, »ein Bild des Lebens der Christen im Umriß zeichnen«.[385] Und auch was Gnosis als die durch die Philosophie hindurchgeführte Vollendung des christlichen Glaubens bedeutet, das wird vor allem in der Beschreibung des Gnostikers und seiner Lebensform in den beiden letzten Büchern der »Teppiche« vorgeführt, wo »die Lebensweise des Gnostikers entsprechend der Richtschnur der Wahrheit kunstgerecht« dargestellt werden soll.[386]

Die Beschäftigung mit der christlichen Moral und Lebensform reicht von der konkreten Regelung des alltäglichen Verhaltens bis hin zu den prinzipiellen Fragen der Ethik. Im zweiten und dritten Buch des »Erziehers« befasst Clemens sich mit nahezu allen Lebensbereichen und geht sie im Blick auf die spezifisch christliche Führung des Lebens durch. Das Essen und Trinken, Schlaf, Bekleidung, Körperpflege, Schminken und Schmuck, Ehe und Sexualität, der Hausrat und der Reichtum, das Reden und das Lachen: all dies und anderes mehr wird konkret und detailliert besprochen – ein außerordentlich reichhaltiges Material von hohem sittengeschichtlichen und anthropologischen Interesse. Dass er sich dabei an den ethischen Vorschriften und Ratschlägen des Alten und Neuen Testamentes orientiert, versteht sich von selbst. Ebenso sehr aber bezieht er sich auf philosophische Vorlagen wie auf Platons »Staat« und vor allem die »Gesetze«, die hier große Beachtung erfahren, was sich außer aus ihrem Reichtum an konkreten Vorschriften daraus erklärt, dass Clemens sie von den mosaischen Gesetzen abhängig glaubt.

Am meisten jedoch hat er sich eines stoischen Textes bedient. Unter den ethischen Ausrichtungen der antiken Philosophie kam die stoische dem Christentum am weitesten entgegen. Das gilt vor allem für die jüngere Stoa, die der Kaiserzeit, von deren Vertretern manche dem Christentum so nahe zu sein schienen, dass bisweilen der Gedanke aufkam, sie hätten damit in Verbindung gestanden wie etwa Seneca, dem man einen Briefwechsel mit dem Apostel Paulus andichtete, oder sie hätten zumindest Kenntnis des Neuen Testamentes gehabt, was man Epiktet unterstellte. Die Affinität musste den Stoikern am ehesten den Übertritt zum Christentum ermöglichen, da sie dabei am meisten beibehalten konnten. »Es will mir deshalb fast als eine müßige Frage erscheinen, warum der Stoizismus sich in der griechisch-römischen Welt nicht der neuen Religion gegenüber erhalten habe, sondern von ihr verdrängt und aufgesogen worden sei. Er hat sich ja in gewissem Sinne *in ihr* erhalten und damit kann er zufrieden sein.«[387] Das freilich gilt allenfalls bis zur Erbsündenlehre des Augustinus.

Die stoische Vorlage, auf die Clemens sich bezog, waren die Diatriben des Musonius, »nach dessen Vorgang methodisch die einzelnen Gebiete des Lebens durchgesprochen« werden; dabei hat Clemens »auch sachlich seine Lehren zum Teil wörtlich übernommen«.[388] Dass er sich »damit begnüge«, die Lehren des Musonius »aus andren philosophischen Werken zu ergänzen und namentlich durch Heranziehung der Heiligen Schrift dem christlichen Empfinden und seinem persönlichen Lebensgefühl anzupassen«, ist wohl zu stark formuliert.

Wie Clemens Christentum und Philosophie in seiner Konzeption der christlichen Lebensform verbindet, zeigt sich beispielsweise an dem therapeutischen Verständnis von Erziehung. Dass der Philosoph der Arzt der Seele ist, die an falschen Vorstellungen krankt, welche durch die Leidenschaften verursacht werden, das ist fundamental für das Selbstverständnis der Philosophie bei den Sokratikern wie im Hellenismus. Von Clemens erfahren wir, wo dieses herrührt, nämlich von Demokrit. Er zitiert dessen Ausspruch, »die Heilkunst heilt die Krankheiten des Körpers, die Weisheit aber befreit die Seele von den Leidenschaften«, um daran die christliche Erziehung als Therapie anzuschließen: »Aber der gute Erzieher, die Weisheit, das Wort des Vaters, er, der den Menschen erschuf, sorgt für das ganze Geschöpf, und seinen Leib und seine Seele heilt der allheilende Arzt der Menschheit.«[389] Der »Heiland« heilte den Leib des Gichtbrüchigen und erweckte sogar den toten Larzarus wieder zum Leben; und er heilt die Seele durch Gebote und durch die Gnade der Sündenvergebung. So wird die christliche Erziehung als eine ganzheitliche, Leib und Seele einschließende, konzipiert, wobei der Leib und alles, was zu ihm gehört, in außerordentlich konkreter und detaillierter Weise umfassend berücksichtigt ist. Dabei liegt *eine* gravierende Abweichung von der philosophischen – stoischen wie epikureischen – Sicht der Leidenschaften in der Bewertung der Furcht, die als Gottesfurcht nicht nur zugelassen, sondern geradezu zur unerlässlichen Tugend gemacht wird.

Clemens' Verbindung von Christentum und Philosophie manifestiert sich schließlich in solchen Formulierungen, mit denen der Endzweck der Ethik und das Ziel der christlichen Lebensführung benannt werden. Keine Textstelle der Philosophie wird von ihm so häufig wörtlich zitiert oder in Anspielungen angeführt wie jene aus Platons »Theaitetos«, in der als das Ziel der philosophischen Lebensform, die in der berühmten Episode in der Mitte des Dialogs der rhetorischen gegenübergestellt wird, die »Verähnlichung mit Gott« (*homoiosis theo*) bezeichnet wird. Das wird später im Platonismus zur ethischen Telos-Formel, die auch Clemens unentwegt wiederholt, erhebt sie doch jene Aussage des biblischen Schöpfungsberichts, Gott habe den Menschen nach seinem Bilde geschaffen, ausdrücklich zur Generalmaxime der christlichen Lebensführung.

Vor allem aber ist es das Ideal des stoischen Weisen, das Clemens aus der Philosophie in seine Konzeption der christlichen Lebensform in ihrer höchsten Ausprägung und Vollkommenheit, der des Gnostikers, hinübernimmt. Grundzug des stoischen Weisen und seiner Glückseligkeit als der wahren *eudaimonia* ist die Autarkie. Der Weise ist autark – sich selbst genug – durch seine Tugend und durch diese selbstmächtig in Bezug auf die Glückseligkeit. »Die Tugend ist ausreichend (*autarkes*) zur Glückseligkeit« und »Der Weise ist sich selbst genug« – diese Sätze des Sokratikers Antisthenes gehen über den Kynismus in die Stoa als Grundsätze ihrer Ethik ein und bestimmen das Ideal des stoischen Weisen, das Clemens bedenken- und mühelos mit der christlichen Gnadenlehre verbindet. Der Gnostiker erstrebt »nichts von dem, was er nicht hat, sondern begnügt sich mit dem Vorhandenen. Denn es fehlt ihm nichts von den ihm angemessenen Gütern, da er infolge der göttlichen Gnade und Erkenntnis bereits sich selbst genug ist. Da er aber in sich selber Genüge gefunden hat und das Übrige nicht bedarf, da er ferner den Willen des Allmächtigen kennt und daher gleichzeitig hat und bittet, ist er der alles beherrschenden Macht ganz nahe gekommen.«[390] Auf diese Weise sich selbst genug ist der Gnostiker selbstmächtig in Bezug auf die Glückseligkeit; für ihn wird »die letzte Entscheidung nicht durch das äußere Schicksal begründet sein, sondern von ihm selbst hängt es ab, ob er glücklich und selig und ein königlicher Freund Gottes ist«.[391]

Das Festhalten an der oder Einlassen auf die Philosophie, mit der Clemens so freisinnig umging wie kein anderer Kirchenvater, war seinerzeit zwar nicht durchweg üblich, im Gegenteil; es war die Haltung einer Minderheit im Umfeld einer christlichen Philosophiephobie. Doch war Clemens damit und mit seiner Konzeption einer christlichen Gnosis sowohl seinem Selbstverständnis nach wie in den Augen seiner kirchlichen Umgebung kein Häretiker; er war kein Markion, Valentinus oder Basileides. Er war ein treuer Sohn der Kirche, der sich als solcher durch die kompromisslose Ablehnung der gnostischen Häresien bewies. Man wird schwerlich bei ihm einen Hinweis darauf entdecken, dass er von der Lehre der Kirche abweichen wollte oder auch nur gedacht hätte, dass er Abweichungen davon riskierte. Alexander, Bischof von Jerusalem, sprach von ihm als »dem heiligen Klemens, der mein Herr und Wohltäter wurde«[392], und als Heiliger wurde er im christlichen Kalender geführt, bis ihn Papst Clemens VIII. im 16. Jahrhundert daraus strich. Dass dies nicht schon eher geschah, dass er nicht schon ein Jahrtausend zuvor wie Origenes als Häretiker verdammt wurde, ist freilich erstaunlich und wohl nur dadurch erklärbar, dass er weniger einflussreich und dogmatisch weniger fassbar war als sein Nachfolger in der Schulleitung wie im Geiste.

Denn die Entwicklung der kirchlichen Lehre im lateinischen Westen und vor allem die Erbsündenlehre, die Augustinus in der Bestreitung des Pelagius aufbrachte, machten die Verbindung von Autarkie und Gnade in Clemens' Ideal des christlichen Gnostikers ganz und gar unmöglich. Jetzt – und erst jetzt – wird die Affinität der christlichen Ethik zur stoischen eine bloß äußerliche, weil dahinter ein prinzipiell anderes Verständnis des menschlichen Daseins steht. Der Rückzug von der Welt, der das Erscheinungsbild sowohl der stoischen als auch der christlichen Askese bestimmt, bekommt einen anderen Stellenwert. Führte er in der Stoa zur Autarkie und zu der angestrebten, mit der Glückseligkeit gleichgesetzten »stoischen« Ruhe des Gemüts, so führt er im Christentum an einen beängstigenden Abgrund. Dem stoischen Verständnis zufolge ist der Mensch in seinem Inneren autark, dadurch unangreifbar und absolut sicher. Wo aber »die Stoa die Sicherheit gefunden hat, beginnt hier« – im Christentum – »die Unsicherheit«.[393]

Diese Unsicherheit muss der Christ erfahren, um zu Gott zu kommen. Seine Schuld, die aus der Erbsünde herrührt, ist Schuld vor Gott, und nur im Bewusstsein dieser Schuld findet er zu Gott. Dem versucht er zunächst zu entfliehen, indem er sich von sich und seinem abgründigen Selbst abkehrt und zur Welt flieht, um sich in der Welt zu beruhigen. Von ihr muss er sich wieder abwenden. »Beide« – Stoa und Christentum – »sehen in der Abkehr von der Welt und Einkehr zu sich die ›Rettung‹; aber für die Stoa ist sie mit der diätetischen Isolierung bereits geschehen und stellt sich als unbeeinträchtigtes, genügsames Selbst-Sein, Sich-selbst-Haben dar – im Christentum führt sie durch einen radikalen Untergang hindurch, dem zu entgehen der Mensch sich gerade an die Welt verloren hatte; dem er durch das Zurückgeworfen-Werden auf sich selbst gerade ausgeliefert wird; den er in der absoluten Isolierung, der Entblößung von allem scheinbaren Halt des Weltlichen bis zur Verzweiflung durchzuvollziehen hat«.[394]

Für den Christen ist die Abkehr von Gott durch Hinwendung zur Welt, die Beruhigung und Zerstreuung in der Welt, schlimm, Sünde. Aber noch schlimmer ist die Beruhigung in und durch sich selbst: das Bewusstsein moralischer Autarkie. Das ist die Todsünde des Hochmuts, des Tugendstolzes; denn dadurch wird die Erfahrung der Heilsbedürftigkeit noch viel mehr als durch die Flucht in die Welt blockiert. So kann die philosophische Ethik nicht mehr Vorbereitung der christlichen Lebensform sein, wie sie es bei Clemens war; die Erbsündenlehre bedeutet den Bruch mit der antiken philosophischen Ethik insgesamt. Von nun an gilt im Christentum: Die Tugenden der Heiden sind nichts als glänzende Laster.

Clemens hat sich der Philosophie bedient, wie es später die Scholastiker im Mittelalter tun werden, für die die Philosophie die »Magd der Theologie« (*ancilla theologiae*) sein wird. Der Ursprung des Bildes liegt bei Philon von Alexandrien, der die griechische Bildung mit der Dienerin Hagar vergleicht, die Abraham zur Nebenfrau nimmt. Von da aus geht die Vorstellung bei Clemens ins Christentum ein. Die neuzeitliche Philosophie entsteht, wo die Magd, mit Kant zu reden, der Theologie nicht die Schleppe hinterher-, sondern die Fackel vorausträgt. Eine bloße Schleppenträgerin freilich ist die Philosophie schon bei Clemens in seiner Konzeption einer christlichen Gnosis nicht.

Anhang

Anmerkungen

1 Georg Wilhelm Friedrich Hegel, Vorlesungen über die Geschichte der Philosophie, hg. von Gerd Irrlitz, Leipzig 1971, 1. Bd., S. 128.

2 Ebd., S. 134.

3 Ebd., S. 133.

4 Martin Heidegger, Beiträge zur Philosophie, hg. von Friedrich-Wilhelm von Herrmann, Gesamtausgabe Bd. 65, Frankfurt a. M. 1989, S. 214.

5 Martin Heidegger, Die Grundprobleme der Phänomenologie, Marburger Vorlesung Sommersemester 1927, hg. von Friedrich-Wilhelm von Herrmann, Gesamtausgabe Bd. 24, Frankfurt a. M. 1975, S. 399 f.

6 Martin Heidegger, Die Grundbegriffe der antiken Philosophie, Marburger Vorlesung Sommersemester 1926, hg. von Franz-Karl Blust, Gesamtausgabe Bd. 22, Frankfurt a. M. 1993, S. 11 f.

7 Martin Heidegger, Vom Wesen der Wahrheit. Zu Platons Höhlengleichnis und Theätet, Freiburger Vorlesung Wintersemester 1931/32, hg. von Hermann Mörchen, Gesamtausgabe, Bd. 34, Frankfurt a. M. 1988, S. 14 f.

8 Friedrich Nietzsche, »Wissenschaft und Weisheit im Kampfe«, in: Werke in drei Bänden, hg. von Karl Schlechta, München ^{5}1966, 3. Bd., S. 335.

9 Heidegger, Die Grundprobleme der Phänomenologie [wie Anm. 5], S. 34.

10 Arthur Schopenhauer, Philosophische Vorlesungen. Erste Hälfte: Theorie des Erkennens, in: Arthur Schopenhauers sämtliche Werke, hg. von Paul Deussen, 9. Bd., München 1913, S. 99 f.

11 Heidegger, Beiträge zur Philosophie [wie Anm. 4], S. 167 ff. (»Das Zuspiel«).

12 Diogenes Laertius, Leben und Meinungen berühmter Philosophen, dt. von Otto Apelt, hg. von Klaus Reich, Hamburg ^{2}1967.

13 Platon, Phaidros 274 c. Wenn nicht anders angegeben, wird Platon nach der Übersetzung von Friedrich Schleiermacher und Hieronymus Müller zitiert.

14 Faktisch hat die Philosophie bei Diogenes Laertius allerdings zwei voneinander unabhängige Ausgangspunkte, von denen zwei Linien, die ionische und die italische, ausgehen; Begründer der letzteren ist Pythagoras.

15 Hans Blumenberg, Das Lachen der Thrakerin. Eine Urgeschichte der Theorie, Frankfurt a. M. 1987, S. 13.

16 Platon, Protagoras 343 a.

17 Diogenes Laertius I 122.
18 Diogenes Laertius I 13.
19 Platon, Sophistes 260a.
20 Aristoteles, Metaphysik 983 c.
21 Hegel, Vorlesungen über die Geschichte der Philosophie [wie Anm. 1], Leipzig 1971, 2. Bd., S. 5.
22 Zit. nach: Gottfried Martin, Platon. In Selbstzeugnissen und Bilddokumenten, Reinbek 1969, S. 142.
23 Vgl. z. B.: Platons Lehre von der Wahrheit. Mit einem Brief über den »Humanismus«, Bern 1947.
24 Immanuel Kants Logik. Ein Handbuch zu den Vorlesungen, hg. von Gottlob Benjamin Jäsche, neu hg. von Walter Kinkel, Leipzig ^{3}1920, S. 30.
25 Vgl. dazu: Hans Blumenberg, »Lebenswelt und Technisierung unter Aspekten der Phänomenologie«, in: Wirklichkeiten, in denen wir leben, Stuttgart 1981, S. 6 ff. Ferner: Ders., Lebenszeit und Weltzeit, Frankfurt a. M. 1986, S. 313 ff. (»Die Urstiftung«).
26 Wolfgang Schadewaldt, Die Anfänge der Philosophie bei den Griechen. Die Vorsokratiker und ihre Voraussetzungen (Tübinger Vorlesungen Bd. 1), S. 205.
27 Theodor Gomperz, Griechische Denker, Leipzig ^{2}1909, Bd. 1, S. 11.
28 Hegel, Vorlesungen über die Geschichte der Philosophie [wie Anm.1], S. 196 ff.
29 Ebd., S. 223.
30 Geschichte der Philosophie, hg. von der Akademie der Wissenschaften der UdSSR, deutsch Berlin 1959, 1. Bd., S. 63.
31 Jacob Burckhardt, Griechische Kulturgeschichte, München 1977, Bd. 3, S. 277 f.
32 Bruno Snell, Die Entdeckung des Geistes. Studien zur Entstehung des europäischen Denkens bei den Griechen, Göttingen ^{7}1993, S. 205.
33 Burckhardt, Griechische Kulturgeschichte [wie Anm. 31], S. 279.
34 Vgl. Platon, Phaidros 274c ff.
35 Pierre Hadot, Art. »Philosophie«, in: Historisches Wörterbuch der Philosophie, Bd. 7, Basel 1989, Sp. 848 ff. (»Literarische Formen der Philosophie«).
36 Richard Harder, »Die Meisterung der Schrift durch die Griechen«, in: Kleine Schriften, hg. von Walter Marg, München 1960, S. 81 – 97, hier: S. 96.
37 Ebd., S. 86.
38 Platon, Sophistes 263 a.
39 Eric A. Havelock, Als die Muse schreiben lernte (The Muse Learns to Write), Frankfurt a. M. 1992, S. 179 f.
40 Burckhardt, Griechische Kulturgeschichte [wie Anm. 31], S. 280.
41 Vgl. dazu: Olof Gigon, Der Ursprung der griechischen Philosophie. Von Hesiod bis Parmenides, Basel/Stuttgart ^{2}1968, S. 13 ff.

42 Vgl. dazu: Werner Jaeger, Die Theologie der frühen griechischen Denker, Stuttgart 1953.

43 Platon, Phaidros 276 a.

44 Für die antike Logik vgl.: Ernst Kapp, Der Ursprung der Logik bei den Griechen, dt. Göttingen 1965. Exemplarisch für die Orientierung der neuzeitlichen Logik am Monolog bzw. an der »einsamen Rede«: Edmund Husserl, Logische Untersuchungen II, 1. Untersuchung: »Ausdruck und Bedeutung«, § 8: »Die Ausdrücke im einsamen Seelenleben«, Tübingen ^{5}1968, S. 35 ff.

45 Arthur Schopenhauer, »Fragmente zur Geschichte der Philosophie«, in: Parerga und Paralipomena I 1, § 3, Zürcher Ausgabe, Bd. VII, Zürich, 1977, S. 53 f.

46 Hg. von Otfried Höffe, München 1994.

47 Hegel, Vorlesungen über die Geschichte der Philosophie [wie Anm. 1], S. 559.

48 Friedrich Nietzsche, Werke in drei Bänden, hg. von Karl Schlechta, 1. Bd., München ^{5}1966, S. 12.

49 Wolfgang Wieland, Einleitung zu: Geschichte der Philosophie in Text und Darstellung, Bd. 1: Antike, Stuttgart 1978, S. 10.

50 Rudolf Hirzel, Der Dialog. Ein literarhistorischer Versuch, 1. Teil, Leipzig 1895, S. 243.

51 Cicero, Orator 67; De oratore I 49.

52 Schmid-Stählin, Geschichte der griechischen Literatur, 1. Teil, 1. Bd., München 1959, S. 758.

53 »In der ersten Weise war die Sonne ein Mann auf dem Wagen. Wenn aber die kreisende Sonnenbahn mit einem sich drehenden Wagenrad verglichen wird, wobei die Strahlen den Speichen entsprechen, so liegt auf der Hand, daß wir hier eine ganz andere Art der Veranschaulichung vor uns haben.« Dadurch, »daß sich zur Zeit des Thales und Anaximander im Ganzen gesehen die Griechen für den zweiten Weg endgültig entschieden haben, sind sie zu Begründern der Naturwissenschaft geworden.« (Gigon, Ursprung [wie Anm. 41], S. 38 f.)

54 Jaap Mansfeld (Hg.), Die Vorsokratiker, griechisch/deutsch, Stuttgart 1995, 1. Bd., S. 27.

55 Gigon, Ursprung [wie Anm. 41], S. 42.

56 Platon, Phaidon 96 a: »In meiner Jugend nämlich, o Kebes, hatte ich ein wundergroßes Bestreben nach jener Weisheit, welche man die Naturkunde nennt.«

57 Vgl. dazu Nietzsches philologische Ausführungen, in denen mit »Fortschritt« freilich der in der Form gemeint ist: »Die Philosophie erscheint zuerst ganz abhängig von der Poesie: doch so, dass sich eine Gegenrichtung entgegenstellt, die den Fortschritt vertritt und auf das Unpoetische und Nüchterne ausgeht. Jene Philosophen, die sich des Metrons bedienen,

auch etwas Priesterhaftes und Seherhaftes haben, sind die Althertümlichen und Zurückgebliebenen, die Anderen wollen den Gedanken möglichst streng. Aber auch unter den Prosaschreibenden selber zeigt sich dieser Gegensatz: Anaximander, Heraclit die Rückständigen; Zeno, Anaxagoras die Fortschreitenden, Demokrit der erste Klassiker, in einer gewissen Mitte der Ansprüche« (Geschichte der griechischen Litteratur, 3. Teil, Vorlesung Wintersemester 1875/76, in: Nietzsche's Werke Bd. XVIII, Philologica, 2. Bd., hg. von Otto Crusius, Leipzig 1912, S. 162). Noch immer sind Nietzsches Vorlesungen zur Geschichte der griechischen Literatur auch für die philosophische Literatur höchst bemerkenswert und von der Philosophiegeschichtsschreibung viel zu wenig beachtet.

58 Hans-Georg Gadamer, Der Anfang der Philosophie, Stuttgart 1996, S. 132.

59 Schmid-Stählin, Geschichte [wie Anm. 52], S. 314.

60 Jaeger, Theologie [wie Anm. 42], S. 114.

61 Lukrez, De rerum natura I 930 ff.; IV 9 ff.

62 Jaeger, Theologie [wie Anm. 42], S. 129.

63 Diogenes Laertius II 3; II 6.

64 Diogenes Laertius IX 6; II 22.

65 Diogenes Laertius IX 6.

66 Martin Heidegger, Heraklit. Freiburger Vorlesungen Sommersemester 1943 und Sommersemester 1944, hg. von Manfred S. Frings, Gesamtausgabe Bd. 55, Frankfurt a. M. ^{3}1994, S. 35.

67 Platon, Theaitetos 179 e – 180 a.

68 Hans-Georg Gadamer, Der Anfang des Wissens, Stuttgart 1999, S. 20.

69 Diogenes Laertius IX 6.

70 Gadamer, Der Anfang des Wissens [wie Anm. 68], S. 13.

71 John Locke, Über den menschlichen Verstand III, X 34. Ausgabe in zwei Bänden, unter Hinzuziehung der von C. Winkler besorgten deutschen Fassung (Leipzig 1911/12), Berlin 1962, 2. Bd., S. 143 f.

72 Cicero, De oratore I 47, lateinisch/deutsch, übersetzt und hg. von Harald Merklin, Stuttgart 1976, S. 69.

73 Nietzsche, »Wissenschaft und Weisheit im Kampfe« [wie Anm. 8], S. 337.

74 Lukian, Der doppelt Angeklagte, Werke in drei Bänden, nach der Übersetzung von Wieland, hg. von Jürgen Werner und Herbert Greiner-Mai, Berlin/Weimar 1974, 3. Bd., S. 333.

75 Diogenes Laertius III 48.

76 Hirzel, Der Dialog [wie Anm. 50], S. 2 ff.

77 Aristoteles, Rhetorik III 16, 8, übersetzt von Franz G. Sieveke, München 1980, S. 214.

78 Platon, Protagoras 333 c.

79 Platon, Apologie 29 e; vgl. Laches 187 e – 188 a.

80 Vgl. Platon, Theaitetos 161 a – b.

81 Diogenes Laertius VI 1.

82 Diogenes Laertius III 35; III 37. Daß Platon und Isokrates in erster Linie ein hörendes, nicht ein lesendes Publikum im Sinne haben, weist Sylvia Usener nach: Isokrates, Platon und ihr Publikum. Hörer und Leser von Literatur im 4. Jahrhundert v. Chr., Tübingen 1994.

83 Nietzsche, Philologica II [wie Anm. 57], S. 136; vgl. auch S. 214.

84 Diogenes Laertius III 37.

85 Hans Blumenberg, Schiffbruch mit Zuschauer. Paradigma einer Daseinsmetapher, Frankfurt a. M. 1979.

86 Nietzsche, Die Geburt der Tragödie, Werke I [wie Anm. 48], S. 79 f.

87 »Die platonische Metaphysik ist eine Art begriffliches Gefängnis, gebaut, damit man die Kunst an einem sicheren Ort in Verwahrung halten kann, so wie das Labyrinth entworfen wurde, um den Minotaurus davon abzuhalten, räubernd auf Kreta umherzuziehen. Sie ist ein großartiges Gefängnis, und die gesamte abendländische Philosophie besteht in marginalen Umbauten, die man an diesem Bauwerk vorgenommen hat. Die verblüffende Wahrheit liegt jedoch darin, daß die Philosophie mit der Definition der Kunst zugleich sich selbst Gestalt gibt und daß sie sich im Zuge der Entmündigung der Kunst erst selbst in ihre Rechte eingesetzt hat. Die Kunst muß zweifellos irgendeine ungeheure Kraft besessen haben, daß sie eine so geniale Reaktion wie die Philosophie hervorrufen konnte.« (Arthur C. Danto, Die philosophische Entmündigung der Kunst, aus dem Englischen von Karen Lauer, München 1993, S. 80 f.)

88 Platon, Politeia 598 d–e.

89 Diogenes Laertius III 5.

90 Platon, Philebos 48 c–50 b.

91 Friedrich Nietzsche, Jenseits von Gut und Böse 190, Werke II, hg. von Karl Schlechta, München [5]1966, S. 648.

92 Diogenes Laertius III 35.

93 Nietzsche, Geschichte der griechischen Litteratur (Dritter Theil), Philologica II [wie Anm. 57], S. 163.

94 Wolfgang Wieland, Platon und die Formen des Wissens, Göttingen 1982, S. 70.

95 Diogenes Laertius III 49 f.

96 Nietzsche, Die Geburt der Tragödie [wie Anm. 48], S. 80.

97 Blumenberg, Das Lachen der Thrakerin [wie Anm. 15].

98 Lukian, Der doppelt Angeklagte [wie Anm. 74], S. 336 ff.

99 Metrokles schreibt Chrien (Diogenes Laertius VI 33), Bion von Borysthenes »Sentenzen für den Gebrauch« (Diogenes Laertius IV 47), Monimos »Schwänke mit verborgenem Ernst« (Diogenes Laertius VI 85).

100 Vgl. dazu vom Vf.: »Anekdote als philosophiegeschichtliches Medium«, in: Nietzsche-Studien, Bd. 12, 1983, S. 255–286.

101 Jacob Bernays, Die Dialoge des Aristoteles in ihrem Verhältnis zu seinen

übrigen Werken, Nachdruck der Ausgabe Berlin 1863, Darmstadt 1968, S. 1.

102 Diogenes Laertius V 22.

103 Vgl. dazu und zum Folgenden: Hirzel, Der Dialog I [wie Anm. 50], S. 272 ff.

104 Cicero, epist. ad. fam. I 9, 23; vgl. Hirzel, ebd., S. 276; Ingemar Düring, Aristoteles. Darstellung und Interpretation seines Denkens, Heidelberg 1966, S. 555.

105 Düring, Aristoteles [wie Anm. 104], S. 20.

106 Vgl. Hirzel, Der Dialog I [wie Anm. 50], S. 281.

107 Diogenes Laertius VII 2.

108 Augustinus, Confessiones III 4, 7.

109 »Wir müssen festhalten, daß Aristoteles in gleichzeitig geschriebenen Dialogen und Lehrschriften in allem Wesentlichen dieselbe Philosophie vertreten hat.« (Düring, Aristoteles [wie Anm. 104], S. 557; vgl. S. 33).

110 Ebd., S. 391. In »De finibus« sagt Cicero über Aristoteles und Theophrast, es gebe »bei ihnen zwei Arten von Büchern [...]: einmal volkstümlich geschriebene, die sie als ›exoterische‹ bezeichneten, zum anderen subtilere, die sie in ihren Aufzeichnungen hinterließen.« (V 12, lateinisch-deutsch hg. von Harald Merklin, Stuttgart 1989, S. 405).

111 Vgl. Heideggers sarkastischen Kommentar über die von der neuzeitlichen Publikationssucht verschiedene Einstellung des Aristoteles: »Das wenigste von dem Corpus Aristotelicum wurde von Aristoteles veröffentlicht. ›Ihr arbeitet nicht, um Bücher zu schreiben, sondern um die Sachen zu finden.‹ Heute ist es umgekehrt. Typisch ist die Bemerkung eines bekannten Theologen im 19. Jahrhundert in seinen Briefen, er müßte sich jetzt endlich ein Thema überlegen für sein nächstes Buch. Ein Buch muß geschrieben werden, das ist das erste, das Thema dazu erfinden das zweite.« (Die Grundbegriffe der antiken Philosophie [wie Anm. 6], S. 145.)

112 Aristoteles, Vom Himmel 294 b, übersetzt von Olof Gigon in: Aristoteles, Vom Himmel. Von der Seele. Von der Dichtkunst, München 1983, S. 128. Vgl. dazu: Franz Dirlmeier, »Merkwürdige Zitate in der Eudemischen Ethik des Aristoteles«, in: Sitzungsberichte der Heidelberger Akademie der Wissenschaften, Philosophisch-historische Klasse, 1962, S. 5 ff.

113 Düring, Aristoteles [wie Anm. 104], S. 43.

114 Vgl. Edmund Braun, Art. »Aristoteles: Ta meta ta physika«, in: Großes Werklexikon der Philosophie, hg. von Franco Volpi, Stuttgart 1999, Bd. I, S. 72.

115 Nietzsche, Philologica II [wie Anm. 57], S. 77 f.; vgl. Düring, Aristoteles [wie Anm. 104], S. 19.

116 Vgl. dazu: Lucien Braun, Geschichte der Philosophiegeschichte, deutsch von Franz Wimmer, bearbeitet und mit einem Nachwort versehen von Ulrich Johannes Schneider, Darmstadt 1990.

117 Nietzsche, Philologica II [wie Anm. 57], S. 90.

118 Diogenes Laertius X 26 (Epikur); VII 180 f. (Chrysipp).
119 Nietzsche, Philologica II [wie Anm. 57], S. 88 f.
120 Vgl. dazu die Einleitung von Olof Gigon zu: Epikur, Von der Überwindung der Furcht. Katechismus, Lehrbriefe, Spruchsammlung, Fragmente, Zürich und Stuttgart [2]1968.
121 Diogenes Laertius X 139 ff. Zur Praxis der Epikureer, die Sentenzen auswendig zu lernen, vgl. Cicero, De finibus II 20.
122 Seneca, Philosophische Schriften, nach der Übersetzung von August Pauly und A. Haakh hg. von Thassilo von Scheffer, 2. Bd., Berlin 1925 (= Klassiker des Altertums, 2. Reihe, 26. Bd.), S. 98.
123 Nietzsche, Die fröhliche Wissenschaft: »Scherz, List und Rache«. Vorspiel in deutschen Reimen 34. Werke II [wie Anm. 91], S. 25.
124 Epiktet. Was von ihm erhalten ist. Nach den Aufzeichnungen Arrians, Neubearbeitung der Übersetzung von J. G. Schulthess von R. Mücke, Heidelberg o. J. (1926), S. 10.
125 Richard Harder, »Plotins Leben, Wirkung und Lehre«, in: Kleine Schriften [wie Anm. 36], S. 257 – 274; hier: S. 257. (Zuerst als Einleitung zu: Plotin [Auswahl], Fischer Bücherei 203, Frankfurt a. M. 1958.)
126 Harder, »Zur Biographie Plotins«, in: Kleine Schriften [wie Anm. 36], S. 275 – 295; hier: S. 294.
127 Porphyrios, »Über Plotins Leben«, in: Plotins Schriften, übersetzt von Richard Harder, Lizenzausgabe der Ausgabe Hamburg 1958, Darmstadt o. J., Bd. V c: Anhang, S. 57.
128 Anmerkung zu Porphyrios: »Über Plotins Leben«, ebd., S. 86.
129 Fritz-Peter Hager, »Plotin«, in: Klassiker der Philosophie I, hg. von Otfried Höffe, München [3]1994, S. 137 – 153; hier: S. 139.
130 Porphyrios [wie Anm. 127], S. 23.
131 Vgl. dazu: Pierre Hadot, Wege zur Weisheit oder Was lehrt uns die antike Philosophie, aus dem Französischen von Heiko Pollmeier, Berlin 1999, S. 164, S. 187.
132 Porphyrios, »Über Plotins Leben« [wie Anm. 127], S. 33.
133 Ebd., S. 9.
134 Ebd., S. 31.
135 Ebd., S. 39.
136 Ebd., S. 31.
137 Hegel, Vorlesungen über die Geschichte der Philosophie [wie Anm. 1], 2. Bd., S. 491 f.
138 Schopenhauer, »Ueber die Universitätsphilosophie«, in: Parerga und Paralipomena I [wie Anm. 45], S. 155.
139 Platon, Protagoras 318 e; Hippias I 285 b – 286 b.
140 Vgl. dazu: Hans von Arnim, »Sophistik, Rhetorik, Philosophie in ihrem Kampf um die Jugendbildung«, in: Ders., Leben und Werke des Dion von Prusa, Berlin 1898, S. 4 – 114, hier: S. 15.

141 Platon, Gorgias 490e. Vgl. dazu vom Verf.: »›Dasselbe über dasselbe‹. Zum Verhältnis von rhetorischer und philosophischer Moralbegründung«, in: Der Mensch und die Wissenschaften vom Menschen. Die Beiträge des XII. Deutschen Kongresses für Philosophie in Innsbruck vom 29. September bis 3. Oktober 1981, 2. Bd., Innsbruck 1983, S. 661–668.

142 Georg Simmel, Philosophie des Geldes, München [4]1912, S. 264.

143 Hans Blumenberg, Höhlenausgänge, Frankfurt a. M. 1989, S. 45. Vgl. kritisch dazu vom Verf.: »Platonverlesungen. Eigenschatten – Lächerlichkeiten«, in: Die Kunst des Überlebens. Nachdenken über Hans Blumenberg, hg. von Franz Josef Wetz und Hermann Timm, Frankfurt a. M. 1999, S. 341–368.

144 Diogenes Laertius II 65.

145 Diogenes Laertius II 82.

146 Diogenes Laertius II 62.

147 Diogenes Laertius VI 4; vgl. VI 9.

148 Diogenes Laertius VI 20 f. Vgl. dazu vom Verf.: Der Kynismus des Diogenes und der Begriff des Zynismus, Frankfurt a.M. 1988 (München [1]1979), S. 55 ff.

149 Vgl. dazu: J. Glucker, Antiochus and the Late Academy, Göttingen 1978, S. 159 – 225.

150 Diogenes Laertius VI 102; I 18 – 20.

151 Diogenes Laertius IV 2.

152 Quintilian, Institutiones oratoriae XII 7, 9.

153 Diogenes Laertius III 7.

154 »Die Intelligenz gegen den Sport«, so Henri-Irénée Marrous Formel für diesen Wandel: Geschichte der Erziehung im klassischen Altertum, aus dem Französischen übersetzt von Charlotte Beumann, hg. von Richard Harder, München 1977, S. 112.

155 Diogenes Laertius III 5.

156 Diogenes Laertius III 7; III 41.

157 Vgl. dazu: John Patrick Lynch, Aristotle's School. A Study of Greek Educational Institution, Berkeley u. a. 1972, S. 177 ff.

158 Vgl. Isokrates, Gegen die Sophisten; dazu: Christoph Eucken, Isokrates. Seine Position in der Auseinandersetzung mit den zeitgenössischen Philosophen, Berlin/New York 1983, S. 5 ff.

159 Diogenes Laertius II 113 – 114.

160 Von Arnim, Leben und Werke des Dion von Prusa [wie Anm. 140], S. 28.

161 Diogenes Laertius VI 11.

162 Diogenes Laertius IV 24.

163 A. W. Zumpt, »Über den Bestand der philosophischen Schulen in Athen und die Succession der Scholarchen«, in: Abhandlungen der königlichen Akademie der Wissenschaften zu Berlin, 1844, S. 27–119.

164 Athenaios von Naukratis, Das Gelehrtengastmahl, aus dem Griechischen von Ursula und Kurt Treu, Leipzig 1985, S. 98.
165 Zumpt, »Über den Bestand der philosophischen Schulen« [wie Anm. 163], S. 40.
166 Athenaios, Das Gelehrtengastmahl [wie Anm. 164], S. 270; dieselbe Anekdote bei Aelian, Varia historia 2, 18.
167 Athenaios, Das Gelehrtengastmahl XII 69; vgl. Zumpt, »Über den Bestand der philosophischen Schulen« [wie Anm. 163], S. 39 f.
168 Diogenes Laertius IV 41; V 68.
169 Malte Hossenfelder, Die Philosophie der Antike 3. Stoa, Epikureismus und Skepsis (= Geschichte der Philosophie, hg. von Wolfgang Röd, Bd. III), München 1985, S. 100 f.
170 Diogenes Laertius II 6 f.; II 10.
171 Diogenes Laertius IX 35.
172 Diogenes Laertius IX 39.
173 Platon, Phaidros 250c–256e. Vgl. dazu vom Verf.: Überredung zur Einsicht. Der Zusammenhang von Philosophie und Rhetorik bei Platon und in der Phänomenologie, Frankfurt a. M. 1987, S. 180 ff.
174 Platon, Theaitetos 144 d.
175 Vgl. dazu Eucken, Isokrates [wie Anm. 158], S. 7.
176 Marrou, Geschichte der Erziehung im klassischen Altertum [wie Anm. 154], S. 370.
177 Eucken, Isokrates [wie Anm. 158], S. 41.
178 Isokrates, Werke, übersetzt von Adolph Heinrich Christian, viertes Bändchen, Stuttgart 1855, S. 545 (Rechtschreibung angepasst).
179 Isokrates, Lobrede auf Helena, in: Werke [wie Anm. 178], S. 489 f.
180 Isokrates, Vom Vermögenstausche, in: Werke [wie Anm. 178], S. 831 f.
181 Ebd., S. 833.
182 Platon, Gorgias 485 d–e.
183 Isokrates, Gegen die Sophisten [wie Anm. 178], S. 547 f.; Platon, Phaidros 269 d.
184 Vgl.: Werner Jaeger, Paideia. Die Formung des griechischen Menschen, 3. Bd., Berlin ^{2}1955, S. 105 f.
185 Aristoteles, Rhetorik I 2, 4. Vgl. dazu vom Verf.: Ethos. Zur Rückgewinnung einer rhetorischen Fundamentalkategorie, in: Josef Kopperschmidt (Hg.), Rhetorische Anthropologie. Studien zum Homo rhetoricus, München 1999, S. 339–352.
186 Isokrates, Vom Vermögenstausche [wie Anm. 180], S. 829 f.
187 Cicero, De oratore II 94.
188 Platon, Politeia 537 e.
189 Platon, Politeia 540 a–b.
190 Alexander von Aphrodisias, In Aristotelis Topicorum libros octo commentaria, hg. von M. Wallies, in: Commentaria in Aristotelem Graeca,

Berlin 1891, S. 27, 13 (zitiert bei Pierre Hadot, Wege zur Weisheit [wie Anm. 131], S. 127 f.).

191 Klaus Oehler, »Der entmythologisierte Platon«, in: Jürgen Wippern (Hg.), Das Problem der ungeschriebenen Lehre. Beiträge zum Verständnis der platonischen Prinzipienphilosophie, Darmstadt 1972, S. 95–129, hier: S. 122 (zuerst in: Zeitschrift für philosophische Forschung 19, 1965). Die namhaftesten Vertreter der und wichtigsten Bücher zur »ungeschriebenen Lehre«: Hans Joachim Krämer, Arete bei Platon und Aristoteles. Zum Wesen und zur Geschichte der platonischen Ontologie, (Abhandlungen der Heidelberger Akademie der Wissenschaften, Philos.-hist. Klasse, 1959, 6) Heidelberg 1959; Konrad Gaiser, Platons ungeschriebene Lehre: Studien zur systematischen und geschichtlichen Begründung der Wissenschaften in der Platonischen Schule, Stuttgart 1963; Thomas A. Slezák, Platon und die Schriftlichkeit der Philosophie. Interpretationen zu den frühen und mittleren Dialogen, Berlin/New York 1985; Giovanni Reale, Zu einer neuen Interpretation Platons. Eine Auslegung der Metaphysik der großen Dialoge im Lichte der »ungeschriebenen Lehren«, übersetzt von Ludger Hölscher, eingeleitet von H. Krämer, hg. von J. Seifert, Paderborn u. a. 1993 (Titel der Originalausgabe: Per una nuova interpretazione di Platone. Rilettura della metafisica dei grandi dialoghi alla luce delle »Dottrine non scritte«, 1984).

192 Oehler, ebd., S. 128 f.

193 Wieland, Platon und die Formen des Wissens [wie Anm. 94], S. 43 f.

194 Harald Cherniss, Die ältere Akademie. Ein historisches Rätsel und seine Lösung, übersetzt von Josef Derbolav, Heidelberg 1966 (Originalausgabe: The Riddle of the Early Academy, 1945), S. 98.

195 Ebd., S. 79 f.

196 Diogenes Laertius V 3.

197 Cicero, Tusculanae disputationes I 7, lateinisch-deutsch hg. von Olof Gigon; München ³1976, S. 13; De oratore III 141 [wie Anm. 72], S. 535; Vgl. Orator 62.

198 Aulus Gellius, Die attischen Nächte XX 5, 2, übersetzt von Fritz Weiss, reprograf. Nachdr. d. Ausg. Leipzig 1876, Darmstadt 1981, 2. Bd., S. 484.

199 Diogenes Laertius V 37.

200 Aulus Gellius XX 5, 3.

201 Aelian, Varia historia 3, 19.

202 Diogenes Laertius V 3.

203 Diogenes Laertius IV 19.

204 Diogenes Laertius V 2.

205 Aelian, Varia historia 3, 19.

206 Vgl. dazu: Lynch, Aristotle's School [wie Anm. 157], S. 73; Düring, Aristoteles [wie Anm. 104], S. 18.

207 Ebd., S. 35.

208 Diogenes Laertius V 52 – 53. Vgl. Lynch, Aristotle's School [wie Anm. 157], S. 99 ff.
209 Lynch, Aristotle's School [wie Anm. 157], S. 146 ff.
210 Ebd., S. 108 ff.
211 Aelian: Varia historia 3, 36.
212 Diogenes Laertius V 38; vgl. dazu: Christian Habicht, »Hellenistic Athens and her Philosophers«, in: Athen in hellenistischer Zeit, München 1994, S. 231–247, hier: S. 236 f.
213 Diogenes Laertius VII 182; dort auch VII 179–185 die folgenden Überlieferungen zu Chrysipp.
214 Diogenes Laertius VII 167.
215 Diogenes Laertius IV 47.
216 Martin, Platon [wie Anm. 22], S. 41.
217 Vgl. dazu Lynch, Aristotle's School [wie Anm. 157], S. 163 ff.; Glucker, Antiochus and the Late Academy [wie Anm. 149], S. 373 ff. Einen zusammenfassenden Überblick über die schulische Situation und den Unterricht in der Kaiserzeit gibt Hadot, Wege zur Weisheit [wie Anm. 131], S. 173 ff.
218 Hadot, Wege zur Weisheit [wie Anm. 131], S. 174.
219 Ebd., S. 175.
220 Ebd., S. 178.
221 Ich habe dieses Zitat aus den »Vorlesungen über die philosophische Enzyklopädie« unter den Mottos gefunden, die Pierre Hadot seinem Buch »Wege zur Weisheit oder Was lehrt uns die antike Philosophie?« [wie Anm. 131] vorangestellt hat. Wie kein anderer hat Hadot das Verständnis der antiken Philosophie als Lebensform gefördert und die Differenz zur nachantiken Philosophie herausgestellt; darauf nehmen die folgenden Ausführungen vielfältig Bezug. Seine Arbeiten bilden die wichtigste Ausnahme von der durchgängigen Vernachlässigung des Themas in der üblichen Philosophiegeschichtsschreibung; Hadot konstatiert: »Die Philosophiehistoriker schenken im allgemeinen der Tatsache, daß die antike Philosophie vor allem eine Lebensweise darstellt, ziemlich wenig Beachtung. Sie betrachten die Philosophie vor allem als philosophischen Diskurs.« (Philosophie als Lebensform. Geistige Übungen in der Antike, aus dem Französischen von Ilsetraut Hadot und Christiane Marsch, Berlin 1991, S. 170).
222 Arno Borst, Lebensformen im Mittelalter, Frankfurt/Berlin 1988, S. 14.
223 Zu Platon: Diogenes Laertius III 5; zu Polemon: Diogenes Laertius IV 16.
224 Zu Diogenes: Diogenes Laertius VI 20 f.; zu Zenon: Diogenes Laertius VII 4.
225 Diogenes Laertius VI 82.
226 Diogenes Laertius VI 20 f.
227 Diatribe III 21 »Wider diejenigen, die leichtsinnig als Lehrer der Philosophie auftreten«. In: Epiktet. Was von ihm erhalten ist [wie Anm. 124], S. 218.

228 Olof Gigon, »Antike Erzählungen über die Berufung zur Philosophie«, in: Museum Helveticum, Schweizerische Zeitung für klassische Altertumswissenschaft, Bd. 3, Basel 1946, S. 1–21.

229 Diogenes Laertius VI 64.

230 Diogenes Laertius II 34.

231 Platon, Gorgias 481 c.

232 Platon, Politeia 493 e–494 a.

233 Vgl. dazu: Olof Gigon, Sokrates. Sein Bild in Dichtung und Geschichte, Zweite, ergänzte Auflage Bern 1979, S. 20.

234 Nietzsche, Werke III [wie Anm. 8], S. 352.

235 Ebd. Lou Andreas-Salomé sah in Nietzsches methodischem Zugang zur Philosophiegeschichte die Prägung durch die philologische Beschäftigung mit dem Werk des Diogenes Laertius; sie sei der Anlaß gewesen, »dem Leben der alten griechischen Philosophen und seiner Beziehung zum Gesammtleben der Griechen nachzugehen«. Über die Wirkung dieser frühen Begegnung mit der antiken Philosophiegeschichtsschreibung auf das Philosophieverständnis Nietzsches urteilt sie, es sei nicht umsonst gewesen, dass er »in die Philosophie nicht auf dem Wege abstracter philosophischer Fachstudien eintrat, sondern auf dem einer tiefen Auffassung des philosophischen Lebens in seiner innersten Bedeutung. Und wenn wir das Ziel bezeichnen wollten, welchem durch alle Wandlungen hindurch die Kämpfe dieses unersättlichen Geistes galten, so vermöchten wir dafür kein bezeichnenderes Wort zu finden als das von der ersehnten Entdeckung ›einer neuen, bis dahin unentdeckt gebliebenen Möglichkeit des philosophischen Lebens‹.« Dieses »Wort« ist – nicht ganz wörtlich – dem Aphorismus I 261 aus »Menschliches, Allzumenschliches«, überschrieben »Die Tyrannen des Geistes«, entnommen, der die Quintessenz der »Philosophie im tragischen Zeitalter der Griechen« darstellt; dort ist von den »h ö c h s t e n *Möglichkeiten des philosophischen Lebens*» die Rede (Sperrung von mir). Andreas-Salomé hat ihrer noch immer lesenswerten Nietzsche-Monographie einen Brief Nietzsches in Faksimile vorangestellt, in dem dieser zu ihrem Vorhaben, über ihn zu schreiben, Stellung nimmt und der mit einer Bemerkung über seinen methodischen Zugang zur Philosophie der Vorsokratiker beginnt: »Meine liebe Lou, Ihr Gedanke einer Reduktion der philosophischen Systeme auf Personal-Akten ihrer Urheber ist recht ein Gedanke aus dem ›Geschwistergehirn‹: ich selber habe in Basel in *diesem* Sinne Geschichte der alten Philosophie erzählt und sagte gern meinen Zuhörern: ›Dies System ist widerlegt und tot – aber die *Person* dahinter ist unwiderlegbar, die Person ist gar nicht tot zu machen.‹ – Zum Beispiel Plato.« (Vermutlich 16. 9. 1882. – Lou Andreas -Salomé, Friedrich Nietzsche in seinen Werken, Wien 1894, S. 55 f.). Vgl. dazu vom Verf.: »Anekdote als philosophiegeschichtliches Medium«, in: Nietzsche Studien Bd. 12, 1983, S. 255–286, hier: S. 273 ff.

236 Nietzsche, Werke III [wie Anm. 8] S. 351.
237 Ebd., S. 341.
238 Ebd., S. 335.
239 Ebd., S. 339.
240 Ebd., S. 336.
241 Ebd., S. 339.
242 Ebd., S. 335
243 Platon, Politeia 600 b.
244 Diogenes Laertius VIII 10.
245 Vgl. dazu: Kurt von Fritz, »Mathematiker und Akusmatiker bei den alten Pythagoreern, in: Sitzungsberichte der Bayerischen Akademie der Wissenschaften, philosophisch-historische Klasse, Jg. 1960, H. 11, S. 3 ff.
246 Zitiert nach Paul Rabbow, Seelenführung. Methodik der Exerzitien in der Antike, München 1954, S. 180.
247 Diogenes Laertius VIII 3.
248 Diogenes Laertius (I 12) und Cicero (Gespräche in Tusculum V 9–10) nennen als Quelle den Platoniker Herakleides Pontikos, der einen Dialog zwischen Pythagoras und dem Tyrannen Leon von Phleius verfasst hatte, in dem Pythagoras sich zum Erstaunen des Leon nicht einen Weisen, sondern nur einen Philosophen nennt, weil die Weisheit allein der Gottheit zukomme. Vgl. dazu: Walter Burkert, »Platon oder Pythagoras? Zum Ursprung des Wortes ›Philosophie‹«, in: Hermes 88 (1960), S. 159–177; Art. »Philosophie«, in: Historisches Wörterbuch der Philosophie, Bd. 7 (1989), Sp. 572 ff.
249 Vgl. Xenophon, Erinnerungen an Sokrates II 1, 21 ff., wo die Fabel nach dem Sophisten Prodikos erzählt wird.
250 Platon, Gorgias 526 c
251 Vgl. dazu: Josef Kopperschmidt, »Was weiß die Rhetorik vom Menschen« und »Zur Anthropologie des forensischen Menschen. Oder: Wo der ›Homo rhetoricus‹ entdeckt wurde«, in: Ders. (Hg.), Rhetorische Anthropologie [wie Anm. 185], S. 7–37 und 205–243.
252 Platon, Theaitetos 173 e–174 a.
253 Blumenberg, Das Lachen der Thrakerin [wie Anm. 15], S. 17.
254 Platon, Theaitetos 174 a.
255 Platon, Politeia 580 d–583 e.
256 Diogenes Laertius VIII 8.
257 »Welches ist nun der Zweck, um dessentwillen die Natur und die Gottheit uns hervorgebracht haben? Dies ist es, wonach Pythagoras in Phleius gefragt wurde und zur Antwort gab: ›Um den Himmel zu betrachten‹; und er nannte sich selbst Betrachter der Natur und sagte, er sei um dessentwillen ins Leben eingetreten.« (Aristoteles, Einführungsschriften, eingeleitet und neu übertragen von Olof Gigon, Zürich 1961, S. 119)

258 Wolfgang Kullmann, Die theoretische Lebensform bei Aristoteles und die moderne Universität, Freiburg i. Br./München 1966, S. 5.
259 Platon, Apologie 31 e–32 a.
260 Vgl. dazu die gründliche Untersuchung von Kai Trampedach, Platon, die Akademie und die zeitgenössische Politik, Stuttgart 1994.
261 Werner Jaeger, »Die Griechen und das philosophische Lebensideal«, in: Zeitschrift für philosophische Forschung XI/4, S. 481–496.
262 Aristoteles, Einführungsschriften [wie Anm. 257], S. 121.
263 Ebd.
264 Ebd., S. 119.
265 Ebd., S. 122 f.
266 Eucken, Isokrates [wie Anm. 158], S. 270 ff.
267 Aristoteles, Einführungsschriften [wie Anm.257], S. 115.
268 Werner Jaeger, Aristoteles. Grundlegung einer Geschichte seiner Entwicklung, Nachdruck der zweiten Auflage (1955), Hildesheim 1985, S. 82 f.
269 Vgl. dazu Martin Heideggers ausführliche Erörterung von *phronesis* und *sophia* sowie ihres Verhältnisses bei Aristoteles in der Marburger Vorlesung vom Wintersemester 1924/25: Platon: Sophistes, Gesamtausgabe Bd. 19, Frankfurt a. M. 1992, S. 132 ff. (hier S. 144 ff.).
270 Dazu Heidegger: »Was in der Philosophie betrachtet wird, trägt seinem Sinn nach nichts weiter aus für die *Existenz des Menschen*. Schon aus diesem Satz allein ist zu sehen, daß Aristoteles von nichts weiter entfernt ist als von einer religiösen Weltanschauung oder dergleichen.« (Platon: Sophistes, S. 167 f.) Damit spielt Heidegger freilich das Problem herab, wie es denn mit der Ethik steht, die ja nicht Theorie in jenem exklusiven Sinne ist, da sie erstens menschlichen Angelegenheiten gilt und zweitens nicht bloß theoretisch, sondern durchaus praktisch sein und zur Besserung der Menschen beitragen will. Ist sie deswegen weniger Philosophie?
271 Aristoteles, Nikomachische Ethik VI 7, 1141 b 3–8, übersetzt von F. Dirlmeier, Stuttgart 1969, S. 163.
272 Nikomachische Ethik VI 5, 1140 b 7–11, ebd., S. 159.
273 Sigmund Freud, Das Unbehagen in der Kultur, Studienausgabe, hg. von Alexander Mitscherlich u. a., Frankfurt a. M. [6]1974, Bd. IX, S. 208.
274 Georg Friedrich Wilhelm Hegel, Ästhetik, hg. von Friedrich Bassenge, Frankfurt a. M. o. J., Bd. I, S. 159.
275 Aristoteles, Politik 1253 a 27–29, übersetzt von Olof Gigon, München [3]1978, S. 50.
276 Aristoteles, Nikomachische Ethik 1177 a 32–b 1 [wie Anm. 271], S. 288.
277 Jaeger, »Die Griechen und das philosophische Lebensideal« [wie Anm. 261], S. 493. Zum Folgenden vgl. auch: Ders., »Über Ursprung und Kreislauf des philosophischen Lebensideals«, in: Scripta minora, Rom 1960, S. 347–393. Peter Scholz, Der Philosoph und die Politik. Die Ausbildung der philosophischen Lebensform und die Entwicklung des Ver-

hältnisses von Philosophie und Politik im 4. und 3. Jh. v. Chr., Stuttgart 1998, S. 204 ff.

278 Cicero, Gespräche in Tusculum V 10, lateinisch-deutsch hg. von Olof Gigon, München [3]1976, S. 325.

279 Hans Blumenberg, Der Prozeß der theoretischen Neugierde, Frankfurt a. M. 1973, S. 23.

280 Nietzsche, Werke III [wie Anm. 8], S. 336 f.

281 Albrecht Diehle, Philosophie als Lebenskunst (Rheinisch-Westfälische Akademie der Wissenschaften. Vorträge G 304), Opladen 1990.

282 Malte Hossenfelder, Antike Glückslehren. Kynismus und Kyrenaismus. Stoa, Epikureismus und Skepsis. Quellen in deutscher Übersetzung mit Einführungen, Stuttgart 1996, Einleitung S. XXV.

283 Z. B. die Arbeiten von Wilhelm Schmid, Auf der Suche nach einer neuen Lebenskunst, Frankfurt a. M. 1991; Philosophie der Lebenskunst, Frankfurt a. M. 1998. Zu neuen Veröffentlichungen über dieses Thema vgl. das knappe Referat von Volker Caysa, »Aktuelle deutschsprachige Konzeptionen einer Philosophie der Lebenskunst«, in: Information Philosophie, 28. Jg., H. 5, 2000, S. 22 ff.

284 Hossenfelder, Antike Glückslehren [wie Anm. 282], S. XVI.

285 Hossenfelder: Die Philosophie der Antike [wie Anm. 169], S. 25.

286 Hermann Bengtson, Griechische Geschichte. Von den Anfängen bis in die Römische Kaiserzeit, Sonderausgabe München 1965, S. 226.

287 Diogenes Laertius VI 63.

288 Diogenes Laertius VI 93.

289 Nietzsche, Werke I [wie Anm. 48], S. 81.

290 Ebd., S. 78 f.

291 Diogenes Laertius VI 38; zu Krates: Diogenes Laertius VI 87.

292 Diogenes Laertius VI 3.

293 Epikur, Brief an Menoikeus 128. In: Epikur, Briefe, Sprüche, Werkfragmente, griechisch/deutsch, übersetzt und hg. von Hans-Wolfgang Krautz, Stuttgart 1980, S. 47.

294 Nietzsche, Die fröhliche Wissenschaft 45. Werke II [wie Anm. 91], S. 68.

295 Nietzsche, Jenseits von Gut und Böse 270. Werke II [wie Anm. 91], S. 744.

296 Nietzsche, Der Antichrist 30. Werke II [wie Anm. 91], S. 1192.

297 Demokrit, Fragment B 31 (Diels/Kranz, Die Fragmente der Vorsokratiker, unveränderter Nachdruck der 6. Auflage 1952, Hildesheim 1992, S. 152).

298 Epikur, Brief an Menoikeus 125 [wie Anm. 293], S. 45.

299 Demokrit, Fragment B 176 und 210; vgl. auch B 209 und 246 (Diels/Kranz).

300 Epikur, Brief an Menoikeus 130 [wie Anm. 293], S. 47.

301 Seneca, Philosophische Schriften, 2. Bd. [wie Anm. 122], S. 19.

302 Marc Aurel, Wege zu sich selbst 7, 28; 8, 48, übertragen von Willy Theiler, Frankfurt a. M. 1976, S. 113; S. 135.

303 Sextus Empiricus, Grundriß der pyrrhonischen Skepsis III 31, eingeleitet und übersetzt von Malte Hossenfelder, Frankfurt a. M. ^{3}1999, S. 299.
304 Ebd., I 12, S. 100.
305 Diogenes Laertius IX 63.
306 Diogenes Laertius IX 62.
307 Diogenes Laertius IX 66.
308 Sextus Empiricus, Grundriß der pyrrhonischen Skepsis I 11 [wie Anm. 303], S. 99.
309 Ebd., I 12, S. 100.
310 Ebd., I 8, S. 97.
311 Diogenes Laertius IX 111.
312 Sextus Empiricus, Grundriß der pyrrhonischen Skepsis I 112 [wie Anm. 303], S. 100.
313 Vgl. dazu Pierre Hadots Kritik an diesem Begriff Foucaults in: Hadot, Philosophie als Lebensform [wie Anm. 221], S. 179.
314 Platon, Phaidros 269 d. Dass noch die Meditationstechniken der christlichen Exerzitien bei Ignatius von Loyola auf den Kunstmitteln der Rhetorik basieren, hat Paul Rabbow in seinem grundlegenden Werk zum Zusammenhang von spirituellen Übungen antiker Philosophie und christlichen Exerzitien gezeigt. (Seelenführung [wie Anm. 246], S. 64 ff.) Sowohl die christlichen Exerzitien als auch alle späteren säkularen Praktiken der Seelenführung, Charakterformung, Willensschulung, Lebenskunst etc. haben letztlich, so Rabbows These, ihren zumeist verdeckten Ursprung in der griechisch-römischen Philosophie der Kaiserzeit, in der, »als bewegende Mitte des Erziehungswillens, ein hochentwickeltes *System methodischer Seelenleitung* vorliegt« (ebd., S. 15).
315 Protagoras, Fragment B 10 (Diels/Kranz).
316 Epiktet, Teles, Musonius: Wege zum Glück, auf der Grundlage der Übertragung von Wilhelm Capelle neu übersetzt und mit Einführungen und Erläuterungen versehen von Rainer Nickel, München 1991, S. 233.
317 Apelts Übersetzung der Titel der bei Diogenes Laertius VII 166–167 erwähnten Schriften *peri askeseos* aus der älteren Stoa mit »Von der Leibesübung« ist wohl irreführend, wie die Bedeutung von *askesis* im Kynismus und in der jüngeren Stoa mit Sicherheit vermuten lässt.
318 Diogenes Laertius VI 70–71. Vgl. dazu: Marie-Odile Goulet-Cazé: L' Ascèse cynique. Un commentaire de Diogène Laerce VI 70-7. Histoire des doctrines de l' Antiquité classique 10, Paris 1986.
319 Musonius, »Von der Übung« [wie Anm. 316], S. 234 f.
320 Musonius, »Von der Ernährung«, ebd., S. 278.
321 Epiktet, Handbüchlein der Moral 41, griechisch-deutsch, übersetzt und hg. von Kurt Steinmann, Stuttgart 1992, S. 63.
322 Platon, Gorgias 513 c–d.
323 Musonius, »Von der Übung« [wie Anm. 316], S. 235.

324 Epiktet, Handbüchlein der Moral 21 [wie Anm. 321], S. 29.
325 Vgl. Epiktet, Diatriben III 12: »Übung« [wie Anm. 124].
326 Diogenes Laertius VI 24.
327 Epikur, Brief an Menoikeus 124 [wie Anm. 293], S. 43.
328 Epikur, Weisungen 14, in: Briefe, Sprüche, Werkfragmente, S. 83.
329 Marc Aurel, Wege zu sich selbst II 11; VII 69. Vgl. auch II 5 [wie Anm. 302].
330 Epiktet, Diatriben IV 12 [wie Anm. 124], S. 328. »Diese eigentümliche ›Wachsamkeit‹ und Bedenklichkeit umfaßt das ganze Gebiet des Sittlichen und intensiviert es zu einem äußersten Grad von dauernder Angespanntheit, der uns nicht nur fremd, sondern überhaupt nicht nacherlebbar ist.« (Rabbow, Seelenführung [wie Anm. 246], S. 253).
331 Rudolf Helm, Lucian und Menipp, reprographischer Nachdruck der Ausgabe Leipzig/Berlin 1906, Hildesheim 1967, S. 376.
332 Diogenes Laertius III 28.
333 Zitiert nach: Helm, Lucian und Menipp [wie Anm. 331], S. 378.
334 Diogenes Laertius VI 25.
335 Blumenberg, Das Lachen der Thrakerin [wie Anm. 15], S. 35, Anm.
336 Diogenes Laertius VI 27 f.
337 Helm, Lucian und Menipp [wie Anm. 331], S. 371.
338 Lukian, Werke [wie Anm. 74] I, S. 247 f.
339 Ebd., S. 249 f.
340 Lukian, Die Höllenfahrt des Menippus, ebd., S. 444.
341 Lukian, Werke [wie Anm. 74] II, S. 110.
342 Lukian, Werke II, ebd., S. 484 (Anmerkungen).
343 Nietzsche, Die Philosophie im tragischen Zeitalter der Griechen, Werke III [wie Anm. 8], S. 356.
344 Vgl. dazu Hadot: Philosophie als Lebensform [wie Anm. 221], S. 164 f., wo allerdings nur der stoische Einfluss konstatiert wird.
345 Plotin, Enneade VI 9, 52: »Das Gute (das Eine)«, in: Plotins Schriften [wie Anm. 127], Bd. Ia, S. 193.
346 Harder: »Zur Biographie Plotins«, in: Kleine Schriften [wie Anm. 36], S. 286.
347 Plotins Schriften [wie Anm. 127], Bd. Vc, S. 3.
348 Ebd., S. 25.
349 Ebd., S. 29.
350 Ebd., S. 27.
351 Hadot, Wege zur Weisheit [wie Anm. 131], S. 199.
352 Plotins Schriften Vc, S. 29.
353 Vgl. dazu und zum Folgenden: Lynch, Aristotle's School [wie Anm. 157], S. 163 ff.
354 Augustinus, De vera religione/Über die wahre Religion IV 6–7, lateinisch/deutsch, übersetzt von Wilhelm Thimme, Stuttgart 1997, S. 17.

355 Heinrich Dörrie, »Die andere Theologie«, in: Theologie und Philosophie. Vierteljahresschrift 56 (1981), S. 1–46, hier: S. 14.

356 So Burton Mack, The Lost Gospel, San Francisco 1993.

357 Tertullian, Die Prozeßeinrede gegen die Häretiker VII. In: Tertullians Ausgewählte Schriften II. Bd. (Bibliothek der Kirchenväter, Bd. 24), übersetzt von H. Kellner, München 1915, S. 314.

358 Aristoteles, Rhetorik I 2,1. Kierkegaard, der über die Verwertbarkeit der aristotelischen »Rhetorik« für eine »neue Wissenschaft«, die »christliche Redekunst«, nachgedacht hat, bemerkt in einer Tagebuchnotiz: »Es ist offenkundig, daß die Religion im Christentum den Platz eingenommen hat, den in Griechenland Politik einnahm (das eigentlich Volksmäßige), das worüber geredet wird und worauf durch die Rede eingewirkt wird. Rein formal dürfte daher Aristoteles' Rhetorik einiges Licht auf die religiösen Probleme werfen. Aristoteles schiebt die ganze Frage nach Sein und Nicht-Sein, die sich in der aristotelischen Philosophie überhaupt nicht findet (seine *ousia prote* und *deutera* vgl. Kategorien sind etwas ganz Anderes), zur Rhetorik ab, als dem, was vor allem Überzeugung hervorzubringen hat. *Pistis*, er gebraucht es im Plural *pisteis*.« (Papirer VI A 1, zit. nach: K. Schäfer, Hermeneutische Ontologie in den Climacus-Schriften Søren Kierkegaards, München 1973, S. 226).

359 Tertullian, Die Prozeßeinrede gegen die Häretiker VII [wie Anm. 357], S. 313.

360 Dörrie, »Die andere Theologie« [wie Anm. 355], S. 13.

361 Ebd., S. 4.

362 Werner Beierwaltes: Platonismus im Christentum, Frankfurt a. M. ^{2}2001, S. 20. Damit widerspricht Beierwaltes der These Dörries, die er explizit kritisiert, und er verfolgt die Geschichte der Symbiose von Platonismus und Christentum in der Antike an Marius Victorinus und (Pseudo-) Dionysios Areopagites sowie in nachantiker Zeit an Bonaventura, Meister Eckhart, Cusanus und Ficino.

363 Vgl. Dörrie [wie Anm. 355], S. 17 f.

364 Tertullian, Apologeticum. In: Ausgewählte Schriften, II. Bd. [wie Anm. 357], S. 159.

365 Des Clemens von Alexandreia Teppiche wissenschaftlicher Darlegungen entsprechend der wahren Philosophie (Stromateis) I 43, 1. In: Ausgewählte Schriften, III. Bd., übersetzt von Otto Stählin, München 1936, S. 45 (Bibliothek der Kirchenväter, 2. Reihe, Bd. XVII).

366 Clemens von Alexandreia, Stromateis VI 80, 5. Ausgewählte Schriften [wie Anm. 365], IV. Bd., S. 292.

367 Ebd., VI 89, S. 298.

368 Clemens von Alexandreia, Stromateis I 18, 1. Ausgewählte Schriften [wie Anm. 365], III. Bd., S. 25.

369 Clemens von Alexandreia, Stromateis VII 55, 1–3 (nach der Übersetzung

von Franz Overbeck, hg. von Carl Albrecht Bernoulli und Ludwig Früchtel, Basel 1936, S. 609).

370 Tertullian, Die Prozeßeinrede gegen die Häretiker VIII [wie Anm. 357], S. 314.

371 Clemens von Alexandreia, Stromateis V 11, 1. Ausgewählte Schriften [wie Anm. 365], IV. Bd., S. 126. Bezeichnend auch die Differenz in der Auslegung der Warnung des Apostels Paulus vor den Täuschungen der Philosophie; während Tertullian sie wörtlich auf die Philosophie bezieht, deutet Clemens sie auf die Sophistik!

372 Clemens von Alexandreia, Stromateis I 18, 4. Ausgewählte Schriften [wie Anm. 365], III. Bd., S. 25.

373 Clemens von Alexandreia, Stromateis I 11, 1, ebd., S. 19.

374 Eusebius von Caesarea, Kirchengeschichte, V 10, 1, übersetzt von Philipp Haeuser, durchgesehen von Hans Arnim Gärtner, hg. von Heinrich Kraft, Studienausgabe Darmstadt 1997, S. 253.

375 Das geht zum Beispiel aus dem Bild hervor, das Porphyrios, der Schüler Plotins, in polemischer Absicht von Origenes zeichnet und das Eusebios überliefert: Origenes habe wie ein Christ gelebt, aber wie ein Grieche gedacht. Er habe sich ständig mit Platon beschäftigt und sei mit den Platonikern und Pythagoreern vertraut gewesen (Kirchengeschichte VI 19, ebd., S. 292 f.). Ein Schüler des Origenes, Gregor der Wundertäter, berichtet, »wie sein Meister Origenes ständig die Philosophie und ihre Liebhaber lobte, nur sie lebten ein Leben würdig vernunftbegabter Wesen. Nur sie seien auf dem richtigen Weg zum Leben und hätten Selbsterkenntnis« (Werner Jaeger, Das frühe Christentum und die griechische Bildung, Berlin 1961, S. 103). Dazu der Kommentar Jaegers: »Aus solchen Sätzen – und andere ähnliche könnten noch hinzugefügt werden – geht hervor, daß Philosophie für Origenes gleichzeitig *logos* und *bios* darstellt, wie für alle alten Philosophen« (ebd.). Wie Clemens schrieb Origenes »Teppiche«, in denen er christliche Lehren mit philosophischen verglich; sie sind aber nicht erhalten.

376 Franz Overbeck, Über die Anfänge der patristischen Literatur, Darmstadt 1984 (zuerst in: Historische Zeitschrift, Bd. 48, 1882), S. 65.

377 Ebd., S. 64.

378 Clemens von Alexandreia, Der Erzieher I 3,3. Ausgewählte Schriften [wie Anm. 365], I. Bd., S. 206.

379 Overbeck, Über die Anfänge der patristischen Literatur [wie Anm. 376], S. 60.

380 Clemens von Alexandreia, Stromateis VI 2,1. Ausgewählte Schriften [wie Anm. 365], IV. Bd., S. 234.

381 Clemens von Alexandreia, Stromateis VII 55,4, ebd., V. Bd., S. 60.

382 Clemens von Alexandreia, Stromateis I 15,1, ebd., III. Bd., S. 23.

383 Clemens von Alexandreia, Stromateis VII 111, 1–3, ebd., V. Bd., S. 113.

384 Overbeck, Über die Anfänge der patristischen Literatur [wie Anm. 376], S. 52.

385 Clemens von Alexandreia, Der Erzieher I 43,1; I 99,2; III 41,3. Ausgewählte Schriften [wie Anm. 365], Bd. I, S. 242; Bd. I, S. 293; Bd. II. S. 173.

386 Clemens von Alexandreia, Stromateis VI 131,1. Ausgewählte Schriften Bd. I, S. 242; Bd. I, S. 293; Bd. II. S. 173. IV. Bd., S. 327. Vgl. Stromateis VI 1,1. Ausgewählte Schriften IV. Bd., S. 233. Werke IV S. 327.

387 Adolf Bonhöffer, Epiktet und das Neue Testament, Gießen 1911, unveränderter Neudruck Berlin 1964, S. 385.

388 Max Pohlenz »Klemens von Alexandreia«, in: Ders., Gestalten aus Hellas, München 1950, S. 707–735, hier: 723.

389 Clemens von Alexandreia, Der Erzieher I 6,2. Ausgewählte Schriften [wie Anm. 365], I. Bd., S. 209.

390 Clemens von Alexandreia, Stromateis VII 44,4, ebd., V. Bd., S. 50.

391 Clemens von Alexandreia, Stromateis IV 52,2, ebd., IV. Bd., S. 41 f.

392 Eusebius, Kirchengeschichte VI 14,9 [wie Anm. 374], S. 240.

393 Hans Jonas, Augustinus und das paulinische Freiheitsproblem. Eine philosophische Studie zum pelagianischen Streit, 2. neubearbeitete und erweiterte Auflage, Göttingen 1965, S. 29.

394 Ebd., S. 30.

Zeittafel

um 700 v. Chr.	Hesiod
um 600 v. Chr.	Die Sieben Weisen
585 v. Chr.	Sonnenfinsternis, die Thales vorausgesagt haben soll
1. Hälfte des 6. Jh. v. Chr.	Anaximander von Milet
um 550 v. Chr.	Anaximenes von Milet
um 540 v. Chr.	Xenophanes von Kolophon († um 475 v. Chr.) wandert nach Elea in Unteritalien aus
ca. 532 v. Chr.	Pythagoras von Samos wandert nach Krotone in Unteritalien aus
um 500 v. Chr.	Heraklit von Ephesos
	Parmenides von Elea
um 460 v. Chr.	Zenon von Elea
	Empedokles von Akragas († um 423 v. Chr.)
um 500–428 v. Chr.	Anaxagoras von Klazomenai
um 485–415 v. Chr.	Protagoras von Abdera
um 480–380 v. Chr.	Gorgias von Leontinoi
um 450 v. Chr.	Leukipp
um 460 – um 370	Demokrit von Abdera
399 v. Chr.	Sokrates (* ca. 469 v. Chr.) wird in Athen zum Tode verurteilt und hingerichtet
ca. 455–360 v. Chr.	Antisthenes von Athen
436–338 v. Chr.	Isokrates
428/27–349/48 v. Chr.	Platon
388/87 v. Chr.	Platon gründet seine Schule, die »Akademie« (Platons Nachfolger in der Schulleitung: Speusipp, Xenokrates, Polemon, Krates, Krantor – die »Alte Akademie«)
um 350 v. Chr.	Diogenes von Sinope
384–322 v. Chr.	Aristoteles
335 v. Chr.	Aristoteles eröffnet seine Schule im Lykeion
ca. 370–285 v. Chr.	Theophrast
ca. 360–271 v. Chr.	Pyrrhon von Elis
306 v. Chr.	Epikur (342/41–271/70 v. Chr.) gründet seine Schule, den »Garten«
ca. 301 v. Chr.	Zenon von Kition (ca. 333–262 v. Chr.) gründet die

	Stoa (Zenons Nachfolger in der Schulleitung: Kleanthes von Assos, Chrysipp von Soloi – die ältere Stoa)
ca. 265 v. Chr.	mit Arkesilaos als Schulleiter beginnt die Mittlere Akademie
155 v. Chr.	der Akademiker Karneades, der Aristoteliker Kritolaos und der Stoiker Diogenes von Babylon vertreten als Gesandte in Rom die Interessen Athens
129 v. Chr.	Panaitios von Rhodos (ca. 185–109 v. Chr.) wird Schulleiter der Stoa. Zusammen mit Poseidonios von Apameia (ca. 135–51/50 v. Chr.), der auf Rhodos eine stoische Schule gründet, Hauptrepräsentant der mittleren Stoa, die bedeutenden Einfluss auf römische Intellektuelle und Politiker (Scipionenkreis, Cicero) hatte
106–43 v. Chr.	Cicero
97–55 v. Chr.	Lukrez, Verfasser des epikureischen Lehrgedichts »De rerum natura«
86 v. Chr.	Sulla erobert Athen. Zerstörung der Akademie. Im Zuge der Plünderungen gelangen die Lehrschriften des Aristoteles nach Rom und werden von Andronikos von Rhodos ediert, der um 70 v. Chr. peripatetischer Schulleiter wird
um 86–68 v. Chr.	Antiochos von Askalon leitet die Neue Akademie ein
ca. 25 v. Chr. – 40 n. Chr.	Philon von Alexandria
65 n. Chr.	Seneca (* um 4 v. Chr.) von Nero in den Selbstmord getrieben. Neben Epiktet und Marc Aurel Hauptvertreter der Stoa der Kaiserzeit
93 n. Chr.	von der Ausweisung der Philosophen aus Italien durch Kaiser Domitian betroffen, nimmt Epiktet (ca. 55–135 n. Chr.) seinen Unterricht in Nikopolis auf
ca. 120 – ca. 180	Lukian von Samosata
176 n. Chr.	Marc Aurel richtet in Athen vier philosophische Lehrstühle (für die Hauptrichtungen: Platonismus, Aristotelismus, Stoizismus, Epikureismus) ein
um 190 n. Chr.	Sextus Empiricus legt die Grundzüge der pyrrhonischen Skepsis dar
um 190 – ca. 203 n. Chr.	Clemens von Alexandrien Nachfolger des Pantainos als Leiter des christlichen Katechetenunterrichts in Alexandria; sein Nachfolger wird Origenes

um 200 n. Chr.	Diogenes Laertius verfaßt »Leben und Meinungen berühmter Philosophen«
244 n. Chr.	Plotin (204/05–270 n. Chr.), Begründer und Hauptrepräsentant des Neuplatonismus, beginnt in Rom zu lehren
354–430 n. Chr.	Aurelius Augustinus
362 n. Chr.	Kaiser Julian verfügt ein Lehrverbot für Christen, das bald darauf wieder aufgehoben wird
um 400 n. Chr.	Blüte des neuplatonischen Unterrichts in Athen und Alexandria
529 n. Chr.	Kaiser Justinian verfügt ein Lehrverbot für Heiden

Literaturverzeichnis

Antike Autoren in deutschen Übersetzungen

1. Textsammlungen

Die Vorsokratiker, zwei Bände, griechisch/deutsch, Auswahl der Fragmente, Übersetzung und Erläuterungen von Jaap Mansfeld, Stuttgart 1983

Die vorsokratischen Philosophen. Einführung, Texte und Kommentare, hg. von Geoffrey S. Kirk, John E. Raven und Malcolm Schofield, ins Deutsche übersetzt von Karlheinz Hülser, Stuttgart und Weimar 1994

Antike Glückslehren. Kynismus und Kyrenaismus, Stoa, Epikureismus und Skepsis. Quellen in deutscher Übersetzung mit Einführungen von Malte Hossenfelder

Die hellenistischen Philosophen. Texte und Kommentare, hg. von A. A. Long/D. N. Sedley, übersetzt von Karlheinz Hülser, Stuttgart und Weimar 2000

Bibliothek der Kirchenväter, 83 Bände, Kempten und München 1911 ff.

2. Einzelne Autoren

Aelian, Bunte Geschichten, übersetzt von Hadwig Helms, Leipzig 1990

Aristoteles, Philosophische Schriften, sechs Bände, übersetzt von Hermann Bonitz, Eugen Rolfes, Horst Seidl und Hans Günter Zekl, Hamburg 1995

Ders., Einführungsschriften, eingeleitet und neu übertragen von Olof Gigon, Zürich und Stuttgart 1961

Ders., Rhetorik, übersetzt von Franz G. Sieveke, München1980

Ders., Poetik, griechisch/deutsch, übersetzt und hg. von Manfred Fuhrmann, Stuttgart 1982

Athenaios von Naukratis, Das Gelehrtengastmahl, übersetzt von Ursula und Kurt Treu, Leipzig 1985

Augustinus, Vom Gottesstaat, zwei Bände, übersetzt von Wilhelm Thimme, München 1977 f.

Ders., De vera religione/Über die wahre Religion, lateinisch/deutsch, übersetzt von Wilhelm Thimme, Stuttgart 1983

Aulus Gellius, Die attischen Nächte, zwei Bände, übersetzt von Fritz Weiss, Nachdruck der Ausgabe Leipzig 1876, Darmstadt 1992

Cicero, Gespräche in Tusculum, lateinisch-deutsch, neu hg. von Olof Gigon, München 1951
Ders., De finibus bonorum et malorum/Über das höchste Gut und das größte Übel, lateinisch/deutsch, übersetzt von Harald Merklin, Stuttgart 1989
Ders., De natura deorum/Über das Wesen der Götter, lateinisch/deutsch, übersetzt von Ursula Blank-Sangmeister, Stuttgart 1995
Ders., De officiis/Vom pflichtgemäßen Handeln, lateinisch/deutsch, übersetzt von Heinz Guntermann, Stuttgart 1976
Ders., De oratore/Über den Redner, lateinisch/deutsch, übersetzt von Harald Merklin, Stuttgart 1976
Clemens von Alexandrien, Ausgewählte Schriften, übersetzt von Otto Stählin, Bibliothek der Kirchenväter, zweite Reihe, Bd. 2: Protreptikos/Mahnrede an die Heiden, München 1934; Bd. 7–8, München 1934: Der Erzieher; Bd. 17, 19–20: Stromateis/Teppiche, München 1936–1938
Diogenes Laertius, Leben und Meinungen berühmter Philosophen, übersetzt von Otto Apelt, neu hg. von Klaus Reich, Hamburg ^{3}1990
Epikur, Briefe, Sprüche, Werkfragmente, griechisch/deutsch, übersetzt von Hans-Wolfgang Krautz, Stuttgart 1980
Epiktet, Handbüchlein der Moral, griechisch/deutsch, übersetzt von Kurt Steinmann, Stuttgart 1992
Ders., Was von ihm erhalten ist, Neubearbeitung der Übersetzung von J. G. Schulthess von R. Mücke, Heidelberg o. J. (1926)
Epiktet, Teles, Musonius: Wege zum Glück, auf der Grundlage der Übertragung von Wilhelm Capelle neu übersetzt von R. Nickel, München 1991
Gorgias von Leontinoi, Reden, Fragmente und Testimonien, griechisch-deutsch, übersetzt von Thomas Buchheim, Hamburg 1989
Isokrates, Sämtliche Werke, zwei Bände, übersetzt von Christine Ley-Hutton, Stuttgart 1993 und 1997 (Bibliothek der griechichen Literatur Bd. 36 und 44)
Lukian, Werke in drei Bänden, übersetzt von Christoph Martin Wieland, hg. von Jürgen Werner und Herbert Greiner-Mai, Berlin und Weimar 1974
Lukrez, De rerum natura/Welt aus Atomen, lateinisch/deutsch, übersetzt von Karl Büchner, Stuttgart 1973
Marc Aurel, Wege zu sich selbst, übersetzt von Willy Theiler, Darmstadt 1976
Platon, Sämtliche Werke, übersetzt von Friedrich Schleiermacher und Hieronymus Müller, sechs Bände, Hamburg 1957 ff.
Ders., Sämtliche Dialoge, übersetzt von Otto Apelt, sieben Bände, Nachdruck der Ausgabe von 1920/22, Hamburg 1988
Plotin, Schriften, griechisch/deutsch, übersetzt von Richard Harder, sechs Bände, Hamburg 1956 ff
Plutarch, Moralische Schriften, übersetzt von Otto Apelt, drei Bände, Leipzig 1926/27
Seneca, Philosophische Schriften, übersetzt von Otto Apelt, Nachdruck der Ausgabe Leipzig 1923/24, Hamburg 1993

Sextus Empiricus, Grundriß der pyrrhonischen Skepsis, Frankfurt a.M. ³1999

Sekundärliteratur

1. Philosophiegeschichten

Gomperz, Theodor, Griechische Denker, drei Bände, Leipzig ³1911/12
Hegel, Georg Wilhelm Friedrich, Vorlesungen über die Geschichte der Philosophie, hg. von Gerd Irrlitz, Bd. 1 und 2, Leipzig 1971
Holzhey, Helmut (Hg.), Grundriß der Geschichte der Philosophie, Basel
Bd. 2/1: Flashar, Hellmut (Hg.), Sophistik. Sokrates. Sokratik. Mathematik. Medizin, 1998
Bd. 3: Ders. (Hg.), Ältere Akademie. Aristoteles. Peripatos, ²1983
Bd. 4: Ders. (Hg.), Die hellenistische Philosophie, 1994
Ricken, Friedo (Hg.), Philosophen der Antike, zwei Bände, Stuttgart 1996
Röd, Wolfgang, Geschichte der Philosophie, München
Bd. 1: Röd, Wolfgang, Von Thales bis Demokrit, ²1988
Bd. 2: Graeser, Andreas, Sophistik und Sokratik, Plato und Aristoteles, München ²1993
Bd. 3: Hossenfelder, Malte, Stoa, Epikureismus und Skepsis, ²1995
Bd. 4: Wolfgang L. Gombocz, Die Philosophie der ausgehenden Antike und des frühen Mittelalters, 1997
Röd, Wolfgang, Der Weg der Philosophie, 1. Bd., Altertum, Mittelalter, Renaissance, München 1994

2. Weitere Literatur

Arnim, Hans von, Leben und Werke des Dion von Prusa, Berlin 1898
Blumenberg, Hans, Das Lachen der Thrakerin. Eine Urgeschichte der Theorie, Frankfurt a.M. 1987
Ders., Höhlenausgänge, Frankfurt a.M. 1989
Burkhardt, Jacob, Griechische Kulturgeschichte, vier Bände, München 1977
Gadamer, Hans-Georg, Der Anfang der Philosophie, Stuttgart 1996
Ders., Der Anfang des Wissens, Stuttgart 1999
Glucker, J., Antiochus and the Late Academy, Göttingen 1978
Hadot, Pierre, Philosophie als Lebensform. Geistige Übungen in der Antike, Berlin 1991
Ders., Wege zur Weisheit oder Was lehrt uns die antike Philosophie?, Frankfurt a.M. 1999
Havelock, Eric A., Als die Muse schreiben lernte, Frankfurt a.M. 1992

Hirzel, Rudolf, Der Dialog. Ein literarhistorischer Versuch, zwei Bände, Leipzig 1895
Lynch, J. P., Aristotle's School. A Study of Greek Educational Institution, Berkeley u. a. 1972
Marrou, Henri Irénée, Geschichte der Erziehung im klassischen Altertum, München 1977
Niehues-Pröbsting, Heinrich, Der Kynismus des Diogenes und der Begriff des Zynismus, Frankfurt a. M. [2]1988
Ders., Überredung zur Einsicht. Der Zusammenhang von Philosophie und Rhetorik bei Platon und in der Phänomenologie, Frankfurt a. M. 1987
Nietzsche, Friedrich, Wissenschaft und Weisheit im Kampfe, in: Werke in drei Bänden, hg. von Karl Schlechta, 3. Bd., München [5]1966
Ders., Die Philosophie im tragischen Zeitalter der Griechen, ebd.
Ders., Vorlesungsaufzeichnungen (WS 1871/72–WS 1874/75), Kritische Gesamtausgabe II 4, hg. von Fritz Bornmann, Berlin/New York 1995
Ders., Vorlesungsaufzeichnungen (WS 1874/75–WS 1878/79), Kritische Gesamtausgabe II 5, hg. von Fritz Bornmann, Berlin/New York 1995
Rabbow, Paul, Seelenführung. Methodik der Exerzitien in der Antike, München 1954
Scholz, Peter, Der Philosoph und die Politik. Die Ausbildung der philosophischen Lebensform und die Entwicklung des Verhältnisses von Philosophie und Politik im 4. und 3. Jahrhundert v. Chr., Stuttgart 1998
Snell, Bruno, Die Entdeckung des Geistes. Studien zur Entstehung des europäischen Denkens bei den Griechen, Göttingen [7]1993
Trampedach, Kai, Platon, die Akademie und die zeitgenössische Politik, Stuttgart 1994

Namenregister

Europäische Geschichte

Herausgegeben von Wolfgang Benz

Konzeption von
Wolfgang Benz, Rebekka Habermas und Walter H. Pehle

Band 60113

Band 60101

Band 60102

Die Fischer-Buchreihe *Europäische Geschichte* lädt ein zur Entdeckung Europas, blickt weit über nationale Grenzen hinweg und macht mit einem breiten Themenspektrum gemeinsame, aber auch trennende historische Entwicklungen deutlich.

Die 65 Autorinnen und Autoren der *Europäischen Geschichte* bieten aus höchst unterschiedlichen Perspektiven neuartige historische Überblicke von der Antike bis zur Gegenwart.

»Die **Europäische Geschichte** – eine ambitionierte Buchreihe, eine Kur gegen die nationale Betriebsblindheit. (...) Der Leser wird umfassend und zuverlässig informiert, die Bände sind ganz auf der Höhe der Forschung, behandeln neue Themen oder doch alte Themen auf neue Weise«. *Süddeutsche Zeitung*

Fischer Taschenbuch Verlag

fi 1701 / 4 a

Geschichtswissenschaften
Eine Einführung
Herausgegeben von Christoph Cornelißen

Band 14566

Das unentbehrliche Kompendium
für Studienanfängerinnen und -anfänger.

Geschichtswissenschaften heute
Das Studium – Die Geschichtswissenschaft am Ende des 20. Jahrhunderts – Der Beruf des Historikers

Epochen der Geschichte
Antike – Mittelalter – Frühe Neuzeit – Geschichte seit 1789 – Zeitgeschichte

Klassische Felder der Geschichtswissenschaften
Politische Geschichte – Sozialgeschichte – Kulturgeschichte – Militärgeschichte – Wirtschaftsgeschichte – Osteuropäische Geschichte – Imperialgeschichte

Neue Felder der Geschichtswissenschaften
Mentalitätsgeschichte – Technikgeschichte – Geschichte der Erinnerungskulturen – Religionsgeschichte – Geschlechtergeschichte – Historische Anthropologie

Fischer Taschenbuch Verlag

fi 14566/ 1

Hans Fenske
Dieter Mertens
Wolfgang Reinhard
Klaus Rosen

Geschichte der politischen Ideen

Von der Antike bis zur Gegenwart

Band 15756

Die zweieinhalb Jahrtausende der faszinierenden Geschichte politischen Denkens, politischer Ideen, Programme und Entwürfe werden in diesem Kompendium für den Leser lebendig und anschaulich dargestellt. Für die Antike werden Aischylos, Sophokles und Euripides, ferner Thukydides, Platon und Cicero ausführlich gewürdigt, für das frühe Christentum Ambrosius v. Mailand und Augustin, für die Epoche des Mittelalters Thomas v. Aquin, Wilhelm v. Ockham und Dante, für die Frühe Neuzeit Luther, Machiavelli, Hobbes, Montesquieu, Rousseau und Adam Smith. Die großen miteinander konkurrierenden Staatssysteme erläutern die Verfasser am Beispiel ihrer einflußreichen Repräsentanten. Abbé Sieyès, Kant und Hegel stehen für den politischen Liberalismus ein, Metternich, v. Haller und Disraeli für den Konservatismus, Marx, Engels, Lenin für den Sozialismus, Mussolini für den Faschismus und Hitler für den Nationalsozialismus. Als Verfechter eines politischen Nationalismus werden Ho Chi Minh und Mao Tse-tung, Gandhi und Nehru, Senghor und Nasser vorgestellt.

Fischer Taschenbuch Verlag

fi 15756 / 1

Hermann Glaser
Kleine deutsche Kulturgeschichte
Eine west-östliche Erzählung vom Kriegsende bis heute
336 Seiten. Gebunden

Der international hoch angesehene Autor, der lange Zeit deutsche Kultur(politik) maßgeblich mitgestaltet hat, erzählt in souveräner Kenntnis knapp, spannend und einprägsam die wichtigsten Ereignisse und Zusammenhänge aus den Kulturgeschichten der drei Nachkriegsrepubliken: BRD, DDR und »Berliner« Republik.

S. Fischer

fi 1-025305 / 1